移動者の中世

史料の機能、日本とヨーロッパ

高橋慎一朗
千葉　敏之［編］

東京大学出版会

The Middle Ages through the Eyes of Travelling People:
Social Functions of Source Materials in Japan and Europe

Shinichiro TAKAHASHI and Toshiyuki CHIBA, editors

University of Tokyo Press, 2017
ISBN 978-4-13-020306-7

序

一　移動の諸相

現代の我々の眼前には、「移動」という現象が大きな影響力を持って存在している。たとえば、国際社会においては、内戦や地域紛争による大量の難民の発生、グローバリゼーションの進展がもたらした国家の枠にとらわれない人・物・文化・価値観の越境と錯綜があり、視点を日本国内のみに限定しても、外国人観光客の急増、外国企業の製品・サービスの日常的な利用など、移動の諸現象は身近にあふれている。

そのいっぽうで、経済の停滞により、移民の受け入れや自由貿易への反発が高まり、「移動」の制限を求める反グロバーリズムの動きが広がりつつある。そうした風潮の一端として、二〇一六年六月にイギリスが国民投票によってEU離脱を決定するというショッキングなニュースが飛び込んできたことは記憶に新しい。さらに、つい最近の出来事として、二〇一七年一月には、移民規制の強化を政策に掲げるトランプ氏がアメリカの新大統領に就任している。

人類の社会活動の表象の一つである「移動」は、過去から現代まで全時代を通じて普遍的にみられるものであるが、そのいっぽうで各時代に固有な移動のあり方も存在している。移動は、歴史学の研究対象として重要な位置を占めるものと思われ、たとえば歴史学研究会二〇一六年度大会では、全体会において「人の移動と性をめぐる権力」というテーマのもと三本の報告が行われている。

そうしたなかで、筆者が専門とする日本中世に関しては、不思議なことに「移動」という語を明確に掲げた研究は多くはない。いっぽう、ヨーロッパ中世史においては、そもそもゲルマン民族の「大移動」によって中世が幕を開けたとも言われるように、「移動」の語との親和性は高い。小さな島国である日本と異なるヨーロッパ大陸では、国境を越えた民族・集団の移動はしばしば発生することであり、時としてエポックメイキングな事件となっていた。十字軍運動や東方植民運動など、人の集団移動は、中世史の主要な研究テーマとなっている。

個別の人の移動に関しても、(以下、筆者の能力の限界により、日本語文献に限られるが)、関哲行の研究(『ヨーロッパの中世4　旅する人々』岩波書店、二〇〇九年など)に代表されるように、巡礼や遍歴職人など、中世の「移動」の実態が次々と明らかにされている。そのほか、中世ヨーロッパに限定されない内容のものも含まれるが、たまたま筆者の眼に触れたものとして、原野昇ほか『中世ヨーロッパの時空間移動』(渓水社、二〇〇四年)、前川和也編『空間と移動の社会史』(ミネルヴァ書房、二〇〇九年)、長谷部史彦編『地中海世界の旅人――移動と記述の中近世史』(慶應義塾大学出版会、二〇一四年)などの「移動」に関する論集がある。ただ、専門外の人間の的外れな感想かもしれないが、どちらかと言えば、中世ヨーロッパの「移動」の研究は、「旅」という現象についての研究に若干偏っている印象を受ける。

これに対して、日本中世史では「移動」の研究状況はどうであろうか。研究の蓄積は皆無なのであろうか。実は、日本中世史の分野においても、用語を異にしながらも、「移動」を形成する諸現象を追究する多様な研究の蓄積があるのである。

まず、「人」の移動に関しては「交通」として捉えられている。制度やインフラ・道などに着目した交通史の先駆的研究としては、相田二郎『中世の関所』(吉川弘文館、一九八三年、初版一九四三年)、新城常三『鎌倉時代の交通』(吉川弘文館、一九六七年)、豊田武『豊田武著作集　三　中世の商人と交通』(吉川弘文館、一九八三年)などがあげられよう。中世に特有な交通としては、宗教的な契機による「参詣」や「巡礼」が注目されており、これに関しても新城常三による『新稿　社寺参詣の社会経済史的研究』（塙書房、一九八二年）という労作がある。

移動する「人」の身分的な特質という点では、職人・商人・芸能民などのさまざまな「遍歴」する人々について、定着民と対立的に捉えつつ、その生態を追究した網野善彦の研究（『中世の旅人たち』『網野善彦著作集　十一』岩波書店、二〇〇八年。初出一九八四年など）が大きな反響を呼んだ。奇しくも、網野の研究とほぼ重なる時期に、ヨーロッパ史の分野においても中世庶民の「遍歴」と「定住」に着目した阿部謹也の研究（『中世を旅する人びと』筑摩書房、二〇〇八年。初版一九七八年）が公刊されている。網野・阿部らの研究に影響されて、一九八〇年代にはいわゆる「社会史ブーム」が起きた。そうしたことが背景にあってであろうと思われるが、八〇年代刊行の『日本の社会史』シリーズ全八巻（岩波書店）のうち、二つの巻が「交通」の語を含むタイトルの巻であった。

交通の手段である中世の「道」に対象を絞り込んだ研究は、戸田芳実の古道研究（『歴史と古道――歩いて学ぶ中世史』人文書院、一九九二年など）を契機として進展している。具体的には、藤原良章の研究（『中世のみちと都市』山川出版社、二〇〇五年など）や、斎藤慎一の研究（『中世東国の道と城館』東京大学出版会、二〇一〇年など）が、その成果として注目される。

また、「物」の移動に関しては、「流通」「物流」「運輸」の語を介して研究が進められているが、もちろんその場合も、「人」の移動や「道」と密接に絡み合う形で考察がなされている（例えば、藤原良章・村井章介編『中世のみちと物流』山川出版社、一九九九年、橋本久和・市村高男編『中世西日本の流通と交通』高志書院、二〇〇四年など）。

さらに、「情報」の移動については、情報伝達・コミュニケーション・音声の世界の研究などとして立ち現れており、情報史とでも呼ぶべき分野を確立しつつある。西岡芳文「情報史の構図」（『歴史学研究』六二五号、一九九一年）、山田邦明『戦国のコミュニケーション』（吉川弘文館、二〇〇二年）、酒井紀美『戦乱の中の情報伝達――使者がつなぐ中世京都と在地』(吉川弘文館、二〇一四年)などを、この分野の代表的な成果としてあげることができる。そのほかにも、「文化」の移動=文化伝播の研究や、境界線の「内」と「外」を移動する(越境する)ことの意味を追究した境界論の研究なども、中世の「移動」を取り上げた研究と言ってよいであろう。

以上のように、日本中世史研究においても、実質的に「移動」に含まれるような概念で日本の中世社会を探ってきた経緯があるのである。したがって、あらためて「移動」という切り口で捉え直してみる試みは、日本の中世社会像を、より豊かなものにする可能性を秘めているといえよう。いっぽうで、ここで日本中世史の「移動」の概念に含めた現象のすべてが、ヨーロッパ中世史において「移動」として等しく研究が進められてきたわけではなく、ヨーロッパ史のなかで「移動」を再考する余地は十分にあるであろう。そして、日本中世の移動との差異を意識しつつ考察を深めることで、ヨーロッパ中世についても、新たな「移動」像を切り開くことができるはずである。

二　移動の史料論

本書は、高橋慎一朗・千葉敏之編『中世の都市——史料の魅力、日本とヨーロッパ』(東京大学出版会、二〇〇九年)を生み出した研究会の、その後の新たな研究活動の成果を世に問うものである。すなわち、日本史・西洋史・建築史・美術史の研究者が、他の地域・分野の研究を意識しつつも、それぞれの立場から中世の移動を論じた「移動の比較史」という性格を持つ。『中世の都市』の「結」で述べられているように、比較史研究の最大の効果は、「相互の認識の差異を確認し合う過程で生じる歴史的構想力への刺激にこそある」ということを、本書の基本的姿勢として再確認しておきたい。

本書は、三つのパートからなるが、それぞれの位置づけを以下に記してみよう。

まず「Ⅰ　移動する史料、移動者の史料」には、「〈船の旗〉の威光――戦国日本の海外通交ツール」（黒嶋敏・日本史）、「旅行者と通行証――関所通過のメカニズム」（及川亘・日本史）、「王の移動――エドワード一世の巡幸と納戸部記録」（加藤玄・西洋史）の三論文を収める（（　）内は著者名と専門分野。以下同じ）。

移動する者たちにとって、安全確保・物資調達などは必要不可欠のものであり、そのためのツールとして通行証や会計記録、旗などの「移動する史料」が生まれた。これらの史料を読み解くことで、中世の移動の実態や、移動のためのテクニカルな要件などが浮かび上がってくる。

続いて、「Ⅱ　移動の意味」は、移動の意味論（セマンティーク）に関わるパートであり、「移動する歌人――宇津の山のイメージの変転」（高橋慎一朗・日本史）、「いくつもの巡礼道――西国三十三所のイデア」（岩本馨・建築史）、「ひとの移動と意味の変容――オトラント大聖堂床モザイクの大樹と裸人」（金沢百枝・美術史）の三論文から成る。

中世の文化・思想・イメージの移動は、さまざまな史料に痕跡を残している。そのいっぽうで、移動そのものが特定の思想を表現し、移動は経済活動のみならず文化活動となる。そうした活動のなかで、移動の際に阻害要因となる地形も、別の意味をもって解釈されるのである。

「Ⅲ　移動と地形」では、さらに「地形」に視点を近づけて、「水都の輪郭――ヴェネツィア・ラグーナのフロンティア」（横手義洋・建築史）、「岩窟と大天使――ヨーロッパにおける大天使ミカエル崇敬の展開」（千葉敏之・西洋史）の二論文を配する。水陸の境界線という地形そのものが移動し、それにしたがって人々の居住区が移動する様相や、岩窟という地形が伝承の伝播を媒介する過程を通じて、移動と地形の密接な関係を読み解く。

以上のように、本書は、主として人の移動を中心に、「中世の移動の実態が史料にどのように反映されるか、多様な史料から、いかにして移動の痕跡を読み解くか」に挑んだ多様な成果から構成されている。もちろん、日本中世史に限定しても、過書や割符など、人や物・銭の移動に関わる文献史料の分析は、従来もある程度は進められている。

しかし、史料そのものに即した、より具体的な分析は、本書によってはじめてその端緒が開かれたものと自負している。さらに、従来注目されていない史料についても、移動の痕跡は豊富に残されており、今後の研究の進展が望まれるところである。本書が、「移動の史料」の範囲を一層広げていく契機となれば幸甚である。

高橋慎一朗

目　次

I　移動する史料、移動者の史料

1　〈船の旗〉の威光
――戦国日本の海外通交ツール

黒嶋　敏

一　旗のコミュニケーション

旗と船

古くから旗は、人類にとって大切なコミュニケーションの道具であった。天や神仏といった信仰世界と自らとを繋ぎ、宗教的・呪術的なコミュニケーションの道具として使われた旗。集団や大衆の中で、儀式観衆とのコミュニケーションの道具となる修飾的な旗。さらには、より実践的に、戦場での自他識別を目的とする軍事的な旗など、歴史上の旗はじつに多様な機能を担い、場面に応じて重要な役割を果たしてきた。

コミュニケーションにおいて旗が優れているのは、まず視覚で意思を通わせることができる点にあり、このため物理的に音声が届く限界を超え、ひいては国家や民族間の言葉の壁をも超えるツールとなる。その利点を通信手段として最大限に活かしたものが、船の旗であろう。手旗信号のような複雑な仕組みは近代以降の海事技術の進展による産物だが、その船が掲げた旗を通して他者との間で意思疎通を図る方法は、日本の中世社会にも普遍的に見られた。

図1　「倭寇図巻」に描かれた倭寇船

注）倭寇たちが乗り込んだ船の中央の帆柱の上に旗が掲げられる．現状は白く塗りつぶされているが，赤外線撮影によって「弘治四年」の文字が発見された．「倭寇図巻」東京大学史料編纂所所蔵．東京大学史料編纂所編『描かれた倭寇』（吉川弘文館，2014年）12頁より．

人と人とのコミュニケーションを担ってきた点では、船の旗は文書や記録と比べても遜色のない、歴史学の検証素材となりうるものである。こうした船の旗が持つ歴史史料としての可能性を、先行研究に導かれながら考えてみたい。

「倭寇図巻」の船と旗

さて近年、注目を集めている船の旗がある。一六世紀の中国大陸沿岸部では「倭寇」と呼ばれる勢力によって被害を受けていたが、のちの清代にその様子を描いた絵巻物「倭寇図巻」（東京大学史料編纂所所蔵）において、倭寇船の掲げている旗に「弘治四年」の文字があることが赤外線撮影で明らかになった（図1）。また、「倭寇図巻」とよく似た図柄を持つ、中国国家博物館所蔵の「抗倭図巻」においても、同じように倭寇船の掲げた旗に「日本弘治三年」と書き込まれていた[1]。「倭寇図巻」「抗倭図巻」それぞれの関係や成立事情については今後の研究進展を待たなければならないが、ここではさしあたって、船の旗に年号が、それも日本の年号が記されている点に、おおいに関心を惹かれる。

それが第一義的には、倭寇船と「日本」とを明確に関連づけるための、清代絵師による絵画的な表現方法であったことは疑いない。倭寇とはすなわち日本人の海賊であり、日本とは正朔（明朝の年号）を奉じない野蛮な国であるとする、その認識上に倭寇を描く時、「日本」を明示する記号として、たしかに船の旗ほど目立つ箇所はない。

戦国期日本の史料から

倭寇たちが中国沿岸部を荒らしまわる頃、同時期の日本に目を移してみよう。日本側の史料、それも船に関する史料を読んでいると、「旗」「のぼり」「さしもの」などさまざまに表現されながら、船の旗にまつわる記述が散見される。また、数は多くないものの、戦国時代のものとされる船の旗の伝世品が各地に現存している。こうした文献史料の記述や現存するモノ資料に注目してみると、船の旗にまつわる当時の慣習や、旗によるコミュニケーションのあり方が、もう少し明らかになるようだ。

これらの事例が増えてくるのが、一六世紀から一七世紀にかけて。日本列島では戦国の混乱が収束に向かい、新たな中央権力として豊臣政権・江戸幕府が登場してくる変革の時代である。東アジアでは、明の影響力が減退するに従って東シナ海交易が活性化し、倭寇たちが活発に動き回るだけでなく、大航海時代の波に乗ってヨーロッパ勢が続々と参入してくる。外国船との交流が一気に増加した国際色豊かな時代背景と、船の旗に関する事例が増えてくることには、関連性があるのではないだろうか。そしてその時代の記憶が、「倭寇図巻」などにも流れ込んでいると考える余地はあるのではないだろうか。

そこでまずは、九州の最南部にあって、琉球や明・南蛮などと密接な関係を持った島津氏の事例から、船の旗に関する情報を紹介していこう。

二　島津氏史料に見る〈船の旗〉

トカラ漂着の唐船と御旗（事例①）

一五九三年頃、トカラ列島に漂着した唐船に、島津義久から「御幡（＝御旗）」が与えられた。この唐船は後に、義久を頼って再度来日し、乗船者は翌々年の正月には義久を通じて豊臣秀吉への拝謁も果たしている。(2)

戦国大名として勢力圏を広げた島津氏は、一五八七年に秀吉に臣従して以降、天下人の下で南九州を支配する大名となっていた。この時期の島津氏は当主権の所在が複雑で、島津義久は家長としての立場を守っていたものの、政権から当主として扱われていたのは弟の義弘であった。島津家内部における義久の影響力は依然として大きく、しかも琉球通交など対外的な権限を掌握していたことから、外国船の対応も義久が担当したのだろう[3]。なおこの時に来航した唐船は、詳細不明だが、再来日時に持参した、秀吉に宛てた明の福建巡撫許孚遠の文書が残っていることから[4]、たんなる民間商船であったとは考えにくい。義久の旗を受給した人物は、正式な名義を持つ公的使節だった可能性が高いだろう。

五島の唐人と御旗（事例②）

次も義久の旗の事例である。一五九八年、五島に着いた唐人が伏見にいた義久から「御はた（旗）」を拝領し、その返礼として翌年、「大明福建道之金軍門」よりの使者が薩摩に派遣された。金軍門とは福建巡撫の金学曽であり、朝鮮出兵（慶長の役）の休止にともなって、明が日本に送った最初の公的使節になるはずであった。しかし、船は途中で海賊に襲われたため約四〇人が殺されてしまい、目的地に着かず未遂の使節となる。一行のうち、たまたまルソンの「外島」に捨て置かれた二人が日本に向かい、島津義久と弟の義弘に報告したことで事態が発覚したのだった[5]。

高光国持参の日本の旗（事例③）

同じ頃の旗としては、次の事例もある。一六〇〇年、慶長の役で日本軍の人質となった明人の芽国科が、徳川家康の指示を受けた島津氏によって明に送り返された。送還されたメンバーに含まれていた商人の高光国は、かつて福建省海澄からルソンへの途上で海賊に遭い、行く先を変えて日本に渡ったという。高光国は、日本で与えられた「番［蕃］号年月白絹旗一面」を持っていたものの、明側の取り調べの後、再び日本に行くことのないように取り上げられてしまった。渡辺美季は高光国を事例②で海賊に襲われた「唐人」の一人と推測しているが、[6]ここでの「番〔蕃〕号」すなわち日本の年号を記入した「白絹旗」と、事例②の「御はた」とは必ずしも同一とはいえない。慎重を期して、本章では別の旗と見ておこう。

旗の共通点

島津氏にまつわる三点の事例を見てきたわけだが、これらは共通項を持つ。事例①・②では、島津氏の家長である義久が、外国の船に旗を授け、その旗を正当性の根拠として、再び船が島津氏のもとへ向かっていた。事例②は海賊に襲われ目的を果たせなかったが、どちらも島津氏のもとを再訪する理由として、旗が大きな意味を持っていたのである。また事例③の旗は、詳細不明であるものの、おそらくは島津氏かそれに類する人物が授けたものである可能性が高い。この旗もまた、再度の日本訪問を阻止するため明側に没収されてしまう点を踏まえれば、再び日本を訪れる際に船の正当性を示すアイテムとして使う（はずの）ものだった。なお、江戸時代の島津家には「慶長三年戊戌五月藤原朝臣義久」と記された白地の「御旗」が伝来していた。[7]材質や用途を特定できないものの、日本の年号と月日が記されていたという事例③の旗を想起させるもので、関連性が推測される。

これらの事例から、地域権力である島津氏が、外国船に対して、年号を記した〈旗〉を授けていたことが判明する。複数の事例の存在は、これが慣習化していたことを示していよう。これらの旗の性格について、渡辺美季は、やはり年号が記されている瀬戸内海の村上氏が与えていた「過所旗」と同一のものと見なしている。[8]では、はたしてそのような理解が妥当なのかどうか、次に考えてみよう。

三　それは過所旗なのか？

過所と関

一般に「過所」といえば、「関所の通行証」（日本国語大辞典）と説明されるように、関の存在を前提とする文書である。中世日本において、関は関銭（通行料）を徴収する機関であったため、通行者が関銭免除の特権を持つことを示す証文が過所であり、さらに付随して、通行者の身元・属性を明示し、通行安全を保障する意義をも持たせうるようになる。

もちろん、関は陸上のものだけではない。中世では港湾も、関と同様に津料という通行料を徴収していた。また海賊のように海や湖にナワバリをもち、そこを通過する船から通行料を徴収した勢力もあり、中世の史料で海賊が「関」という呼称で登場するように、海賊は一種の関であった。徴収者・被徴収者の双方が合意するかしないかにより、平和的な納入から暴力的な略奪まで手段は様々だが、一定の地点を通過するものから金品の徴収を強要する点で、港湾や海賊などの本質は関だったのである。(9)

旗で発給

こうした水上の関に対応して、船が過所の受給者となる場合もあった。船にとっての過所は、文書ではなく旗の形態で発給される場合もある。

関を通行する船に、政治権力の側から関銭免除の特権を与えたものとして、よく知られているのは、鎌倉時代の北条氏のものだろう（図2）。北条得宗家が若狭国田烏浦《たがらすうら》の徳勝《とくまさり》という船に与えたこの旗には、北条氏の家紋と「国々の津泊・関々、その煩いあるべからず」という文言が明記されている。関や港湾における通行料免除の特権が示されており、この旗が、過所としての役割を果たしたことは疑いない。

　これとは逆に、関の立場から、通行料を免除させた証拠として船に旗を渡す場合もあった。一五世紀、琵琶湖をナワバリに海賊活動を行っていた堅田衆は、おそらくは金品を納入した船を他者と区別するために、「ヒラヒラ」と称する旗を渡している(10)。この場合も、関銭を納入済みであること＝安全な通行を保障されたものという意味で、やはり過所旗と理解していいだろう。

村上氏の過所旗

　同じく関の立場から、より組織的に過所旗を発給していたのが、戦国期に瀬戸内海の芸予諸島を本拠とした村上氏である。村上氏は来島・能島・因島の三つの拠点地に分かれていたが、なかでも能島を拠点とした一派は、広範囲に影響力を及ぼしていたことで知られる(11)。

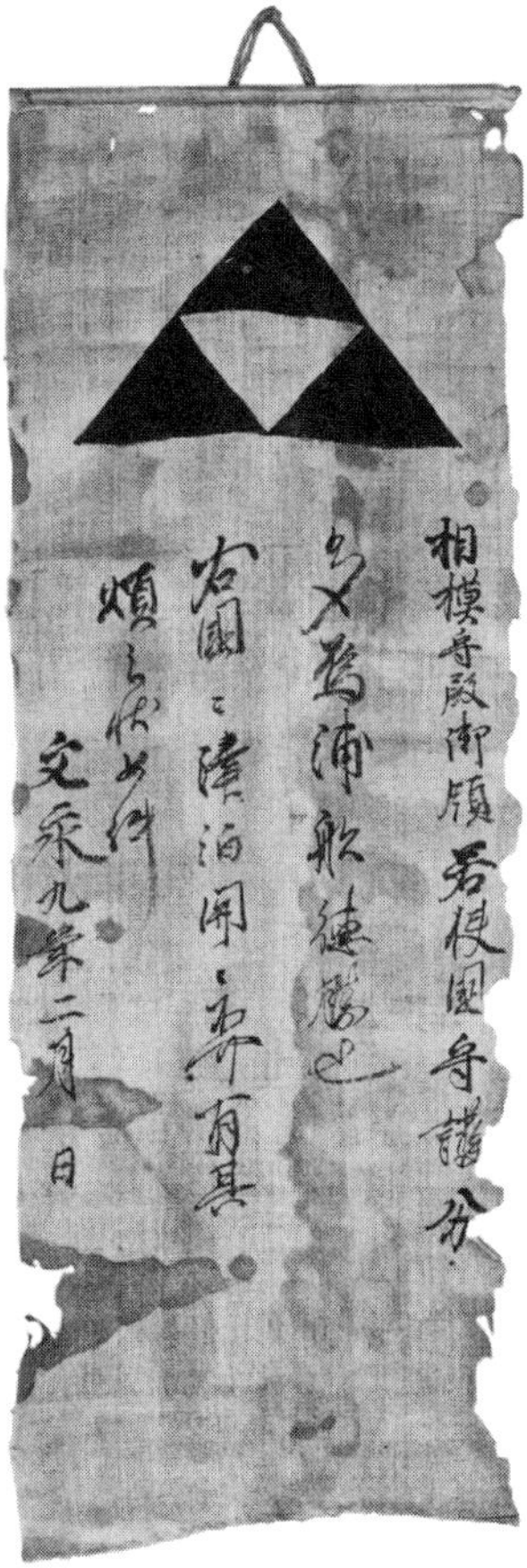

図2　北条氏過所旗

注）法量75.6×27.8，材質は麻．文永9年（1272）に若狭国守護領内田烏浦の船徳勝に対して，諸国の津泊関々での通行料免除を記す．上部にある三鱗《みつうろこ》紋は得宗北条家の家紋．「若狭秦家文書」京都大学総合博物館所蔵．福井県立若狭歴史博物館『福井県立若狭歴史博物館常設展示図録』2015年，75頁より．

村上氏の過所旗発給のシーンを記す興味深い史料がある。一五八六年のこと、堺から瀬戸内海を西に向かった宣教師ガスパル・コエリュは「日本最大の海賊」である能島村上氏に、「その交付する署名によって自由に通行できるよう、好意ある寛大な処遇を求めた」。能島村上氏は「伴天連方が、天下の主、関白殿の好意を得て赴かれるところ、某ごとき者の好意など必要はござらぬ」と躊躇しながらも、懇願によって「怪しい船に出会った時に見せるがよいとて、自分の紋章が入った絹の旗と署名を渡した」のだった。[12] 瀬戸内海を通行するものは、政治権力者である秀吉からのものだけでは十分ではなく、関である村上氏からもナワバリの通行保障を必要としていた。それが村上氏発給の家紋の入った「絹の旗」だったのである。

図 3　村上氏過所旗

注）法量 54.0×43.1，材質は絹．天正 9 年（1581），能島村上氏の当主武吉が，厳島神社の神官に与えたもの．村上氏の家紋である「上」の字を描く．山口県文書館所蔵．国立歴史民俗博物館図録『東アジア中世海道』2005 年，55 頁より．

現存する村上氏の「絹の旗」

村上氏発給の「絹の旗」に該当するものが、二点現存している。高橋修の研究によれば、一つは安芸国の厳島祝師に宛てて、もう一つは紀伊国雑賀の向井強右衛門尉に宛てたものである。[13] 中央に村上氏の紋所である「上」が大きく描かれ、右下に宛所、左下に日付と村上武吉の署名が据えられたものだ（図3）。さらに、現存していないものの、史料上で受給が確認できるものとして、高橋は筑前国今津に宛てた二通も紹介している。

ほかにも九州では、より遠方の肥前国でも過所旗受給の痕跡がある。肥前の大名鍋島氏と密接な関係を持った商人の平吉氏は、「天正之中比（一五八〇年頃）」の伝承として、瀬戸内の村上氏に「銀子壱貫目」を納めることで、「免々判物」と「船印之旗二拾本」を与えられたと記している。[14] ここでは「判物」つまり花押の据えられた文書と「船印之旗」がセットで渡されており、さきほどのコエリュらも同様に、文書と旗をセットで渡されていたと見るのが自然かもしれない。また、同じ肥前の松浦隆信も、村上武吉に「御幕」の贈与を感謝する書状を送っており、こちらは岸田裕之氏が指摘するように旗ではなく船幕だった可能性が高いが、機能的には村上氏の過所旗と同様のものとすることができるだろう。[15]

こうした広範な「絹の旗」の伝来状況は、瀬戸内海が物流の大動脈であった何よりの証拠であり、その瀬戸内海を村上氏がナワバリとしたために、そこを通る各地の船舶は村上氏発給の「絹の旗」を必要としていたのである。現存していないものも含めれば、村上氏が相当数の「絹の旗」を発給していたであろうことは想像に難くない。

島津氏との比較

これらの痕跡から、中世の日本では、鎌倉幕府のような政治権力の側、あるいは村上氏のような地域的な関の側、それぞれが船に対して関銭免除のための旗を発給していたことが推定できる。たしかに、これらの旗は過所の機能を持ち、関銭免除を保障するものとして、「過所旗」と称するのは首肯しうる。また、これらの過所旗と前述の島津氏発給の旗とは、船の通行安全を図るという点では共通する側面を持つのも確かではある。

ただし、島津氏関連の事例①から③の旗を、過所旗とまったく同等のものとするには躊躇せざるをえない。ある特定の地点・ナワバリの関銭免除を示し通行安全を保障する過所旗と、外国船の再来航を念頭に、受け入れの安全を保障して渡す旗とでは、使用目的がずいぶんと異なる。たしかに通行安全という共通項があるとはいえ、その部分に引き寄せてすべてを過所旗と一括してしまうと、「過所」の語義を拡散させてしまうのではないか。

むしろ、通行安全の前提となる、過所が持つもう一つの意義に注目してみたい。それは、北条氏が「国々の津泊・

関々、その煩いあるべからず」とし、能島村上氏が「怪しい船に出会った時に見せる」ためと説明していたように、一種の〈属性〉と旗とがセットになって与えられる点にある。逆説的になるが、関がある場面でそれを過所として使った時にだけ、その旗は「過所」として機能するのであって、「過所」としての用途が、関の有無に左右される派生的な問題であるとすれば、より本質的には、〈属性〉を与えることに旗の意義があるのではないだろうか。

このように考えてみると、北条氏や村上氏の旗を過所旗と呼ぶことの妥当性が問題となってくるのだが、ここではさしあたり、旗が〈属性〉を与えるという点で、島津氏の旗と北条氏・村上氏の旗とが共通項を持つことを指摘しておこう。

旗を授けることの意義が見えてきたところで、さらなる手がかりを、別の船の旗に求めてみよう。

四　また逢う日まで

明から来た商人の約束

戦国期に中国地方最大の大名となる毛利氏の家中で、長門国の赤間関（現在の下関）の代官となった高須元兼という武将がいた。現在、その高須家のもとに、ある旗が伝来している（図4）。高須家の紋所である三つ巴剣紋が大きく描かれ、その下に数行の墨書がしるされている。墨書の内容は別に、紙の文書としても残されているので、そちらの釈文を文中に付された返り点とともに引用しよう。

史料①　王禄・蔡福・李進連署状[16]

大明国泉州府晋江県有㆓商船隻㆒、候㆓来年六月㆒、到此湊口、看旗、号㆓比対一同斎㆒、来買売、余事無㆑紀、

万暦十二年十月吉日　書　　知鉦人王禄（花押）

船主　蔡福（花押）
立字人李進（花押）

先行研究[17]によって簡単に大意を押さえておくと、万暦一二年（一五八四）の一〇月に明から来航していた王禄らが、来年六月に来航を予定している明国泉州府晋江県からの商船二艘について、赤間関で「旗」が同じものと判定されれば公正に商売をすべきことを約束するものである。当時、明の海禁体制が部分的に解除されたため、本来は渡航が禁止されていた日本にも、明国福建・泉州から多数の商人が来日していた[18]。さきほどの島津氏領国だけでなく、赤間関もまた、中国交易の拠点港の一つなのであった。

では、この「旗」と照合することになっている旗とは、何を指しているのだろうか。

関代官の約束

同じ高須氏のもとには、次の証状写も伝来している。

史料②　高須元兼証状写[19]

大日本国長州路於赤間関、大明国
泉州府有商船弐隻、来年六月有着
岸者、商売等、天平等、秤以天道
不可有二家相違者也、白銀堅固、
無暗裏可定之、明年直対　主君者、
猶可名裏、約一旗捧之、来朝向船

図4　日明貿易船旗

注）法量 167.0×95.0，材質は麻．個人蔵，山口県文書館寄託．九州国立博物館図録『戦国大名』2015 年，156 頁より．

之時、此旗迎来者、其時可取纜、弥売買旧約、遂其志者哉、
維天正十二年小春日　　杉原《（高須）》宗左衛門尉平元兼
船主　蔡福
立字人李進
同知証人王禄

こちらも史料①と同じ天正一二年（一五八四）一〇月のもので、内容も対応する。来年六月に泉州の商船二艘が来航する予定であり、取引時に使う天秤など、商売の公正を約束する。さらに明年、毛利輝元と対面できればあらためて証文が出されること、約束の「一旗」を掲げて来日し、「此旗」で迎えた時には滞りなく着岸できることを保障している。

二つの旗の謎

史料②にある「一旗」と「此旗」とは、やはり別の旗であると解釈するのが自然であろう。では、二つの「旗」の関係をどのように整理すべきであろうか。

ここは史料の伝来状況から推測してみたい。高須氏のもとに伝来した旗（以下、旗Aとする）の墨書部分と史料①が同文であり、対応して同時に作られた史料②は正文ではなく写しのみが伝わっている。これは、この時、別の旗（こちらを旗Bとする）も作られ、その墨書を記した文書の写しが史料②だったことを示唆する。この推定によれば、旗Aと同じように、高須氏の家紋と史料②と同文が墨書されていた旗Bは、明の商船に渡されたと考えられるだろう。

つまりは次のような経緯である。まず一五八四年一〇月、赤間関に来航した明の商人王禄らと関代官高須元兼の間で、契約が取り交わされた。両者は翌年六月に夏の季節風による再度の来日を約し、その際に取引を円滑に行うため、

二通の文書と二つの旗を作成する。王禄らは経緯を史料①と旗に記し、高須元兼は同じく史料②の正文と旗Bに記したうえで、元兼が史料①と旗Aおよび史料②の写しを、王禄らは史料②の正文と旗Bを持って明に帰国する。こう推測してみると、高須氏のもとに文書以外では旗Aだけが伝来したことも説明しやすい。

また逢う日のための旗

高須氏が旗Aや史料①だけでなく、史料②も丁寧に伝えてくれたおかげで、当時の詳しい状況が見えてきた。二つの旗を照合することで船の身元を確認する作法は、江戸時代前期に、長崎奉行がオランダ船に対して行っていた旗合わせという作法を想起させる。[20]とくに外国から来た船に対して、あらかじめ旗を給付しておき、その旗を掲げているかどうかで身元を判別する慣習が、すでに戦国期の赤間関では成立していたことになる。

いうまでもなく、ここでの旗は、過所旗のように特定の地点・ナワバリにおける通行料免除を示すものではない。外国船に対して、再び来航した際に、ゆかりの〈属性〉を示すツールとして手渡された旗なのである。高須氏の旗に同家の家紋が大きく描かれていたのも、そのためであろう。この〈属性〉の付与という特徴は、前述の島津氏関連の史料に見られた事例①から③の旗と共通するものといえる。

なお、高須氏の旗は明商船との関係性を示すものであったが、史料②では再来航時に主君毛利輝元への拝謁が予定されていた。[21]これは、無事に拝謁を遂げ毛利氏との関係が結ばれた暁には、毛利氏から旗が支給される手筈だったことを推測させる。毛利氏の家臣である高須氏の旗は、それまでの暫定用であったともいえ、島津氏のように「白絹」ではなく麻布で仕立てられているのも、主君毛利氏との身分的な格式を反映しているのかもしれない。

このように毛利氏や島津氏の領国において、地域権力者である大名や家臣たちが、外国船に対し、再来航時に使うための旗を渡す作法が確認できた。この作法は、毛利氏・島津氏だけでなく、とくに海外との関係が深い西日本の大名たちに共有されていたのではないだろうか。外国船の再来航の時を期して、また逢う日のために、大名たちゆかりの〈属性〉を示すツールとして旗を渡すのである。

御旗の効力

また逢う日のため、ゆかりの〈属性〉を示す旗であるならば、その使用目的は、関の通行料を免除する過所旗とは大きく異なる。しかも、この旗を日常的な航海で掲揚していても海上での効能は皆無に等しく、また、発給者とは別の大名領国に入港する際にも効力を発揮しない。しかも赤間関に来た王禄らも翌年夏の来日を約束していたように、季節風の影響を受ける外国船の航海は一年単位のサイクルを基本とするため、また逢えるのは早くても翌年。それほど近くもない未来において、その大名の支配する港に入る時のみ、効力を発揮する旗なのである。

しかしそれゆえに、受給者と大名との間の強い結びつきを示すツールでもあった。事例①・②では旗の受給により構築された島津義久との関係性にもとづいて、公式使節が派遣されているし、事例③でも、再度の日本訪問を危惧した明朝により旗は没収されていた。旗は、大名領国における保護と優遇を約束する物なのである。

その結びつきを明文化したものとして、高須氏の例を踏まえれば、旗と一緒に文書がセットになって手渡されていた可能性は高い。高須氏の旗A・Bのようにその文言までが書き込まれた文書かは不明だが、旗の機能を証明する文書が添付されていたことだろう。既述の村上氏からコエリュや平吉氏への発給例では、旗と文書がセットになって渡されていたことも、あわせて思い起こされる。文書と旗、双方に同じ日付が記されることで一体感を増し、同じタイミングで成立した契約であることを示すのだ。

文書と旗とがセットになって渡されたのは、それぞれが持つコミュニケーション・ツールとしての役割の違いによるものだろう。旗は遠方から視認する時に役立ち、文書は港湾で臨検される時に役立つ。それぞれが相互補完的に機能していたのではないか。

御旗と大名

もっとも、また逢う日のための旗と文書を発給していたとはいえ、当時の大名権力が港湾を全面的に管理できていたわけではない。在地の経済活動、とくに港湾を拠点とする流通活動そのものは自律的で、それらを大名が完全に制御できたわけではなかった。港湾が、そのような在地の慣習と大名支配が交差する場所であるために、入港する外国船は旗を掲げることで、まず大名との関係性を示す必要があったのだろう。

そうした使用目的は、旗の意匠にも反映される。事例①・②は「御旗」と呼ばれており、文書だけでなく、その旗自体が島津家を象徴するような意匠であったことは想像に難くない。村上氏や高須氏の現存する旗にあるように、大名家を象徴し一番目立つ意匠は家紋であろう。

家紋の入った旗を、さらに大名が公認したものとして重要視されるのが、署名ではないだろうか。家紋だけでなく、村上氏の過所旗には村上武吉・元吉の署名が、高須氏の旗Aにも王禄たちの署名が据えられていたことからすれば、事例①・②にも島津義久の署名があって不思議ではない。

その類例が、平戸松浦氏に伝来したモノ資料としての船旗にある。松浦氏の家紋を入れた旗に、「用船」「松浦源宗信（花押）」「鑓左衛門尉」との墨書があり、松浦隆信（宗信）が公用船の船印として鑓左衛門尉に授けたものであった[22]。松浦隆信（宗信）は義久と同じ時期の人物である。大名と船との関係性を示すものとして、家紋に署名を入れた旗が、すでに登場していたのである。この旗が、江戸時代の幕府や大名家の専属船舶である御用船が掲げていた、船印の原型であることは明らかであろう。

ただし、御用船は幕府・大名家の船印を掲げることで属性を強調し、文字通りの「御用」を果たしてきたわけだが、そのような固定化した属性と、また逢う日のための旗とでは、属性の性質がやや異なるように思われる。江戸時代の御用船へと発展していく過程で、そぎ落とされた要素に、また逢う日のための旗を考えるヒントがあるのではないだろうか。高須元兼が旗を作成した時点から少し時計の針を進めて、外国の船が旗を掲げる光景を検討してみよう。

五　見かけの属性

オランダ旗を掲げる唐船・琉球船

一七世紀の前期から中期にかけて、東シナ海では、徐々にオランダの勢力が浸透してきていた。イギリス・スペインは相次いで日本交易から脱落していき、江戸幕府が禁教令を出したことでポルトガルと断交するなか、バタビアを拠点にしたオランダ東インド会社は、台湾や平戸との海上ネットワークを強め、鎖国下の日本で唯一の西洋通商国として認められていくのである。

この頃、日本で外国船の受け入れ港となっていた長崎では、とくに西洋船の場合、船旗によって国籍を判定していた。とはいえ旗と国籍とは一致するものでなく、深瀬公一郎の紹介したところによれば、オランダ旗を掲げた唐船や琉球船などの事例もあった。台湾南部に向かう南京船が長崎オランダ商館に旗と通航証を求めた例、台湾の鄭氏とオランダ東インド会社が抗争中に琉球船がオランダ旗を持参していた例、オランダ東インド会社の拠点港を出た唐船がオランダ旗を掲げた例などから、深瀬氏はオランダ旗が「オランダ船との海上交戦を避ける通航証としての意味」も持っていたと指摘している(23)。

念のために付言しておくと、当時の東シナ海が、オランダ東インド会社の名のもとに領域的に管轄されていたわけではない。けれども旗と通航証を持つことで、その船は「友人としてもてなされる」のであり、領海の通行許可証というよりは、オランダ船という属性を一時的に示すことで、緊迫する海上や東インド会社の関係港湾での便宜を得ていたのである。現実の国籍とは関係なく、オランダ東インド会社との関係性を示すためのツールとして機能する旗なのである。この現象は、当時の東シナ海においてオランダが築きあげた優位性によって、もたらされたものといえよう。

ここからもう少しさかのぼると、事態はより複雑な様相を見せている。

イギリス旗を掲げる朱印船

一七世紀初頭の東シナ海では、中国大陸と周辺地域との交易の果実を求め、在来勢力だけでなくヨーロッパ勢も参入し、入り乱れて競合を繰り広げていた。日本からも、天下人となった徳川家康・秀忠父子から発給された朱印状を手にした船が、東南アジアへと活発に渡航していく、いわゆる朱印船貿易の時期を迎えていた。もっとも、日本から貿易に出た船が、たった一通の朱印状だけで航路上の安全を手にできたわけではなく、その対策は自力で講じなければならなかった。

岩生成一は、一六一八年、平戸のイギリス商館長コックスが、華僑の頭目である李旦や肥後四官らに、商館長名義の紹介状と「英国旗」を与えている事例を紹介している[24]。李旦・肥後四官は朱印状を得て東南アジアに渡っていた貿易家であり、海上でイギリス船と遭遇した時に備えて、コックスの紹介状と「英国旗」を求めてきたのだ。文書と旗の取り合わせは既述の事例とも合致する。

また、長崎の朱印船貿易家として知られる荒木宗太郎の船には、オランダ東インド会社の「ＶＯＣ」船旗が掲げられていた[25]。これは前に見たオランダ旗の先駆的な事例といえるだろう。

これらの事例は、日本の天下人名義で属性を保障されているはずの朱印船であっても、複数の外国の旗を手元に確保していた可能性を示すものとして興味深い。

約束の馳走

同様に朱印船貿易に従事した薩摩の大迫氏のもとには、交趾（ベトナム）の「屋形」のものと伝えられる旗が伝来している。[26] 残念ながら現状は「腐食して原形を留めない」ものとなっているが、江戸時代の地誌の記述によれば縦二尺五寸二分（約七七センチメートル）・横四尺七寸（約一四二センチメートル）の横長型で、「素絹」を素材とし、旗の右側に大きく「将命」の二文字が縫い付けられていた。[27] なお、大正一〇年（一九二一）に作成された模写が、東京大学史料編纂所に所蔵されている（図5）。大迫家に伝わった添書によれば、この旗を持って交趾に行けば、「馳走」をしてもらえるもので、「日本将軍御朱印之類」とされている。[28] 大迫家には、一六〇七年に東埔寨への渡航を承認した徳川家康の異国渡海朱印状もあるが、旗も朱印状と同様に、大切に保管されていたことを物語っている。この旗も、交趾の「屋形（＝領主）」から授けられた、また逢う日のための旗であったことは疑いない。

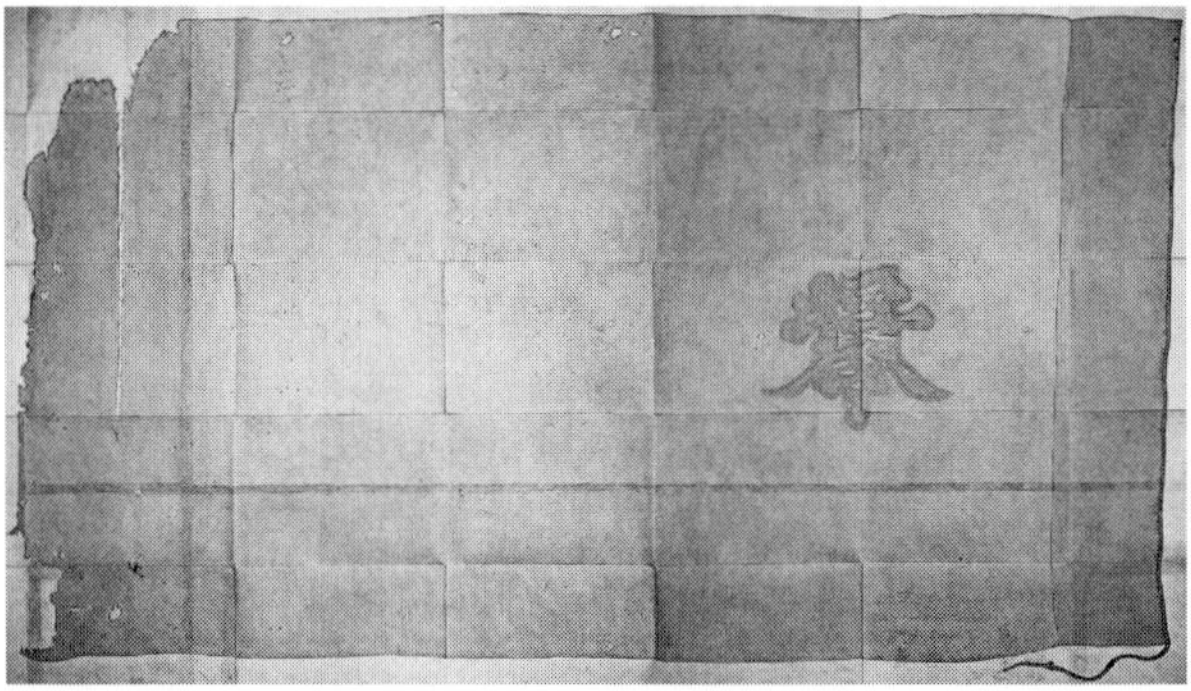

図5　大迫氏伝来の船旗（模写）

注）大迫氏所蔵の船旗を大正10年（1921）に模写したもの．法量91×168．東京大学史料編纂所所蔵「唐土より与へられたる標幟」．

また、大迫氏が朱印船貿易に従事していたのと同じ頃、琉球から帰国して、のちに京都で檀王法林寺を再興した僧袋中の伝世品に、「琉球渡海船印」と称される旗がある。赤地の絹に、金紙で「見崎重右衛門尉」の文字を縫い付けているものだ（図6）。見崎重右衛門尉の実名は不詳で、同封の添書に「袋中上人渡海の際の船奉行」とあるのみだが、[29] あるいは大隅の検見崎氏一族であろうか。[30] 詳細は今後の検討によらなければならないが、袋中が琉球から帰国したのが一六一一年であり、その航路上において手渡された品物と考えられることから、また逢う日のための旗であった可能性が高いといえよう。

見かけの属性

このように、一七世紀の東シナ海の情勢に対応して、行き交う船が必要とした旗も変化していった。現場の力関係に比例することからも明らかなように、ここで掲げられている旗は国籍とイコールではない。航海における、ある局面で必要となるもので、掲げることにより「もてなし」「馳走」などの便宜を手にすることができる旗なのだ。旗を掲げると、その船は旗の発給者と同じ属性、いわば見かけ上の属性を瞬間的に獲得するのである。こうした旗は、掛け替え可能な一種の看板にすぎない。

そして朱印船が外国旗を求めたように、その看板は一つとは限らない。いくつもの寄港地を経由しなければならない当時の航海事情を踏まえれば、寄港先の数だけ、便宜を得るための看板を求めたことは想像に難くない。船の属性という点では、村井章介による次の指摘が興味深い。「そこ（＝日中間、黒嶋註）で活躍する船が中国籍か日本籍かなどという問題は、現代の歴史家や考古学者が気にしているだけで、中世人には関心の外にあった。船に対する彼らのおもな関心は〈どこから来た船か〉にあり、船に冠された国や地域の名も、この関心に沿って選ばれた。そもそも船籍という概念が普及するのは、国民国家

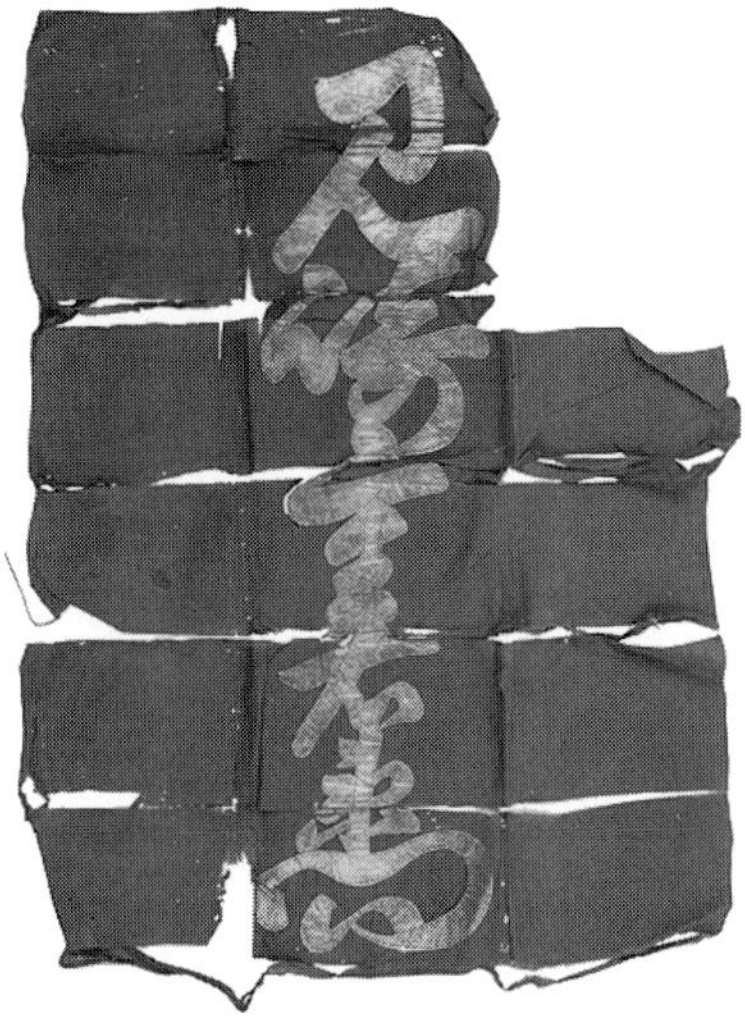

図6　袋中上人遺品の琉球渡海船印

注）法量96.0×72.8，材質は絹．檀王法林寺所蔵．九州国立博物館図録『琉球と袋中上人展』2011年，35頁より．

が普遍的な存在となった近代以降であるから、中世の史料が船籍を語ってくれるはずがない」[31]。この指摘は戦国期にもあてはまる。国籍の概念が曖昧化され、ある種の境界性を帯びていたために、船はいくつもの旗を使い分けることができたのである。航路や寄港先に応じて旗を付け替え、〈見かけの属性〉を自在に変更していくことで、大交易に沸き諸民族が入り乱れた東シナ海において、さまざまな航海上のリスクを回避していたのではないだろうか。

御用船との違い

大名たちが与えていた〈また逢う日のため〉の旗が、船にとっては〈見かけの属性〉を示すためのツールにすぎないとすれば、江戸時代の御用船の旗とはずいぶんと異なる。一六世紀の地域権力が外国船に与えていた〈また逢う日のため〉の旗は、御用船ほど固定的な関係性でもなければ、専属といえるほどの強い従属下に編成するものでもなかった。船の側は、入港時の便宜を得るために、地域権力との関係性を〈見かけの属性〉として示していたにすぎず、旗が活用される場面も、局地的で限定的だったのだ。

この差は、日本の政治体制の時期的な相違によるものである。地域権力が領国の一元的な支配を達成していたわけではない戦国時代と、幕府と大名家などの統合によって幕藩体制による支配が国内の津々浦々を覆っていた江戸時代とでは、船の属性の示し方も異なるのだ。江戸時代ならば特定の大名家との固定的な関係性を強調すれば十分だが、それ以前は、多様な属性を柔軟に掛け替えられる方が、利便性が高かったのである。

一六世紀の日本のように、港湾ごとに地域権力が異なるような状況では、船の側が進んで便宜を図ってもらえる旗を地域権力者に求めた可能性が高いだろう。そうした需要に、地域権力の側がどこまで応えうるかが、陸の権力者たちが海上流通の支配方法を模索していた、この時期特有の課題だった。そして彼らが辿りついた答えが、船に〈また逢う日のため〉の旗を授けることだったのである。

史料としての旗

陸の大名たちは〈また逢う日のため〉に旗を授け、海を行く船の側は〈見かけの属性〉を示す仕掛けとして、旗を活用していた。それ以前の中世日本においても、特定の地点・ナワバリの通行料免除を示す過所旗や、船舶の属性を示す旗は存在してはいたが、船が旗によって〈見かけの属性〉を示すことの重要性が増す背景には、諸外国との交易が活性化する一六世紀ならではの事情が存在していたのである。

このような旗は、歴史情報の宝庫である。しかも既述のように、旗は文書とセットになって相互補完的に機能していた可能性が高い。港湾に入ってきた船とコミュニケーションを図るに際し、文書による属性の確認は当事者間での対面（臨検）の場で有効となり、旗によって見かけの属性を示すことは、滞りなく入港を果たす前提として不可欠だった。また時には、旗に文書と同じように文言や年月日・署名が記入される場合もあり、これによって旗と文書の一体感は増していく。紙と同等に墨書への適性を持つ、布地を素材とした旗ならではの特性といえよう。

コミュニケーションのツールとしても、文書との近似性の点でも、船の旗は立派な史料なのである。モノとして原品が残っているものは、その旗が持つ豊かな歴史情報を引き出すべく、丁寧に解析していかなければならない。残念ながら散逸してしまった場合でも、文献史料中の旗の役割に注意して見ていけば、当時の海事慣習から国際的な対外関係までさまざまな情報を語ってくれるはずである。

再び「倭寇図巻」へ

その際に注意したいのは、現代的な国籍や属性の概念が、時に理解の障害となることである。たとえば、一六世紀の中頃、倭寇のリーダー王直が東シナ海で勢威を拡大させると、明から諸外国に向かう船は王直から「旗印」を借り受け、航海を続けたという。[32]これも既述のオランダ旗やイギリス旗を踏まえれば、王直のもとに船舶が編成されたわけではなく、船の側は、あくまでも〈見かけの属性〉を求めたにすぎない。旗を掲げることが、すなわち固定的な専属関係を意味するものではないのだ。

話が再び倭寇に戻ってきたところで、冒頭に取り上げた「倭寇図巻」の旗に立ち返り、稿を閉じることとしよう。村井章介が整理するように、歴史上の倭寇とは、属性が非常に曖昧な集団であった。[33]そのような倭寇を絵画で表現するに際し、倭寇の船に、日本年号を明記した旗を掲げさせたのは、なによりも倭寇船が日本から来ていることを強調するための絵画的な記号ではある。ただそこに、一六―一七世紀の東アジアにおける、ある種の記憶が反映されている余地はないのだろうか。

既述のように、同時代の船の旗は〈見かけの属性〉を示すものであり、場合によっては旗に年月日を記すこともあった。ひとまず倭寇の実体の問題から離れれば、中国沿岸部を襲撃する倭寇船が、〈見かけの属性〉として日本という属性を語り、その伝承が「倭寇図巻」などの作品と流れ込んでいく可能性は否定できないだろう。見かけと実体のギャップを、絵師がどこまで自覚していたのかなど検討すべき点は多いが、それらは、ようやく緒に就いた「倭寇図巻」など一連の作品群の研究が進展することで、徐々に明らかとなるだろう。

(1)「倭寇図巻」および「抗倭図巻」の現段階における研究到達点は、東京大学史料編纂所編『描かれた倭寇』（吉川弘文館、二〇一四年）、須田牧子編『「倭寇図巻」「抗寇図巻」をよむ』（勉誠出版、二〇一六年）を参照のこと。

(2)「新納旅庵自記」文禄四年条。「新納旅庵自記」は鹿児島大学附属図書館玉里文庫所蔵本に拠った。

(3) 豊臣秀吉期における島津義久の立場については、さしあたり拙稿「島津侵入事件再考」（小野正敏ほか編『考古学と中世史研究七　中世はどう変わったか』高志書院、二〇一〇年）、および「島津義久〈服属〉の内実――関ヶ原への道程」（谷口央編『関ヶ原合戦の深層』高志書院、二〇一四年）を参照のこと。

（4）万暦二二年（一五九四）六月一二日付、明国福建巡撫許孚遠檄文（『大日本古文書　島津家文書』一二三七号）。
（5）慶長四年（一五九九）九月一日付、島津義弘書状（『鹿児島県史料旧記雑録後編三』八六七号）。以上の事件の経緯については、渡辺美季「鳥原宗安の明人送還」（『ヒストリア』二〇二、二〇〇六年）を参照のこと。
（6）前掲注(5)渡辺論文。
（7）島津義久旗銘写（『鹿児島県史料旧記雑録後編三』四〇九号）。
（8）前掲注(5)渡辺論文。
（9）黒嶋敏『海の武士団　水軍と海賊のあいだ』（講談社、二〇一三年）。
（10）「本福寺跡書」（笠原一男ら編『日本思想体系　蓮如　一向一揆』岩波書店）。
（11）戦国期の村上氏に関しては、山内譲『瀬戸内の海賊』（講談社、二〇〇五年）を参照のこと。
（12）ルイス・フロイス著、松田毅一・川崎桃太訳『完訳フロイス日本史　織田信長篇　三　安土城と本能寺の変』中央公論新社、二〇〇〇年、一九九―二〇〇頁。
（13）高橋修「新出の「村上武吉過所旗」について（上・下）」（『和歌山県立博物館研究紀要』四・五、一九九九・二〇〇〇年）。
（14）「平吉家由緒書」『佐賀県史料集成』一六。
（15）九月二六日付、松浦隆信書状（「屋代島村上文書」『戦国遺文瀬戸内水軍編』一三一三号）、岸田裕之『大名領国の経済構造』（岩波書店、二〇〇一年）。
（16）「高洲文書」東京大学史料編纂所所蔵写真帳。
（17）前掲注(15)岸田著書、ならびに荒木和憲氏による解説（九州国立博物館展示図録『戦国大名』二〇一五年、一五六頁）も参照のこと。
（18）中島楽章「福建ネットワークと豊臣政権」（『日本史研究』六一〇、二〇一三年）。
（19）前掲注(16)「高洲文書」。なお、荒木和憲氏による解説（前掲注(17)図録、一五七頁）も参照のこと。
（20）深瀬公一郎「十七世紀後半の長崎港における船旗の役割」（『(長崎歴史文化博物館）研究紀要』五、二〇一〇年）。
（21）前掲注(15)岸田著書。
（22）前掲注(17)図録における藤生京子氏執筆の解説（一六五頁）。
（23）前掲(20)深瀬論文。

(24) 岩生成一『新版　朱印船貿易史の研究』吉川弘文館、一九八五年。
(25) 長崎市立博物館所蔵「荒木宗太郎異国渡海船之図」（安達裕之『日本の船　和船編』船の科学館、一九九八年）。
(26) 徳永和喜「戦国期から江戸初期の島津氏外交」（『黎明館調査研究報告』二三、二〇一〇年）。
(27) 『三国名勝図会　第一巻』（青潮社、一九八二年）五〇三頁。
(28) 「唐土より与へられたる標幟ノ添書」『鹿児島県史料旧記雑録拾遺家わけ六』大迫文書一二号。
(29) 野村直美「檀王法林寺所蔵　袋中上人琉球関係史料調査報告」『史料編集室紀要』三三、二〇〇八年。
(30) 検見崎氏は、大隅の有力領主で、戦国期に勢力を拡大させた肝付氏の庶流。一五七三年の日向松山における戦闘で、肝付氏の戦死者に「検見崎源次郎」のほか「見崎彦十郎」が見える（「松山口討捕頸注文」『鹿児島県史料旧記雑録拾遺家わけ二』新編伴姓肝属氏系譜三六七号）。
(31) 村井章介「寺社造営料唐船を見直す」（歴史学研究会編『港町と海域世界』青木書店、二〇〇五年）一三一頁。
(32) 山崎岳「舶主王直功罪考（前編）――『海寇講』とその周辺」（『東方学報』八五、二〇一〇年）。
(33) 村井章介『日本中世境界史論』（岩波書店、二〇一三年）。

2 旅行者と通行証
——関所通過のメカニズム

及川　亘

はじめに——ある奥州大名の使者の旅

永正一三年（一五一六）冬から翌年の夏にかけて、頤《い》神軒《しんけん》存奭《ぞんせき》という人物が奥州梁川（現福島県伊達市）城主の伊達稙宗の使者として上洛した。奥羽に勢力を拡大しつつあった稙宗の将軍足利義稙よりの偏諱（「稙の一字」）拝領、左京大夫任官の謝礼のために派遣されたのである。存奭は帰国後、旅の収支を記した算用状[1]を伊達家に提出しているが、これは公家衆や幕府関係者への謝礼などにかかった費用のほかに、関所・渡しで支払った費用など旅行そのものにかかった経費も具体的に記されていて、彼の歩んだ道筋とともに当時の旅の一端を知らせてくれるものとしてよく知られている[2]。表1は後者の旅行そのものの経費を一覧にしたものである。

これによると、梁川を出発した存奭は、まず越後へ出て日本海岸の北陸路を都へと向かったことがわかる。進物用の馬を連れた旅であり、陸路を利用した。信濃川下流の三角州地帯の沼垂・蒲原の渡し（ともに現新潟市）を過ぎ、越後府中（現上越市）では進上用の馬を洗っている。さらに姫川、および国境の境川を過ぎて越中に入った。越中では

表1　頤神軒存奭の旅行経費

費用（文）	使　途
往路	
200	沼垂の渡し守
100	蒲原の舟守
500	越後府中で進上馬の湯洗いの時，別谷殿へ酒代
100	姫川の渡し守
200	境川の関の庭立（関守）に酒代
100	水橋の渡し守
100	岩瀬の渡し守
100	蓮沼の渡し守
500	椎名殿の案内者
300	神保殿の送りの者
200	今湊の船賃
100	九頭竜川の渡り
5500	木ノ芽峠から七里半越海津まで二千人余りの人足賃，横尾黒某氏へ
500	敦賀津まで印牧殿の案内者の酒代
1000	疋壇殿の子息海津天熊まで送りの酒代
200	進上馬の湯洗いの代
200	とうろうたうの関所の礼儀
200	坂本の関所へ門の礼儀
200	山中の関所へ門の祝言
500	渡辺源五郎府中より西浜境川（不詳）に送る時の酒代
500	金津にて進上馬拘留に際し，京都に注進のため坂東屋富松内中村の路銭
300	坂東屋富松内中村，海津まで迎えの路銭
1000	越後浪人小国殿越中より越前府中まで送りの路銭
復路	
500	境川まで送りの椎名殿中間衆へ
500	金津宿まで送りの印牧殿中間衆への酒代
200	加賀竹橋宿より倶利伽羅へ送りの者へ
200	金津より本折まで送りの者への酒代
1000	木ノ芽峠の人足賃

水橋（現富山市）で常願寺川を、岩瀬（同上）で神通川を渡り、その後は内陸に入って蓮沼（現小矢部市）で小矢部川支流の渋江川を渡ると倶利伽羅峠を越えて加賀に入った。加賀では今湊で手取川を渡り、越前に入って九頭竜川（「くつれ《崩》のわたり」）を渡り、金津宿を経て木ノ芽峠の難所を越えて敦賀に出た。敦賀からは七里半越を越えて近江に入り、天熊《てんのくま》（現高島市）を経て海津（同上）に至り、海津から坂本（現大津市）へ、さらに山中越えを経て京に入った。

　奥州から京都までの旅の間、存奭は河川の渡し場ではそれぞれ一〇〇文または二〇〇文を、関所ではそれぞれ二〇〇文の銭を支払っているが、存薁が道中の関所の通行に備えて幕府発給の通行証を携行していたことが、算用状の次のような記述からわかる。

　六貫文　是ハ富松方去年(永正一三年)夏中御奉書申請、中村お為使罷下候上下之路銭、取越之由申候間、此度算用申候、

　三貫文　是ハ北近江関所十二ヶ所御座候、七頭之面々御奉書不致信用候間、重而御雑色衆三人申請、御奉書依申下、為礼儀相渡候、

「富松方」とは京都の町人坂東屋富松氏久という人物のことで、彼は伊達氏のために京都で経費の融通や進物の手配なども行っていた。(3)存薁は出立に際して、前もって坂東屋を通じて中村という人物を使者として「御奉書」を入手していた。しかし、北近江の一二ヶ所の関所では「七頭之面々」がこの「御奉書」を信用しなかったために、改めて「雑色衆」すなわち幕府の下級役人に少なからぬ礼銭を払って「御奉書」を申請しなおしたというのであるから、この「御奉書」とは、原文が残っていないのでどのような文面のものであったかは定かでないものの、幕府発給の関所の通行証であったことがわかる。彼は京都までの旅の準備に当たり、途中通過しなければならない関所を先ず念頭に置いて、その対策のために幕府発給の通行証を入手することを忘れなかったのである。

また、この旅の間、存薁一行は必ずしも自分たちだけで旅を続けたわけではない。往路では、越後から越中に入り越前府中までは「越後浪人」の小国という者が同道した。(4)越中では、越中新川郡守護代椎名氏の配下の者が国境の境川まで案内人として迎えにやって来たし、射水・婦負郡守護代神保氏の案内人も同道している。椎名氏と神保氏は神通川を境にそれぞれ東側と西側を支配しているので、神通川で道案内を交代したのであろうか。越前に入ると、守護朝倉孝景の重臣印牧《かねまき》氏が案内人を出して存薁一行を敦賀まで送っている。越前では大雪により、木ノ芽峠から七里半越えを経て近江の海津まで、延べ二〇〇〇人もの人足を雇って横尾黒某なる者に五貫五〇〇文の夫賃を支払っているが、これも印牧氏の案内人の手配によるものであろう。さらに敦賀から海津の手前の天熊までは近隣の疋壇城主の子

息が同道した。また復路では、越前金津宿まで印牧氏の中間衆が同道し、越中でも境川まで椎名氏の中間衆が彼らを送っている。

このように存奭一行は伊達氏領国を出てから行く先々で、それぞれの地域の有力者の助けを得ているのである。その度ごとに存奭は駄賃なり酒代を支出していて、これらの費用が旅費全体に占める割合は関所や渡し場で支払った額よりはるかに大きい。一方で当然必要と思われる宿泊費が一切計上されていない。彼らが旅宿をどうしていたか算用状は明らかにしてくれないが、行く先々の有力者の支援のもとに旅を続けたことと関係があるのであろうか。

こうして存奭の旅行そのものにかかった経費は、主に関所・渡し場での経費と道中の案内人などへの謝礼からなることがわかる。言い換えれば、存奭の旅において、路次の関所・渡し場の対策と行く先々での協力者の人脈が大きな比重を占めていたのである。存奭算用状の記述を最初の手がかりとして、当時の人々の旅の一端を覗いてみよう。

一　中世の関所像

描かれた関所

存奭は旅を始めるにあたって、あらかじめ幕府発給の関所の通行証を入手していた。これには使者の旅費だけで六貫文も費やしており、その他に京都での仲介者である坂東屋富松氏や幕府関係者に対する謝礼も要したことを考えると、その費用はかなりの額に上っただろう。それでも予想される旅行の障害として旅の途上に散在する関所や渡し場などが先ず念頭にあり、その対策を講じていたということである。

中世の関所とは具体的にどのようなものをイメージすれば良いだろうか。関所そのものを描いた画像はそれほど多くないが、いくつか確認しておこう。

時宗の創始者一遍の弟子聖戒などにより制作された「一遍上人絵伝」巻五[5]（図1）には、奥州の玄関口で平安時代から歌枕として名高い白河関が描かれた場面がある。画面の右側に関屋とそれに付随すると思われる祠が描かれている。関屋のなかには二人の関守がおり、壁には太刀・弓矢が立てかけられて、関所が武装されていることを示していると見られる。

関守は交替で見張りをしているのであろうか、一人は居住まいを正して正面を向き、もう一人はその後ろで胴巻きも外して寛いでいる。道には背負子を背負った商人と弓を携えている猟師が描かれる。この猟師は道案内をする警固人（案内人）であろう。振り向いて商人と会話を交わしているようである。詞書には「漁人商客の道をともなふ、知音にあらざれどもかたらひをまじへ」とあって、彼らは一遍の以前からの知り合いではなかったが、山道を同道して来たのであった。

図１　「一遍上人絵伝」に描かれる関所（清浄光寺蔵）

また「石山寺縁起」巻三（図2）には山城と近江の国境にある逢坂関が描かれている。この巻は鎌倉時代末から南北朝時代の制作と考えられていて[6]、この時期の逢坂関のイメージを表現したものと見て良いだろう。関屋と見られる板葺の小屋が軒を連ね、井戸も設置されている。侍の主従や何頭もの荷駄馬が描かれ、町場のような様相を呈しているが、柵も描かれており、ここが関所であることを表現している。後に触れる戦国大名武田氏や今川氏の領内の宿場で商人役（商業税）を徴収するために設けられた役所もこのようなものを想像すればよいだろう。

もうひとつ、滋賀県立近代美術館所蔵の「近江名所図屏風」（図3）には琵琶湖西岸に栄えた港町・堅田に付属す

図2 「石山寺縁起」に描かれる関所（石山寺蔵）

図3 「近江名所図屏風」に描かれる関所（滋賀県立近代美術館蔵）

る関所の関屋と見られる建物が描かれている。湖岸に建てられた竹矢来に囲まれた建物がそれである[7]。何艘もの船が近くに着岸する様子が描かれ、建物のなかの様子はよくわからないものの、防御設備である竹矢来が備わっていることも関屋としてふさわしい。関の役人はここから堅田の津に近づく船に出向いて関料を徴収したのであろう。室町時代に淀川に無数に設置されたという関所もこのようなものであっただろう。

関所の通行料

古代国家により設置された関所には軍事警察上の目的があったが、一方で中世の関所は関料（通行税）徴収という経済的な機能を持たされていたこともよく知られている[8]。では、陸路を旅する人々が関所で払わなければならない関料とはどの程度の額なのだろうか。実は具体的な額がわかる例というのはそれほど多くないのだが、参考までにいくつか見てみよう。

まず南北朝期の事例として、鎌倉の宝戒寺に造営料として寄進された甲斐追分宿の関所の条目[9]では、人別三文・馬別五文となっている。また近江朽木口率分関では、応永二年（一三九五）には海草・魚・鉄・銅・布・紙など二六種類の品物について、歩行荷が一荷当たり三文から一〇文、荷駄が一駄当たり概ね七文から二〇文（高い品物で三〇文・五〇文もあり）と定められていたらしい[10]。

下って明応二年（一四九三）に越後および信濃半国の守護であった上杉房定が領国に下した制札[11]では、人別が三文、馬は空荷が五文、荷駄は布・紙・鉄が一駄当たり二〇文、販売用の馬を指すのであろうか、「駒のくち《口》」が一頭当たり二〇文、米・豆・塩相物（塩漬けにした魚類）が一駄当たり一〇文で、「遊人」「盲人」は免除されている。「遊人」が具体的に何を指し、なぜ免除されたのかはわからない。

さらに天文一七年（一五四八）の鎌倉荏柄天神社造営料関の条目[12]では、商人と「道者」（巡礼者）に分類して関銭の徴収額が定められている。商人は、歩行荷が人別三文、麻・紙・布類の荷駄が一〇文、相物の荷駄が五文、道者は手ぶらの旅人で一〇文、馬は荷付・牽き馬・乗馬ともに一〇文、商人・道者以外の「往来の僧俗」「里通の者」といった単独の旅行者、日常生活を送るうえで通行する地元の住民は免除となっている。

これらの事例からすれば、意外に地域と時期によるばらつきは少なく、中世後期を通じて、概ね人は一人当たり三文から一〇文、馬は荷物の種類により一〇―二〇文といったところが一般的だったのだろうか。

また渡し場などの通行料としては、永禄六年（一五六三）に醍醐寺僧堯雅が供と二人連れで北国から北関東にかけて旅した際の記録[13]では、越前北庄の橋賃として一人当たり二〇文を支払っているほかは、それぞれの渡し場で一人当たり四―八文を支払っている。

ところで、存奭は幕府発給の通行証を携行していたにもかかわらず、実際には北陸路の関所・渡し場ではそれぞれ一〇〇文ないし二〇〇文の銭を支払っており、近江国内の関所でもそれぞれ二〇〇文を支払った。存奭が供のほかに多数の進物用の馬を連れていたことからすると、上述の一般的な通行料に比べて少額であるし、また彼自身が算用状で「にハたち《（庭立）》共ニ御しゅ《（酒）》のふん《（分）》」「せきしよの礼儀」「くわんぬき《（閂）》の礼儀」「くわんぬきの祝言」といった表現を使っていることを考え合わせると、これらの切りの良い額は通行料そのものではなく関守・渡し守に対する礼銭であったことがわかる。関所を棄破することを指して「関鎖（閂のこと）を抜く」という表現もあり[14]、「閂の礼儀・祝言」とは関所の門扉の閂を抜いて関所を開くことに対する礼銭ということである。通行証の携行により規定の通行料は免除されたかもしれないが、それとは別に礼銭が必要だったのである。

二　関所と地域社会

関所のネットワーク

存奭は北近江で一二ヶ所の関所を支配する「七頭之面々」によって足止めを食らってしまった。この「七頭之面々」とは高島郡（現高島市）に盤踞してこの地域の関所を支配していた西佐々木同名中と呼ばれる同族集団のことである。一五世紀から一六世紀にかけて、若狭小浜と近江南市を結ぶ九里半越えでは、保坂をはじめ大杉・追分といった場所に関所が設けられては高島郡内の商人の反対により廃止されたりしていたことがわかっているが(15)、大杉の関が若狭武田氏の有力被官によって設けられたのを除くと、これらは西佐々木同名中の関係者が入れ代わり立ち代わり設けたものであった。彼らはなかでも保坂関を共同管理することで、郡内の交通・流通を掌握しようとしたとされる(16)。関所の設置・廃止は無限定に行われたのではなく、設置主体が連携してコントロールしていたと考えることができる。同一郡内の同名中という比較的閉じた集団のなかでは、その調整も比較的容易であったと考えられる。

ところが、関所の設置主体どうしが郡を越えてもっと広い地域内で互いにネットワークを持っていると考えられる事例がある(17)。

員弁郡境新関共之事、可為如先々、若又兎角違乱之子細候者、面々四本衆当国可申合候、仍如件、

七月十六日　大矢知兵庫 安忠（花押）

江州四本衆々中

当国員弁・朝明両郡新関之事、雖自何方立置、於已後者、為本諸関中、各令合可致調法候也、恐々謹言、

七月廿六日　梅戸 貞実（花押）

江州

四本衆中

近江今堀郷（現東近江市）を拠点として活動した保内商人が、伊勢との交易に利用した交通路の内、八風越えの道筋は、近江から鈴鹿山脈釈迦ヶ岳の北の八風峠を越えて伊勢に入ると、三重郡田光（現三重郡菰野町）、員弁郡梅戸（現いなべ市）、朝明郡大矢知（現四日市市）を経て桑名に至る。

一通目の大矢知安忠は、一色義直・義春が伊勢国守護であった一五世紀後半、その被官として小守護代を務めたことが知られる大矢知氏[18]の一族であろう。大矢知からそう遠くない境村（現桑名市）周辺を支配し、境村の「新関」も進退していたものと思われる。安忠はその新関について、保内商人に以前の通り本関同様の勘過を認め、違乱があった場合は、「四本衆」すなわち保内商人衆と「当国」すなわち伊勢国住人の自分たちとの間で話し合うことを取り決めている。

二通目の差出となっている梅戸貞実は梅戸城を拠点としていた国人で、一五世紀後半には幕府奉公衆となり、のちに近江守護の六角高頼と結んで勢力を伸ばした。貞実は高頼の子を養子としたらしく、天文二年（一五三三）に尾張に旅した山科言継は途中梅戸城に立ち寄り、梅戸氏のことを「佐々木六角（定頼、高頼の次男）の弟也」と日記に記している[19]。これが梅戸高実で実父の高頼と養父の貞実の一字ずつをもらったのであろう。

梅戸貞実は「四本衆中」すなわち保内商人との間で、伊勢国員弁・朝明両郡の新関（幕府非公認の新設の関）について、その新関が誰によって設けられたものであったとしても、今後は「本諸関中」として「調法」すべきことを約している。「本諸関中」は難解であるが、一応「新関」に対する「本関」と理解しておく。「調法」とは保内商人と新関との間を調停し、無事に勘過できるよう取り計らうということであろう。貞実と連携していた高頼が永正一七年（一五二〇）に死去することと、山科言継が天文二年に梅戸を訪れた時には梅戸氏の代が替わっているらしいことを合わせると、この文書は一五世紀末から一六世紀初頭のものと考えられる。言継が旅した頃には、六角氏は梅戸氏をはじめとして北伊勢の国人衆を勢力下に置くことを通じて、この地域の交通路を掌握していたとされるが[20]、これはその前の段階ということになる。

一通目と二通目は日付が異なるものの、同じ七月に発給されている。これらが互いに関連するものであるとすると、先ず員弁郡境の新関の通行について保内商人と大矢知氏の間で合意が成立し、次いで員弁・朝明両郡内の新関全体についても、保内商人と郡内の本関を管轄する梅戸氏の間で合意が成立したことになる。この時期梅戸氏は員弁郡代であったともされるが[21]、郡代としての資格で本関を代表しているというよりは、むしろ本関の実質的な支配者なのではないだろうか。梅戸氏と大矢知氏の直接的な関係ははっきりとしないが、本関をハブとする関所間（つまりは関所の設置主体）のネットワークにより保内商人の通行問題を解決しようとしたものであろう。

保内商人の側もこのような関所間の関係を理解したうえで交渉に臨んだものと思われる。ここで彼らが目指したところは新関の廃止ではなかった。実際のところ、永禄年間の近在の枝村との紙商売の相論の際には、員弁郡役として坂井（境）に対して四貫文もの額を支払い、朝明郡にも三二〇文を支払ったとして、その代わりに伊勢において新関が立てられた時には、「彼国歴々御一行共懸御目候事」と大矢知安忠と梅戸貞実の発給文書を持ち出して、従来通りの通行を確保したいと主張した[22]。これには枝村商人はそれらの新関を通行できないという含意があり、伊勢国内の関所との関係を活かして枝村商人を排除しようとしたのである。

暴力装置としての関所

白河関や堅田関の画像からもわかるように関所は武装していた。古代以来の軍事警察的な目的で設置された関所は当然ながら、関料（通行税）を徴収する経済関も武装していた。保内商人は八風街道や千草街道などの交通路の独占を通じて近江・伊勢間の諸商売を独占していたとされるが[23]、その交通路の独占には暴力装置としての関所が一役買っていた。天文一九年（一五五〇）に保内商人は八風街道で競合商人の木綿の荷物を押収したが、その舞台となったのは「相谷の坂頭」という関屋であった。[24] 商人にとって多くの場合、関所は活動の障害とみなされ、高島郡保坂関などの棄破の例のように、関所の廃止運動が交通路の利用権限に結び付くという認識が示される一方で、[25] 競合商人の締め出しには関所が利用されることもあったのである。これには当然保内商人と関屋の間で連携が図られたに違いない。

桜井英治によると、関料には略奪行為を回避するために通行者の支払った礼物・礼銭に由来するものと、より本源的なものとして土地の神への捧げ物、すなわち「初穂（尾）」に由来するものがあるという。[26] つまり、山の民・海の民が山の神・海の神に対する捧げ物として「初穂（尾）」を通行者に要求し、場合によっては武力で略奪に及んだことは、関料を徴収するという行為と本質的なところでつながっており、山賊や海賊の略奪行為と同根であるということである。関所が旅行者にとって障害となるのは、単に通行料を徴収されるからではない。関所が本質的に暴力的な側面を備えていたことによるのである。

また、関料の徴収だけではない。永正一五年（一五一八）に、室町幕府の政所執事であった伊勢貞隆が将軍足利義稙の使者として北陸に下向した際には、幕府の命令により加賀との国境付近にあった関所が一時的に廃止されたが、この時越前守護の朝倉孝景から関所を管轄していた笠松氏に与えられた書状には、「於当役所、書状等撰候之儀可停止候」[27] と通行者の所持する書状などの穿鑿が禁止されており、通常であれば通行者の持つ書状も関所での穿鑿の対象とされたことがわかる。南北朝期に多く見られた髻の綸旨のように、敵に見つけられないように使者が髻に密書を隠して運んだとされる例もあるが、戦争時や政治的緊張時には、関所ではまさに身ぐるみ剝いで身体検査が行われることもあったのである。

三　旅行者の携行した文書

過所あるいは各種通行証

存奭は路次の関所・渡し場などの対策として幕府発給の通行証を入手していた。一般に古文書学ではこの通行証のことを「過所」と呼ぶ。史料上では「過書」と書くこともある。その発給主体は朝廷・幕府・在地領主など様々であるが、南北朝期に朝廷に替わって全国的な過所発給権を掌握した室町幕府は、基本的には管領もしくは過所奉行の下知状の様式で過所を発給したとされる。(28) 例えば次のようなものである。

南禅寺仏殿造営料材木注文在別紙、運送云々、飛騨・美濃・尾張・近江等国々諸関渡、無其煩可勘過之由、所被仰下也、
仍下知如件、

文安四年十一月十四日
右京大夫源朝臣（細川勝元）（花押）(29)

文安四年（一四四七）四月二日、京都の南禅寺は火災に遭い、仏殿その他が灰燼に帰した。直ちに再建計画が持ち上がり、その材木は飛騨・美濃などの諸国から取り寄せられることとなった。「南禅寺文書」には、その運送のために同年から翌五年（一四四八）、宝徳三年（一四五一）・四年（一四五二）、及び享徳三年（一四五四）・四年（一四五五）に発給された一連の過所関連の文書が残されており、これはそのうち最初に管領細川勝元が発給した過所である。下知状なので充所（あて名）は記されない。これを所持しているものが受益者であり、ここに記される飛騨・美濃・尾張・近江の全行程がこの過所の通用する範囲である。過所の所持者は、関所にさしかかる度にこれを関守に提示すれば無事に通過できるはずであるが、実際には現地に行ってみると通関を拒否されることがある。そこで現地の関所に対してより直接的に介入できる守護ないしは守護代（近江は山門領の関所については山門使節(30)）を通じて過所を遵行させる、すなわち過所の内容の通りに執行させることになる。これは奉行人奉書の様式で通達される。

南禅寺仏殿造営料材木注文在之、自飛騨国運送云々、尾張国中諸関、無其煩之様、可被成敗之由候也、仍執達如件、

文安四
十一月十九日　　　真妙（飯尾為行）（花押）
　　　　　　　　　永祥（飯尾為種）（花押）
守護代[31]

これがその奉行人奉書のうちの一通で、尾張守護代の織田氏を充所としたものであるが、他に案文も含めて近江守護充、美濃守護充、山門使節充のものがある。[32]さらにこれを受け取った守護（守護代）が国内の関所に充所として発給した過所及びその遵行状や、山門領の関所を充所とした山門使節の過所、幕府奉行人が奉書の様式で直接山門領の関所を充所として発給した過所などが残されている。[33]この南禅寺修造用の材木運送の例に限らず、多くの場合、実際に関所を通行するためには幕府発給の過所一通では十全に用を足さず、現地の命令系統に従って各種の文書が作成されたのである。こうして一通の過所のまわりに関連文書群が形成されることになる。

過所関連文書を受給した運送責任者がそれらをすべて携行していたかは定かではないが、南禅寺蔵「南禅寺文書」に含まれる過所には、実際に携行して利用された痕跡が残されているものがある。図4は文和五年（一三五六）の山門使節発給の過所である。折紙の上半分が山門使節袖判の過所本体であり、充所は「坂本七ヶ関所除本関・堅田関所・日吉船木関所東西」となっている。折り返した下半分に書かれているのは通関の記録で、通関するごとに日付と船数を追記していったものである。それぞれ筆が異なっていることから、関所の役人が記入したものであろう。現地で本当に必要なのはこのように末端で利用される過所であり、場合によってはこれらだけを携行したのかもしれない。

また、室町幕府政所執事の伊勢氏に仕えた蜷川家にもセットで携行されたと考えられる二通の過所が伝わっている。

従奥州為被［　　］蜷川□被差下之訖、人□荷物□諸関渡等、無其煩上下可勘過之由、所被仰下也、仍下知如件、

永禄六年九月十一日

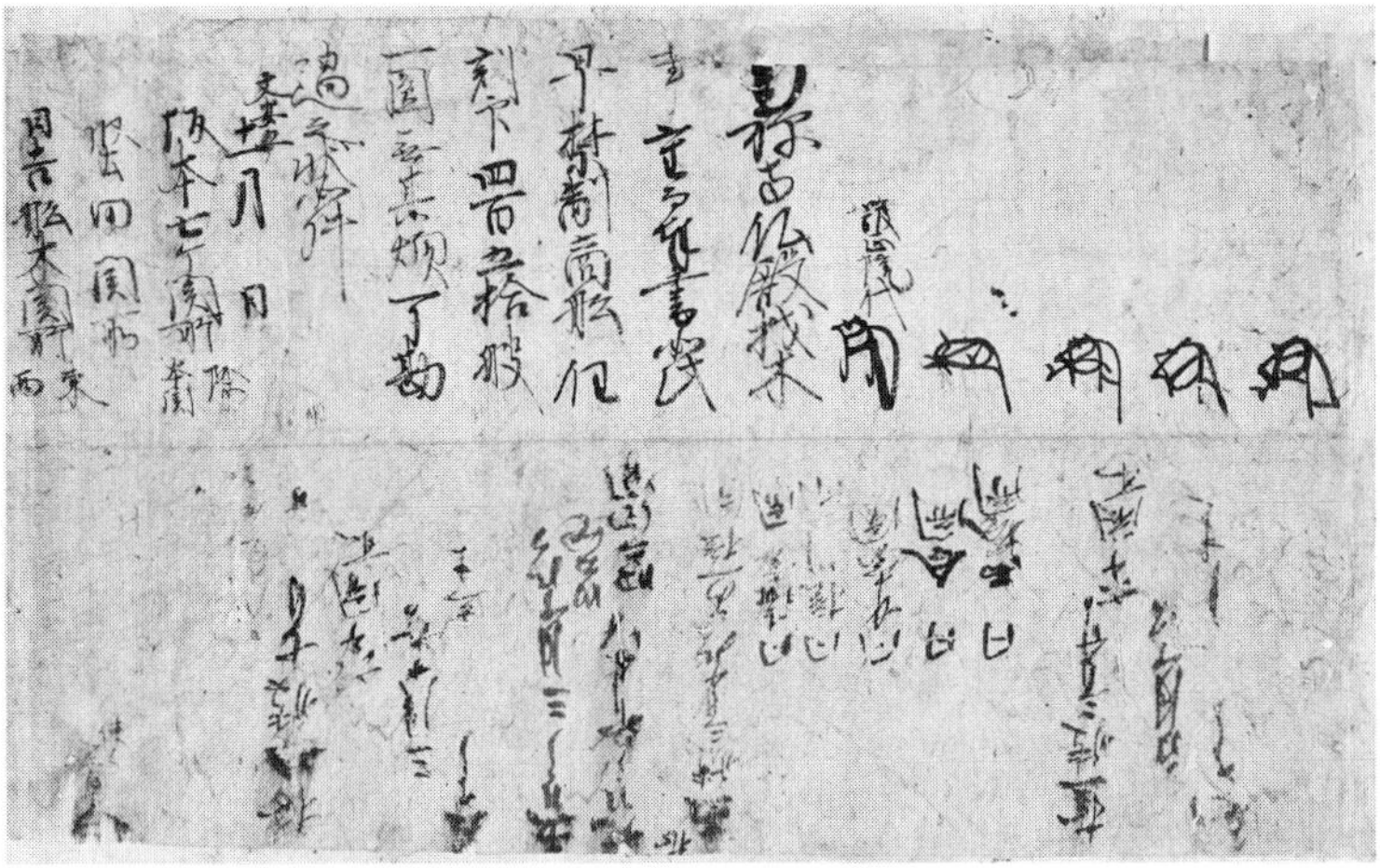

図4　「南禅寺文書」文和5年11月日付山門使節過所（東京大学史料編纂所写真帳より）

（松田頼隆）散位平朝臣（花押）
（諏訪晴長）信濃守神宿禰（花押）[34]

従椎名方会津へ馬三疋幷十五人被越候、諸関渡不可有其煩者候也、仍如件、
永禄六
九月廿八日　（長尾）藤景（花押）
所領主中[35]

永禄六年（一五六三）、詳しい事情はわからないが、蛯川氏は奥州への使者として下向することになった。一通目の過所は往復の関所・渡し場の勘過のために幕府から発給を受けたものである。これも下知状なので充所は記されず、その代わりに本文に受益者の名前と目的が記される。ちょうど目的の記された部分が欠損しているのが惜しいが、ともかく奥州下向の道中全行程に通用する過所として発給されたものである。

二通目の過所は戦国大名越後上杉氏の領国に入ったところで上杉氏から発給を受けたものである。各地の戦国大名の領国では必ずしも幕府の威令が行き届くわけではなく、現実には幕府発給の過所のほかにその地域を治めている大名の過所が必要となったのである。差出の長尾藤景は上杉謙信の重臣で、彼が領内の「所領主中」に命令する形を取っている。受益者は「椎名方」で、奥州会津へ向かうと記されているが、蜷川家に伝来していることから真の受益者は蜷川氏である。蜷川氏は上杉領国を通過するに当たって、その入り口に当たる地域の有力者椎名氏を頼ったものと考えられる。椎名氏の許に幕府発給の過所を持参したうえで、上杉氏の過所の発給を依頼したものであろう。椎名氏はもともと越中新川郡の守護代を務めていた家柄であるが、永禄六年の時点では上杉氏に服属して、当主の椎名康胤が長尾藤景の養子を後継者としていた。このような関係から、この長尾藤景署判の過所は椎名氏を仲介して蜷川氏にもたらされたのである。蜷川氏は両通の過所を携行して旅を続けたものと思われる。

ところで、室町幕府が発給する過所には、「彼印をもって勘過すべき」などという文言が現れることがある。[36]「彼印」は「過書印」「代官印」「代官判形」等と表現されることもある。旅行者が一人なり少人数のグループであれば、そのうちの誰かが過所を携帯していれば問題ない。ところが大人数が途切れ途切れに通行したり、年貢や調進物の運送のように一定の期間に何次にもわたって通行する場合には、全ての通行者に過所を持たせることができず、一通の過所だけでは不都合が生じることになる。そこで過所とは別に、「彼印」「過書印」「代官印」などと表現される印を捺した文書を過所の代替として通行者に携帯させたのである。

このことは古く相田二郎『日本の古文書　上』に言及があるが、これらの文書が具体的にどのようなものであるかは長らく明らかではなかった。しかし近年、有馬香織は「親元日記」に見える「関所印」と呼ばれるものが「彼印」「過書印」の実例であることを発見した。[37]

七月十二日（文明五年）、壬寅天晴、関所印被遣之、関所へ被遣一通如此調之、厚紙一枚ニ書之、端ニ印アリ、

伊勢守陣中往還人数幷荷物・輿・馬以下、毎度以此印可有勘過候也、（印文「透」）

七月十二日

御関所

人何人此内荷持何人、
輿何丁、馬何疋、
年号
月　日

如此以厚紙切
紙可通云々、
此条以三上大
蔵丞奉之、[38]

「伊勢守」とは記主蜷川親元の主人である伊勢貞宗のことであり、彼は厚紙に通行する人数・日にちなどを記して「関所印」を捺した文書の雛形をあらかじめ関所の役人に知らせて掲示させておき、その文書を持参したものは関所を勘過するように命じたのである。「蜷川家文書」には、関所に対して「毎度可勘過印」を通知したものとして、これと同じ印の印影を筆写した蜷川親元筆の文書も残されていて[39]、「親元日記」に記された「関所印」が「彼印」「過書印」の実例であることは明らかである。管見の限り「彼印」「過書印」を捺した原文書は現存していないが、有馬はその理由を、これらの文書は現在の鉄道切符のようなものであり、関所を通過する時に回収されたのではないかと推測している。たしかに、「如此以厚紙切紙可通云々」とあることから、「関所印」を捺した文書は厚紙を用いた札状のもので、また受益者が「伊勢守陣中往還」と限定されていることから、受給者がその時限りで利用できたものであることが理解できる。

このように、当時の通行証の類には、幕府発給の過所やその関連文書のように通常の料紙に書かれたものもあれば、小型の厚紙に「関所印」を捺した文書のように札状のものもあったことがわかる。札状のもので現存する過所としては、越中極性寺所蔵の長方形の木札を用いた過所が挙げられる[40]。永禄年間（一五五八―一五七〇）頃に越中守護代神保氏の重臣寺嶋職定が極性寺の僧に充てたもので、渡し場があった「小渡」「六渡寺」（ともに現射水市）などの地名が記されている。後述する鑑札ではなく、過所で木札を用いた例としては非常に珍しいものである。最終的に極性寺に残されたことから、関所で回収されることはなく、繰り返し使用されたのかもしれない。厚紙や木と素材の違いはあるにせよ、札状の通行証は携帯の便宜を考慮したものであることには間違いないだろう。このほか珍しい形態の過所としては、瀬戸内海や琵琶湖、日本海を航行する船が使用した過所旗が知られている。こちらも実際に利用者が道中を掲げて使用するだけに、現存する原史料はきわめて希少である。(41)

また、旅行者の携帯する通行証の一種として伝馬手形を挙げることができる。宿場とともに伝馬が整備された今川氏・武田氏・北条氏といった東国の戦国大名領国では、公用の使者や特別に許可されたものは伝馬手形を与えられて、それを伝馬問屋に提示すれば宿場ごとに設置された伝馬を利用することができた。(42)手形には専用の印が捺され、利用者と供出すべき馬の数、充所には伝馬を出すべき宿駅が記された。

公家の山科言継が弘治二年（一五五六）九月に姉の今川氏親室寿桂尼の許に身を寄せていた義母中御門氏を見舞うために駿府に下向した際には、今川氏の勢力圏内である駿河・遠江・三河では、行く先々で今川氏の部将たちの接待を受けつつ、都合がつけば伝馬も利用して無事に駿府に到着した。また帰洛の際にも今川氏に「伝馬以下之過書」（伝馬手形）を申請して伝馬を利用している。(43)

諸役免許状・鑑札

次に過所と似たものとして、商工業者の所持する諸役免許状・鑑札（営業許可証）を見てみよう。

各地に勃興した戦国大名は領内の商業振興、必要物資の調達のために一部の領内商人に諸役免許の特権を与え領内での活動を保証したが、例えば、甲斐武田氏であれば次のような文書が発給された。

定

向後別而可致奉公之旨申候之間、御分国中一月二馬弐疋之分、商売之諸役御免許候者也、仍如件、

元亀元年庚午　　　　　　　　　　　　土屋（昌続）右衛門尉奉之、

十二月三日（龍朱印）

松木（宗清）与左衛門尉[44]

これは前年の永禄一二年（一五六九）末に今川氏を駆逐して駿河に進出した武田氏が駿府の商人松木氏に与えたもので、武田氏領国内で毎月馬二疋分の商売の諸役免除を認めている。松木氏は今川氏の許でも御用商人としてたびたび京都にまで出向いて活動した商人で、武田氏も駿河領有に当たり駿府商人を味方に取り込もうとしたのである。またこれに付随して、武田氏の駿河支配を担った穴山信君が松木氏に与えた判物もある。

松木与左衛門尉於御分国商諸役、毎月弐疋前御赦免之御印判頂戴畢、尤毎度可持参之処、道中為持候事、相似卒爾候条、乍恐為証文如此候、有御不審之人者、御証判可入拝見者也、仍如件、

七月廿六日　　　　左衛門大夫（穴山信君）（花押）

甲州御分国

諸役奉行[45]

「毎月弐疋前御赦免之御印判」とは前の諸役免許状を指す。本来であれば、領内で商売をする時には常にこれを持参するべきであるが、道中携帯するのは軽率な行為なので、信君がこの証文を与えたとある。旅の途中で紛失する可能性もあるし、当時の旅に危険はつきものである。特に高価な商品を持ち運んでいれば、山賊などにあって商品もろとも免許状も奪われることがないとも限らない。そのような危険に対応して出されたのがこの文書である。

このことから、諸役免許状を所持する武田領内の商人は基本的には旅行中それを携帯していたものと考えられる。

それは武田氏が城下や街道の宿場に関所を設けて商人役（商業税）を徴収していたらしいこととも関連する。永禄二年（一五五九）頃に作成された「分国商売之諸役免許之分」[46]という表題のついた武田氏朱印状が知られているが、これはそれまでに領内の諸商人に与えられた諸役免許状を集めて写し、一覧できるようにしたもので、甲斐九一色郷の関所に対して出されたとされる。[47]関所の役人はこれを参照して、関所を通行する商人が商売の諸役を免許されているものかそうでないのかを判断できたものと思われる。諸役免許を受けた商人がその免許状を持参していれば、一覧と対照することができるし、持参しなくても本人であることが確認できれば役を免除されたであろう。松木氏の所持する穴山信君判物は、ある種の身分証明書としてこのようなときにも役立っただろう。これらは商売役の徴収を一つの任務としていた領内の関所の通行許可証としての役割を果たしていたのである。

同様に商工業者が持ち歩いたものとして、木札を用いた鑑札がある。天皇の使用する物品や食料を管理した内蔵寮を相伝した公家山科家の家司大沢家の日記「山科家礼記」には、長禄元年（一四五七）から延徳三年（一四九一）にかけて配下の供御人や商売人に発給した鑑札に関する記事が現れる。鑑札発給の事情が記されるとともに、鑑札の写が描かれ、それらの鑑札が将棋の駒のような五角形であったことがわかる。発給の対象となった物品は炭・火鉢・莚など多岐にわたるが、鑑札受給の目的はそれぞれの品目の営業許可のほかに、京都近郊に室町幕府などが立てた関所の通関にあったとされる。[48]それらの関所では、「札狩」と称して鑑札を改札して、しかるべき鑑札を所持しないものから通行料を徴収することが行われていた。これらの鑑札にも関所の通行証としての機能があったことがわかる。「山科家礼記」の記事に対応する鑑札の現物は残されていないが、現存の中世の鑑札としては応永三四年（一四二七）の興福寺東金堂蓑笠座の鑑札などが知られている。[49]

最初に見たように、頤神軒存奭の旅は行く先々の有力者との友好関係によって支えられている側面があったが、特に越前の印牧《かねまき》氏には大変世話になったと見えて、次のような書状が残っている。

「(折封ウハ書)
　　　　印牧
　謹上　頤神軒(存奭)　新右衛門尉美次」
御屋形様尊書、謹而令拝読候、畏令存候、仍馬一疋黒毛被下候、誠面目之至忝存候、就中、去年冬御上洛之時分、国堺通路之事、十ヶ年余雖相留候、霜台応尊意、無煩御馬以下御通之趣、具被達上聞候者所仰候、将亦、太刀一腰幷牛黄円百貝、屛風間合鳥子一双致進上候、誠雖軽微之至候、表祝儀計候、於向後、路次等之儀被仰付候者、不可有如在之趣、御心得奉憑存候、恐惶謹言、
　(永正一五年)五月八日　　新右衛門美次(印牧)(花押)
　謹上　頤神軒(50)

これは朝倉孝景の重臣印牧美次が上洛中の存奭に充てて出した書状である。算用状にも現れる「かねまき殿」(印牧)とは美次のことであろう。書中の「御屋形様」とは存奭の主人である伊達稙宗を指し、「霜台」は弾正台の唐名で美次の主人朝倉孝景を指す。稙宗からの書状と進物の黒毛馬に謝意を表するとともに、昨冬の存奭上洛の往路について、主人の孝景が稙宗の依頼に応じて、一〇年以上も通行をとめていた加賀方面との通路を煩いなく通過させたことを稙宗に披露するよう依頼したものである。さらに太刀以下の進物を贈り、存奭の復路の通行についても便宜を図ることを約束している。

この書状は現在「伊達家文書」に含まれていることから、美次の要望通り、存奭は帰国後稙宗に披露したものと考えられるが、書状を受け取った時点でまだ復路の旅が待ち受けている存奭自身にとっても意味のあるものであった。復路越前に入国した折には、存奭は美次本人と出会ったかどうかはわからないが、往路同様に送りの人夫などを提供

されている。仮に往路で北近江の関所を通過しようとした時のように、朝倉領内で在地の勢力によって足止めを食らったとしても、おそらくはこの書状が役に立ったことであろう。

また奥州白河氏の先達であった本山派修験の八槻別当の許に残された文書は、多くの過所とその関連史料を含んでいることで知られるが、そのなかには、八槻別当が白河氏の使者として、明応の政変後に神保氏を頼って越中放生津に逃れていた足利義材に馬を進上した帰路、岩瀬（神通川）・水橋（常願寺川）の渡し場の通行を、神保氏の被官から椎名氏の被官と岩瀬・水橋の役所に依頼した二通の書状(51)、神保慶宗が水橋の渡し守と思われる水橋宮内大夫に奥州に下向する八槻別当の通行を依頼した書状(52)、明智光秀家臣の溝尾茂朝とみられる人物が疋壇兵庫助に越前において八槻別当引率の道者衆の関所の通行を依頼した書状(53)がある。これらは過所と同様に受益者である八槻別当が旅行の際に所持したものである。

もう一つ、旅先の現地有力者の書状を旅人が携帯した例として、再び山科言継の弘治二年（一五五六）の駿河下向の旅について見てみよう。九月一一日、方々の暇乞いを済ませ京を発った言継は、翌日近江守護六角氏の城下町石寺に到着した。ここで六角氏の重臣小笠原備前守に使者を遣わし、当主の六角義賢などに進物を送ったが、これはすでに北伊勢をも勢力下に置いていた六角氏に、近江国内から伊勢湾の港町である楠（現四日市市）までの過所や送りの人夫を依頼するためであった。その翌日六角氏被官の進藤新介という人物のところから人夫がやってきた。彼らは六角氏発給の過所の他に、進藤から千草（現三重郡菰野町）の千草三郎左衞門と楠城の楠兵部大夫それぞれに充てた書状を携えてきた。文面はわからないが、過所の遵行や宿泊など言継の路次の便宜を依頼した紹介状であったのだろう。実際、千草三郎左衞門は馬二疋を出してくれたし、楠兵部大夫は伊勢から三河に渡るための船を手配してくれた。

このように旅行者は幕府や戦国大名のような公権力が発給した通行証だけでなく、しばしば旅先の地域の有力者の出した書状を携行していたことがわかる。こうした現地の人脈を下敷きにしたものの方が旅の現場では役立つことも多かったのである。過所のように決まった様式で目立つものではないが、旅行者の所持する文書としてはむしろこちらの方が数は多かったのではないだろうか。

おわりに——旅の安全のために

中世の旅行者にとって、戦乱による通行不能の状態を除けば、各地に設けられた関所こそが一つの桎梏であった。存㷀が前もって幕府発給の通行証を入手したように、公権力の発給する文書は一つの安心材料ではあるが、いざ現地に赴いてみるとそれが用をなさないこともある。存㷀にとってむしろ頼りになったのは、行く先々で同行してくれた道案内人たちだったであろう。彼らはそれぞれの土地の有力者に連なる人間であり、場合によっては彼らこそが関所を支配する本人であったかもしれない。旅先では、公権力の発給した文書より、現地での人間関係に即して出された有力者の紹介状・依頼状の方が役に立つことも多かった。人脈こそが無事に旅を進めるうえでモノを言ったということがわかるだろう。

（1）「頤神軒存㷀算用状」（『大日本古文書』「家わけ第三　伊達家文書」八〇号）。
（2）この算用状に関する分析は、永原慶二「伊達上京使の経費報告——「頤神軒存㷀算用状」について」（『室町戦国の社会』吉川弘文館、一九九二年）を参照。また今谷明『戦国大名と天皇』（講談社学術文庫、二〇〇一年）では、存㷀の旅の行程についても詳しく取り上げられており、こちらも参照した。
（3）『大日本古文書』「家わけ第三　伊達家文書」七八号。
（4）鎌倉時代に越後刈羽郡の地頭であった小国氏の末裔であろうか。南北朝時代に小国政光が南朝方について没落すると、戦国時代には小国頼久が上杉謙信に従っていることが知られるが、この間の時期の動向はあまりわかっていない（『小国町史本文編』)。
(5)『日本絵巻大成別巻　一遍上人絵伝』(中央公論社、一九七八年)。
(6)木下政雄「「石山寺縁起」の筆者について」(『日本絵巻大成18　石山寺縁起』中央公論社、一九七八年)。
(7)宮島新一「近江名所図の伝統——滋賀県立近代美術館本の紹介をかねて」(『國華』第九三編第三冊、一九八七年)。
(8)相田二郎『中世の関所』(有峰書店、一九七二年)、豊田武『中世の商人と交通　豊田武著作集第三巻』(吉川弘文館、一九八三年)など。
(9)『神奈川県史　資料編』六〇六三号、「宝戒寺文書」。
(10)「山科家礼記」文明一二年正月二六日条。
(11)『中世法制史料集　第四巻』二二四号、「徴古墨宝　坤」。
(12)『神奈川県史　資料編』六八六三号、「荏柄天神社文書」。
(13)国立歴史民俗博物館所蔵「永禄六年北国下り遣足帳」(田中穣氏旧蔵典籍古文書)。史料全文と解説(小島道裕「中世後期の旅と消費——「永禄六年北国下り遣足帳」の支出と場」(『国立歴史民俗博物館研究報告』第一一三集、二〇〇四年))が同館ウェブサイトで参照できる。
(14)『戦国遺文　武田氏編』五七九号。
(15)『今堀日吉神社文書集成』一三八号。宇佐見隆之『日本中世の流通と商業』(吉川弘文館、一九九九年)第二章。
(16)松澤徹「戦国期在地領主の関所支配」(『早稲田大学教育学部　学術研究——地理学・歴史学・社会科学編』第四八号、一九九九年)、西島太郎『戦国期室町幕府と在地領主』(八木書店、二〇〇六年)第五章。
(17)『今堀日吉神社文書集成』一三六号、一三七号。
(18)『四日市市史』第一六巻本文編古代・中世。
(19)「言継卿記」天文二年七月六日条。
(20)村井祐樹『戦国大名佐々木六角氏の基礎研究』(思文閣出版、二〇一二年)第五章。
(21)『四日市市史』第一六巻本文編古代・中世。
(22)『今堀日吉神社文書集成』一四〇号。
(23)脇田晴子『日本中世商業発達史の研究』(御茶の水書房、一九六九年)、同「中世の自主的交通管理と近江商人の独占——

「中世聖教の展開」再論」(『滋賀県立大学人間文化学部研究報告　人間文化』四号、一九九八年)など。
(24)『今堀日吉神社文書集成』一三九号。
(25)『今堀日吉神社文書集成』一三八号。
(26)桜井英治「山賊・海賊と関の起源」(網野善彦編『中世を考える　職人と芸能』吉川弘文館、一九九四年)。
(27)『福井県史　資料編3　中・近世一』「三崎玉雲家文書」六号。
(28)小林保夫「南北朝・室町期の過所発給について――室町幕府職制史の基礎的考察」(名古屋大学文学部国史学研究室編『名古屋大学日本史論集』上、吉川弘文館、一九七五年、のち『日本古文書学論集8　中世Ⅳ』吉川弘文館、一九八七年)。
(29)『南禅寺文書』一四三号。
(30)近江では山門領の関所については山門使節、それ以外は近江南北守護の六角氏と京極氏に分掌して過所を遵行していた(小風真理子「山門・室町幕府関係における山門使節の調停機能――山門関の過書遵行権をめぐって」『史学雑誌』第一一三編第八号、二〇〇四年)。
(31)『南禅寺文書』一四四号。
(32)『南禅寺文書』一四六―一四九号、一五八号、一六〇号、一六一号、一六三号(本文書は充所を欠くが坂本関に関するものなので坂本関の領主である山門に充てたものであろう)、一九五号。
(33)『南禅寺文書』一五〇号、一五五号、一五九号、一六六号、一六九号、一七三―一七五号、一八五号、一九〇―一九三号。
(34)『大日本古文書』「家わけ第二十一　蜷川家文書」八〇三号。
(35)『大日本古文書』「家わけ第二十一　蜷川家文書」八〇四号。
(36)『棚倉町史』「八槻文書」三二号、同「八槻文書(散佚文書)」二号、『史料纂集』「朽木文書」七〇―七二号、東京大学史料編纂所架蔵影写本「佐竹文書」など。
(37)有馬香織「室町幕府奉行人発給過所についての一考察」(『古文書研究』第四八号、一九九八年)。有馬はこれらを「過書印文書」と名付けて、過所には過所そのもので効力を発揮するものと、過所それだけでは効力を発揮できず「過書印文書」とセットで効力を発揮するものとに分類できるとしたが、「過書印文書」は大人数の通行者が途切れ途切れに通行するなど、一通の過所では対応できない場合に過所の代替として通用させるために作成されたと考えた方が良いだろう。
(38)『大日本史料』第八編、文明五年七月一二日条。

(39)『大日本古文書』「家わけ第二十一　蜷川家文書」六七号。
(40)『富山県史　史料編Ⅱ　中世』一七二八号。
(41)過所旗の類例や形態については、高橋修「新出の「村上武吉過所旗」について」(上・下)(『和歌山県立博物館研究紀要』第四号、一九九三年)を参照。
(42)東国の戦国大名の伝馬については、相田二郎『中世の関所』(有峰書店、一九七二年)、柴辻俊六「甲斐武田氏の伝馬制度」(『信濃』第二六巻第一号、一九七四年、のち『戦国大名論集　武田氏の研究』吉川弘文館、一九八四年)、野澤隆一「後北条氏の伝馬制度に関する一試論」(『国史学』第一二七号、一九八五年)、同「今川氏の伝馬制度に関する一試論」(『国史学』第二一二号、二〇一四年)など参照。
(43)「言継卿記」弘治二年九月二二日条—同三年三月一四日条。
(44)『静岡県史　資料編8　中世四』二七二号「矢入文書」。
(45)『静岡県史　資料編8　中世四』八五一号「矢入文書」。
(46)『戦国遺文　武田氏編』六五五号。
(47)笹本正治「武田氏の商人支配」(『日本歴史』第三七六号、一九七九年)、のち『戦国大名論集　武田氏の研究』(吉川弘文館、一九八四年)。
(48)「山科家礼記」の記事に見える鑑札の研究史、および鑑札発給のそれぞれの事情については、遠藤ゆりこ「「山科家礼記」の商人札」(藤木久志編『京郊圏の中世社会』高志書院、二〇一一年)に詳しい。
(49)向日市文化資料館特別展示図録『木に記された歴史』同館、一九九〇年。
(50)『大日本古文書』「家わけ第三　伊達家文書」一六九号。
(51)『棚倉町史』「八槻文書(散佚文書)」四号。『棚倉町史』「八槻文書」一七八号。
(52)『棚倉町史』「八槻文書」一八八号。
(53)『棚倉町史』「八槻文書」一七二号。

3 王の移動
――エドワード一世の巡幸と納戸部記録

加藤　玄

はじめに

中世ヨーロッパにおいて、修道院は写本作成用に写字室を備えており、修道士たちはそこで文書を作成した。他方、世俗権力の下では文書史料はどこで作成されたのだろうか。本章で扱うイングランド王国では、一二世紀末からのジョンの統治期以降、統治機構における文書の量が著しく増大し、一三世紀中には他のヨーロッパ諸国に類例のない高度な文書行政が実現していたと評される(1)。

そもそもノルマンおよびアンジュー(プランタジネット)王権の下では、国王や国王宮廷が海峡を越えて大陸所領に頻繁に出向いていた。ノルマンディ公でアンジュー伯であるイングランド王はアキテーヌ公としても、フランス南西部地方を支配していたからである。このいささか奇妙な状況は、一一五二年にアキテーヌ公の女相続人アリエノールがフランス国王ルイ七世と離婚したことに端を発する。その直後に彼女はアンジュー伯アンリと再婚。さらに一一五四年に、そのアンリがヘンリ二世としてイングランド王位を継承したことで、アキテーヌ公領はイングランド王家の家産に組み込まれたのである。国王がイングランドを離れる際には、行政長官がイングランドの統治を代行するのが通例であった。フランス王との争いの過程で、一三世紀初頭にジョンがノルマンディを喪失すると、国王がイングランド国内にとどまって統治を行うことが多くなり、一二三四年にヘンリ三世の親政が始まると同時に、行政長官職は廃止された。他方、財務府（Exchequer）はイングランド財政の中心としての地位と役割が十分に確立していたために廃止されずに残った。こうして行政長官職に集中していた権能が分化し、財務府、中央裁判所、尚書部（Chancery）等の各官庁の自立性が明瞭になっていった。

イングランド王国の統治機構において、文書作成の中心となった部署は当初、尚書部と財務府であった。尚書部は国王の家中組織（Royal Household）から分離し、政府の主要な書記部門として、国王文書、すなわち大印章（Great Seal）付きの証書や王令（writs）の発給を担った部署である。一三世紀末まで尚書部は国王に随行していたが、それ以降は次第に国王宮廷の所在地から離れ、一四世紀中にはウェストミンスターに固定されるようになる。尚書部の文書管理は比較的体系立っており、作成された文書の写しは、全ての羊皮紙の端を縫い合わせた巻子（roll）の形態で保管された。それらは、内容の性格により、開封勅許状巻子（Patent Rolls）、封緘勅許状巻子（Close Rolls）、特許状録巻子（Charter Rolls）、ガスコーニュ巻子（Gascon Rolls）、ウェールズ巻子（Welsh Rolls）、スコットランド巻子（Scotish Rolls）、支払権限授与書巻子（Liberate Rolls）、許可料巻子（Fine Rolls）などに分けられる。

他方、財務府は国王財政の中心的役割を果たし、一二世紀後半以降、ウェストミンスターに固定された。財務府における主要な文書は、地方役人のシェリフが財務府長官やバロンの前で会計報告をする際の年次報告記録のパイプ・ロール（Pipe Rolls）であり、その作成・保管は早くも一二世紀には始まっていた。さらに、パイプ・ロールよりも非公式な性格の覚書巻子（Memoranda Rolls）が、国王収入管理官によって作成された。尚書部同様に、財務府も多くの文書を巻子の形態で保管したが、文書をめくるのに便利なように羊皮紙の上部を縫ってまとめていた。

一三世紀中頃になると、統治活動の中心は次第に財務府から国王家中に移り、その一部門で国王により身近な納戸部（Wardrobe）が重要性を増した。国王家中はノルマン征服以降のイングランド統治組織の中枢であり、国王を中心として、国内国外をたえず移動する宮廷の中核をなした。この組織は国王の周囲で衣食の確保・輸送などの日常業務を担うさまざまな部門から成り立っており、騎士や従士による遊軍すなわち「常備軍の縮小版」を集めていた。もともと尚書部と財務府と納戸部の管轄は明確ではなかったが、エドワード一世の治世には、納戸部が、あたかも尚書部であるかのように、大印章を保持し、証書を発給した。さらに財務府から独立して、現金の出納を行い、対ウェールズや対フランスの戦費調達と支払いは主に納戸部を通じて行われたのである。

本章が対象とするのは、エドワード一世の大陸巡幸時における納戸部の文書作成の実態である。統治のために領内をくまなく巡回する国王に随行した書記たちの文書作成業務は、この納戸部の会計記録簿により、ある程度は明らかにすることが可能である。また、後述のように、エドワード一世の統治の間に、史料の形態が変化したことも知られている。つまり、納戸部は会計記録を巻子ではなく冊子の形態で作成することをはっきりと好むようになるのである。

以下では、第一節でイングランド国王の大陸巡幸の性格を概観したうえで、第二節でエドワード一世の巡幸中に作成された納戸部記録の性格を、および第三節でその史料中に現れた旅の性格を、それぞれ分析する。合わせて、エドワード一世のフランス滞在が、巡幸中の宮廷の運営だけでなく、文書作成の性格の変化という側面でも、重要な役割を果たしたことを示したい。

一　エドワード一世の大陸巡幸（一二八六―一二八九年）

歴代イングランド王の所在

中世ヨーロッパにおいて、国王が王宮内にとどまることはまれであり、王国内の各地に赴いて、裁判集会を開き、徴税を行うという独特の統治形態が見られた。ノルマンおよびアンジュー（プランタジネット）王権の下では、国王およびその宮廷がしばしば海峡の彼方の家領に出向いてイングランドを留守にすることが多かった。ギリンガムによれば、ヘンリ二世は、一七六ヶ月をノルマンディで、一五四ヶ月をイングランド、ウェールズおよびアイルランドで、八四ヶ月をノルマンディ以外のフランス地域で過ごした。その息子のリチャード一世は、十字軍従軍とドイツにおける虜囚生活後の五年間のうち、三年強をノルマンディで、一年をアンジューで、八ヶ月をアキテーヌで、二ヶ月弱をイングランドで過ごした。兄リチャードの後を継いだジョンは、一一九九年四月から一二〇二年末まで、全体の四五パーセントをノルマンディで、二五％をイングランドで、二二％をアンジューで、八％をアキテーヌで過ごした。(2)

以上のようなデータからは、国王の巡幸は王国の臣民と接触することで、彼らに権威を示す統治手段であると考えられるかも知れない。しかし、エドワード一世の統治期には、国王の巡幸がそのような目的に合致しているかどうかは、必ずしも明確ではない。なぜなら、前述のように、財務府、中央裁判所、尚書部といった統治機構の中心がウェストミンスターに置かれ、地方統治機構との結びつきが緊密になると、国王自ら地方を定期的に訪問する必要がなくなり、巡幸の際にシェリフや他の地方役人を監査・監督する措置もなされなくなったからである。

エドワード一世と巡幸

国を統治するために巡幸が不可欠ではなかったとしても、エドワード一世はほぼつねに旅をしていた。(3) 一二七二年に父王ヘンリ三世が死去した際、王太子エドワードは十字軍に参加しており、自身が一三〇七年に病没した際にはスコットランド遠征の途上にあった。文字通り、旅から旅へと明け暮れた生涯である。例えば、イングランド国内に限っても、一二八五年の一年間を通じて約百ヶ所の異なる場所に滞在し、治世末期の一三〇五年でもなお百ヶ所以上の町や村に逗留した。彼がイングランド国内で一ヶ所に長期間留まるのは、パーラメント会期中のみ開催地、特にウェストミンスターでの例を数えるのみである。それ以外には、巡礼や参拝といった宗教的理由、鷹狩りを主とする狩猟のような娯楽的理由からもエドワードは頻繁に旅をした。(4)

他方、イングランド国外への旅の理由の筆頭に挙げられるのは、対外戦争の遂行である。一二七七年、一二八二―八三年および一二九四―九五年の三次にわたるウェールズ戦役では、出撃基地や補給地であるチェスターに滞在した。一二九七年のフランスとの戦争時には、フランドルに滞在している。さらに統治の晩年には、スコットランド戦役のため、一二九六年、一二九八年、一三〇〇―〇三年、一三〇六年にイングランド北部のベリックやカーライルからスコットランドに出撃したのである。

比較のために同時代人であるフランス国王フィリップ四世の例を挙げておこう。(5) パリ周辺の旧王領地に限れば、フィリップ四世はくまなく移動しており、二度の十字軍に参加した祖父のルイ九世と変わらない。ただし、ノルマンディとラングドックという比較的最近獲得した領地に関しては、バイイやセネシャル、監察使といった役人を派遣したが、彼自身が現地に足を運んだのは例外的に一度のみであった。また、治世後半の一二八五―一三一四年にはほとんど移動していない。特に、晩年の一三一二―一四年は、老齢と疲労のために、モービュイソン修道院に長期滞在していた。巡幸の際には、顧問が国王に同行したが、尚書部、パルルマン、会計検査院（Chambre aux deniers）はパリにとどまった。以上の例は、エドワードの巡幸がいかに精力的であったかを間接的に示している。また、イングランドの納戸部に相当する部局がフランスで発展しなかった点も興味深い。

エドワード一世の大陸巡幸

エドワード一世は王太子期も含めれば、四度大陸所領に滞在した。特に最後の滞在は、一二八六年五月から一二八九年八月の三年を超える長きにわたった。この大陸巡幸中の消費と宿泊に関連してベリアックらは、エドワード一世の巡幸を、「エドワード一行は三年に及ぶ滞在期間中、饗応権を通じて、地域のリソースを搾取した」、「利益を得たのは宮廷に香辛料や馬を売却した商人であり、王＝公から好意を受けた一握りの貴族と聖職者だけである」と評価している。[6] 概して言えば、これまでの英仏両王権に関する重厚な研究史の狭間において、この巡幸は挿話的にしか扱われてこなかった。

一二八六年五月にノルマンディ地方ヴィサンに上陸した時点での一行の人数は、おおよそ二〇〇人に達した。中心にはエドワード一世とその親族、王妃アリエノール・ド・カスティーユと甥ジャン・ド・ブルターニュと姪マリーがいた。これら王族に最も近い位置はイングランド出身の聖職者集団が占めた。聴罪司祭のドミニコ会士、尚書部長に加え、財務官たちである。それ以外に、イングランドとスコットランドの有力貴族、およびエドワードの王太子時代からの側近、彼らよりも若干地位が劣る国王の個人的な友人たちが同行した。加えて四〇人程が王妃に、また、エドワードの甥と姪にもそれぞれ一〇人程度が仕えている。

三年弱の滞在を通じて、随行員数は倍増した。ベリアックらの試算によれば、一二八八―八九年に俸給を支給された者として、およそ四五〇人が会計記録簿に現れた。[7] その内訳は、騎士や従者らのほかに寝所係や料理人などの近習たち、馬丁、鷹匠、楽士、伝令、荷役らも含まれている。ただし、戦闘の際に核となる騎士集団は比較的小規模にとどまり、実質的な戦闘員は最大で二〇〇名弱であった。

巡幸ルート

エドワード一世の大陸巡幸ルートに関する研究は一九世紀末以来の蓄積がある。[8] なかでもトラビュ・キュサックが納戸部の会計記録簿を中心にエドワード一世の旅程の復元を試みた研究は信頼がおけるものである。[9] 以下では彼の研究に依拠してエドワードの四回目の大陸巡幸の南西部ルートを概観する（図1）。

一二八六年春までにウェールズ北部の征服が一段落すると、エドワード一世は大陸所領へ出発し、一二八六年五月一三日にノルマンディ地方ヴィサンに上陸した。この巡幸の主要目的は、当時、アラゴン王アルフォンソ三世のもとで虜囚の憂き目に遭っていた従兄弟でシチリア王とサレルノ公とを兼ねていたシャルル二世の解放交渉、自領の家臣から臣従礼を受けること、ならびにガスコーニュ地方の統治組織の整備であった。

エドワードは、五月末にパリに入り、七月末まで同地に滞在し、その間にフィリップ四世にアキテーヌ公領に関する臣従礼を行った。その後、ポワトゥ地方からサントンジュ地方を経由して、一〇月末日にガスコーニュ地方に入った。図1からも確認できるとおり、この巡幸のもっとも顕著な性格はガスコーニュ地方における滞在地の網羅性である。エドワード一世は広大な直轄領をくまなく巡回するよう努めたのであろう。滞在先として特に選ばれたのは、公領の首府ボルドー（②）以下、コンドム（⑦）、サン・スヴェール（⑧）、アジャン（⑥）、ダックス（⑩）、バザス（⑤）、バイヨンヌ（⑫）などの司教座都市である。

このエドワード一世の道程はアキテーヌ公の実質的な権威をよく表している。彼の移動範囲は直轄領にほぼ限定され、家臣に授与した封土も含めた理論上のアキテーヌ公領の範囲とは必ずしも一致していない。例えば、彼はドルドーニュ河の右岸、ペリゴール伯領、リムーザン地方への巡幸を明らかに避けている。また、シャルル二世の解放交渉のために長期滞在したベアルン地方を除いて、エドワード一世は有力封臣のもとに長くは留まらなかった。マルサン

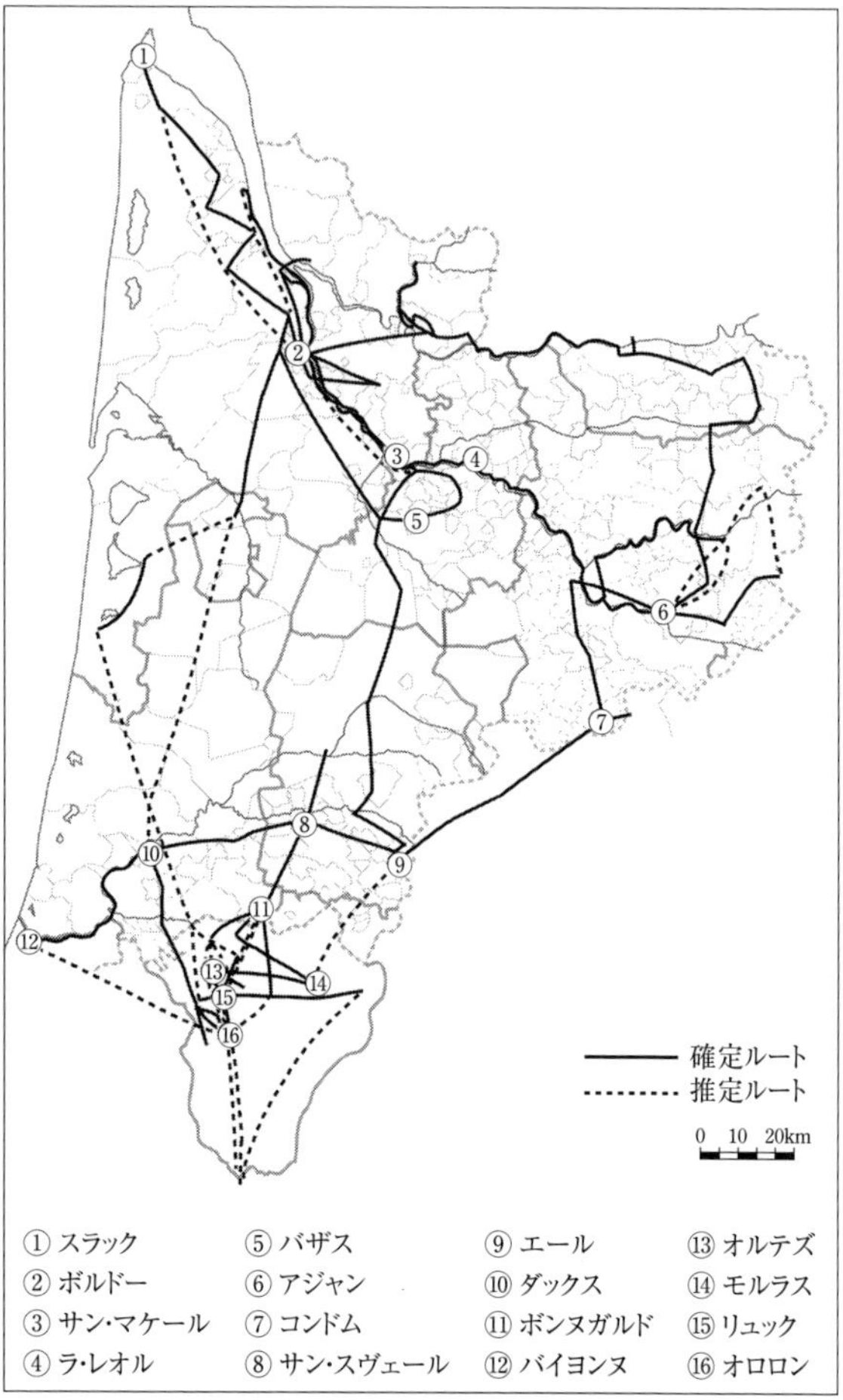

図 1　エドワード一世の大陸南西部巡幸地図（1286–89 年）（筆者作成）

副伯領やアルマニャック伯領に滞在したのは、自身の権力がより強く及ぶ直轄領に行く途上、やむを得ず通過したためであった。

一二八八年夏にエドワード一世は、前年から続くアラゴン王との交渉に従事し、九月にはベアルン地方とアラゴン王国のハカとの間をピレネー山脈を越えて往復した。同年一〇月四日、アラゴン王との間にカンフラン協約がようやく締結され、シャルル二世の解放の条件が取り決められた。一二八九年五月にリブルヌで裁判集会を開催した後、エドワード一世はガスコーニュを出てロワール河を越え、シャルトル経由で北上し、七月中にはパリへ到着した。その

後、往路と同じルートをとり、八月半ばまでにノルマンディのヴィサンからドーヴァー海峡を渡って、イングランドに帰還した。

二　旅する史料

納戸部記録

前述のような国王の所在を明らかにしうる史料の一つは、教会や都市へ授与した特権や行政文書である証書類である。しかし、巡幸の実態をよりうかがい知ることができる史料は、納戸部の作成した会計記録である。これらには、巡幸中に移動宮廷が行った具体的な支出情報が記載されたからである。ただし、発給の日付と場所が必ず記載される証書と比較した場合、これらの情報を欠くことがあることも多く、記載された項目の前後の日付や場所から推定する必要がある。

会計記録簿を作成したのは財務官ら聖職者たちである。納戸部を統括したのは、納戸部長官（Keeper or Treasurer）であり、納戸部各部局の長たちから、会計報告を受け、点検を行った。監査官（Controller）は、副長官であり、長官に対する監査役として、会計記録の副本を保管し、納戸部に託された公文書の保管についても責任を負った。王璽尚書（Keeper of the Privy Seal）を兼ね、納戸部の秘書長の役割も担った。この二人のもとに、金庫役（Cofferer）が置かれ、簿記と会計報告の細目を任された。

記録の形態面に関しては、巻子（roll）から冊子（book）への変遷が指摘されている。一三世紀の大部分を通じて、家中の出納を含むさまざまな取引が、国王家中のさまざまな部門を管理する責任を担った書記によって、一連の巻子に書き留められた。これらの巻子は、会計監査のために毎年、財務府に提出され、その後も家中の会計で用いられ続けた。[10] 他方、一三世紀末までに、巻子に含まれた情報の大半が、納戸部冊子（Wardrobe Book）と呼ばれた二冊にも含まれるようになった。その内の一つである納戸部長官冊子（Book of the Treasurer）は、財務府での毎年の会計監査の際に不可欠であった。二つ目の監査官冊子（Controller's Book）は、日常会計冊子（*Liber Quotidianus*）と呼ばれ、納戸部長官の記録の監査に用いられた。これらの冊子は、家中文書の中でもっとも包括的な情報を含んだ。

エドワード一世の統治一四年目である一二八五年一一月二〇日から一二八六年一一月一九日にかけての納戸部長官冊子は現存していないが、同時期の監査官冊子は比較的良好な状態で残存している。[11] この監査官冊子は、納戸部冊子の変遷の最初の段階であるだけでなく、イングランドにおける行財記録の巻子体から冊子体への変遷の最初の段階を示す。[12] エドワード一世の統治の間に、納戸部は会計記録を巻子ではなく冊子の形態で作成することを、より好むようになる。[13] 納戸部記録に冊子形態が好まれた理由について、プレストウィッチは以下の二点を推測する。[14] 第一に、記録の参照の際には冊子の方が巻子よりも便利だからである。実際、納戸部ほど記録の参照が頻繁ではない尚書部記録は冊子体の使用は限定的だった。第二に、イタリア商人の影響を受けた可能性である。彼らは慣例として冊子で会計簿を作成していた。当時のイタリア商人は信用取引によって王家と緊密な関係にあり、彼らと接触する機会の多かった納戸部書記が冊子体での記録の方法を学んだ可能性は高い。

現存する最古の納戸部長官冊子は、エドワード一世の統治一五年目（一二八六年一一月二〇日—一二八七年一一月一九日）のものである[15]（図2）。続く統治一六年目（一二八七年一一月二〇日—一二八八年一一月一九日）の史料は少なく、納戸部長官冊子と監査官冊子も残存していない。国王が大陸滞在を終え、納戸部や家中がイングランドへ帰還する準備をしていた統治一七年目（一二八八年一一月二〇日—一二八九年一一月一九日）に関しては、納戸部長官冊子と監査官冊子は残存していないものの、日用品支出巻子（Roll of Necessary Expenses）が残されている。[16]

以降では、上述の統治一四年目の監査官冊子、統治一五年目の納戸部長官冊子および統治一七年目の日用品支出巻子を分析の主な対象とする。

史料の体裁と構成

本節で扱う史料は校訂版が刊行されているが、史料の体裁を確認するために、イギリス国立公文書館（The National Archives）に所蔵されているオリジナルを参照した[17]。エドワード一世の統治一四年目の監査官冊子のオリジナルは、カバーを含んでいる。カバーのサイズは縦二八・七五×横二〇・〇センチメートルであるが、中身のページはやや小さく、縦約二八・〇×横約一九・五センチメートルである。各ページには四二行の罫線が引かれているのが確認できる。

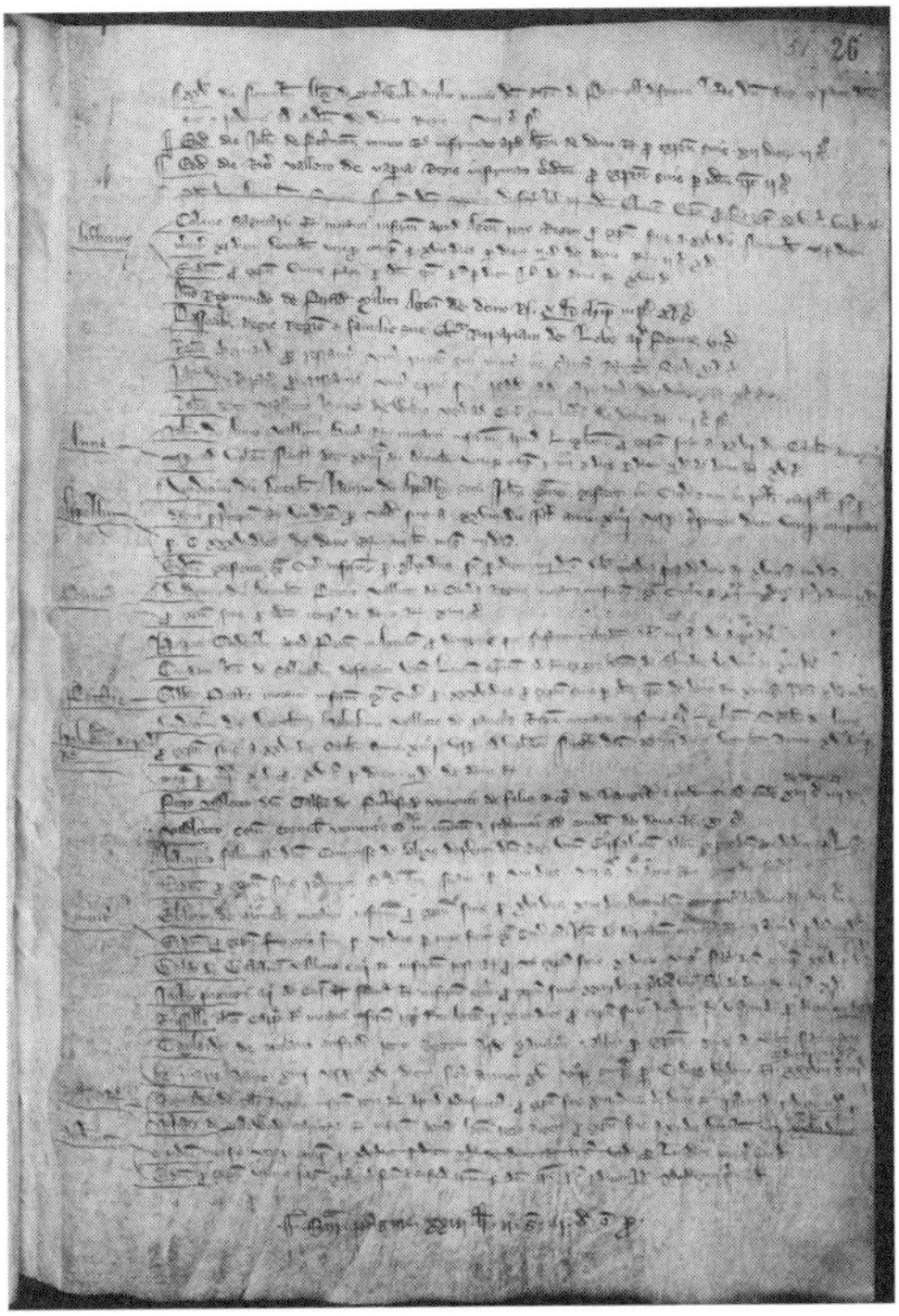

図2　統治15年目の納戸部長官冊子の一葉

注）The National Archives, E 36/201, fol. 26. 右上隅に複数の小さな針穴が確認できる.

全三四葉（フォリオ）の監査官冊子の内容は、表1のように支払費目別に三種類に分類できる。第一に、（a）日用品支出（Necessarie）である。国王家中のための布・毛皮・蠟・果物の購入による支出以外に、外交使節や使者の支出、家中の使用人の俸給や履物手当、貨幣の輸送の費用も記載されている。二番目は、（b）履物手当（Calciamenta）で、国王家中構成員の冬季の履物代に充てられている。最後は、（c）騎士に対する支払であり、すなわち騎士封（Feodum）、日

表1　統治14年目の監査官冊子

フォリオ	校訂版番号	内　容	備　考
1-24	1-892	(a) 日用品支出（Necessarie）	フォリオ24は1/2のみ記載
24v		空白	
25-26v	893-987	(b) 履物手当（Calciamenta）	フォリオ26裏面は1/4のみ記載
27-30v	988-1217	(c) 騎士への支払	
31-31v	1269-1306	(c) 騎士への支払	フォリオ31と32の順番が逆
32-32v	1218-1268	(c) 騎士への支払	フォリオ31と32の順番が逆
33	1307	(c) 騎士への支払	フォリオ33上部に「統治15年目の冬服手当開始 Robe hiemales anni xv incipientis」の記載 フォリオ33は1/4のみ記載
33v		空白	
34	1308-1309	騎士への支払	

給（Wadium）、衣服手当（Roba）、そして彼らによる立替払金（Prestita）が相当する。(18) 当該監査官冊子では、これらの記載は完全には区別されていない。

統治一五年目の納戸部長官冊子のオリジナルは、先述の監査官冊子よりも大判で、全部で四八葉の羊皮紙を含む。(19) 各葉は左端の綴部も含めて、縦約二九・〇×横約二二・〇センチメートル、であり、平均して四二行の罫線が引かれている。折丁は記入前に製本され、支出項目ごとに頁が割り当てられている。表2のように、当該冊子の内容は七つに分類できる。第一は（A）日用品支出、二番目は（B）履物手当、三番目は（C）家中や納戸部の構成員に支払う日給である。四番目は（D）家中の構成員への贈与（Dona）であり、五番目には（E）家中の騎士やバナレット騎士への衣服手当、日給と立替払が記載されている。六番目は、（F）書記と衛士の衣服手当である。最後の七番目として、（G）大納戸部の書記によって購入され施された金布の目録のみが、フォリオ四七に記載された。各セクションの最初の葉の右上隅に複数の小さな針穴が確認できる部分は、参照の便宜のために、羊皮紙片が見出しラベルとして付けられていた名残と考えられる(20)（図2）。

なお、統治一六年目の日用品支出巻子のオリジナルは、羊皮紙（メンブラ）を一二枚綴り合わせたものであり、(21) 納戸部長官冊子の最初のセクションと同様の情報を含む。

表 2　統治 15 年目の納戸部長官冊子

フォリオ	校訂版番号	内　容	備　考
1		欠落	
2–17v	1–574	(A) 日用品支出	フォリオ 2 の右上隅に複数の針穴
18	577–606		フォリオ 18 の右上隅に複数の針穴
18v	607–623		フォリオ 18 裏面は 2/3 のみ記載
19	624	(B) 履物手当	「冬季履物手当 Ca[lciamen]ta hyemalia anni xvj^{mi}」のタイトルの一項目とメモと合計額のみ記載
19v-21v		空白	
22–22v	625–685	(C) 家中や納戸部の構成員への日給	フォリオ 22 の右上隅に複数の針穴
23–25		空白	
26–33v	686–1097	(D) 家中の構成員への贈与 (Dona)	フォリオ 26 の右上隅に複数の針穴
34–40	1098–1394	(E) 騎士への衣服手当、日給と立替払	フォリオ 34 の右上隅に複数の針穴
40v	1395–1396		合計額と 3 項目のみ記載
41–42v	1397–1505		フォリオ 41 の右上隅に複数の針穴 フォリオ 41 の上部に「書記と衛士の衣服手当 Robe cl[er]icor[um]et scut[iferorum]」と記載
43–44	1506–1611	(F) 書記と衛士の衣服手当	フォリオ 43 の上部に「統治 15 年目の夏服手当開始 Incipiunt robe estivales anni xv^{mi}」と 4 項目が記載
44v	1612–1615		合計額と「統治 16 年目の冬服手当開始 Incipiunt robe hiemales de anno sextodecimo」と 4 項目が記載
45–46		空白	
47–48	1616–1644	(G) 大納戸部の書記による金布の購入と施し	フォリオ 48 は 1 項目のみ記載
iv		メモ	カバー裏

羊皮紙の購入

統治行為には大量の文書が必要である。証書や役人への命令書などの文書作成には、大量の羊皮紙、インク、封蠟が必要とされるため、巡幸中にこれらを定期的に購入する必要があった。ここでは特に購入頻度の高い羊皮紙を採り挙げる。表3は、先述の史料中に現れる羊皮紙の購入記録である。貨幣単位はスターリング・ポンドで表されており、一ポンドは二〇シリング、一シリングは一二ペニーとして計算した。

羊皮紙は主に司教座都市で購入された。これは大量の羊皮紙を供給可能であったのは大都市にほぼ限られるからで、当時の大都市の大半は、パリ、アジャン、ボルドー、オロロン（サント・マリー）、コンドムなどの司教座都市であったからである。

場　所	購入者	出　典
パリ	納戸部書記 W. de Langeton	*RHW 1285–1286*, n. 512
パリ	納戸部書記 Roger de Lisle	*RHW 1285–1286*, n. 521
パリ	納戸部書記 Roger de Lisle	*RHW 1285–1286*, n. 521
パリ	納戸部書記 Roger de Lisle	*RHW 1285–1286*, n. 620
アジャン		*RHW 1285–1286*, n. 865
アジャン	納戸部書記 Roger de Lisle	*RHW 1285–1286*, n. 878
アジャン	納戸部書記 Roger de Lisle	*RHW 1286–1289*, n. 39
ボルドー	納戸部書記 Roger de Lisle	*RHW 1286–1289*, n. 102
[ボルドー]		*RHW 1286–1289*, n. 116
ボルドー	納戸部書記 Roger de Lisle	*RHW 1286–1289*, n. 259
[オロロン]		*RHW 1286–1289*, n. 372
[オロロン]	納戸部書記 John de Rede	*RHW 1286–1289*, n. 379
ボルドー	納戸部書記 Roger de Lisle	*RHW 1286–1289*, n. 351
[ボルドー]	納戸部書記 John de Rede	*RHW 1286–1289*, n. 574
ボンヌガルド	納戸部書記 Roger de Lisle	*RHW 1286–1289*, n. 1688
[オロロン]		*RHW 1286–1289*, n. 1712
[ボンヌガルド]	John de Vescy の礼拝堂付司祭 William de Chester	*RHW 1286–1289*, n. 1720
コンドム	納戸部書記 Roger de Lisle	*RHW 1286–1289*, n. 1746
[ポンティニ]		*RHW 1286–1289*, n. 1863
パリ	納戸部書記 John de Droxford	*RHW 1286–1289*, n. 1871

このように購入場所が限られていたため、羊皮紙はダース単位（*duodenis*）で一度に購入されることが多かった。例えば、パリでは一三ダース、一一ダース、一七ダース、おそらくボルドーで一四ダース、一〇ダースとまとめ買いされている。とりわけ、一二八九年四月四日にコンドムで二一ダースの羊皮紙の購入が確認できる。エドワード一行が、アキテーヌ公領を離れる直前であり、同地で裁判集会を開催し、公領統治制度改革令や多くの諸特許状を発布した時期と重なっているため、大量の羊皮紙が必要とされたからであろう(22)。

羊皮紙の購入者として記録されるのは、主に納戸部書記である。特に、エドワード一行の大陸滞在時においては、ロジャー・ド・リル（Roger de Lisle）の出現頻度が顕著である。彼は一二八三年以降、納戸部書記として国王へ仕えており、同時に大納戸部で、蠟、砂糖、アーモンド、乾燥フルーツの購入にも携わった。納戸部での業務に関しては、羊皮紙の購入以外に、貨幣の運搬の手配も彼の任務であった。

表3　納戸部による羊皮紙の購入

年	月　日	品　名	分量	支払額（ster.）	1ダースあたりの支払額
1286	6月3日	羊皮紙	—	6 d.	—
1286	6月3日	羊皮紙（1ダース）	13	13 s.	12 d.
1286	6月3日	羊皮紙（1ダース）	4	4 s.7 d.	13.75 d.
1286	7月27日	羊皮紙（1ダース）	11	15 s. 8 d. ob.	16.7 d.
1286	11月15日	羊皮紙（1ダース）	3	3 s.	12 d.
1286	11月21日	羊皮紙（1ダース）	4	4 s.	12 d.
1286	12月14日	羊皮紙（1ダース）	8	8 s.	12 d.
1287	1月24日	羊皮紙（1ダース）	5	7 s. 1 d.	17 d.
1287	1月31日	羊皮紙（1ダース）	14	18 s. 4 d.	15.7 d.
1287	5月3日	羊皮紙（1ダース）	2	2 s. 6 d.	15 d.
1287	7月2日	羊皮紙（1ダース）	10	12 s. 9 d.	15.3 d.
1287	7月2日	羊皮紙（1ダース）	1	2 s.	24 d.
1287	7月23日	羊皮紙（1ダース）	10	14 s. 2 d.	17 d.
1288	1月4日	羊皮紙とインク	—	45 s.	—
1289	1月13日	羊皮紙（1ダース）	6	11 s.	22 d.
1289	2月9日	インクと羊皮紙1枚	—	5 d. ob.	—
1289	2月23日	羊皮紙（1ダース）	5	10 s.	24 d.
1289	4月4日	羊皮紙（1ダース）	21	31 s. 3 d.	17.95 d.
1289	7月26日	羊皮紙2枚	—	3 d.	—
1289	8月8日	羊皮紙（1ダース）	17	33 s. 2 d.	—

一二八八年には、大納戸部の長官に昇進している(23)。

表3から判明する羊皮紙のみの購入金額は、一ダースあたり一二―二四ペニー、すなわち一枚あたり、一―二ペニーであり、購入場所によって二倍近い価格差がある。オロロンやボンヌガルドといったベアルン地方では総じて高額である。参考までに、書記としての俸給、および宮内騎士の俸給は、衣服と履物代を除き、一日二シリング（二四ペニー）であった(24)。

旅する史料

購入された羊皮紙は、証書や命令書だけではなく、本章の主要な史料である納戸部長官冊子の支持体にも用いられた。バイリー夫妻が推測するように、統治一五年目の納戸部長官冊子に用いられた羊皮紙は、一二八六年六月から一一月までの間にパリもしくはアジャンにおいて購入された可能性が高い。実際に、一二八九年八月八日にパリで購入された二葉の羊皮紙は、「統治一八年目用の新しい納戸部冊子用」であった。[25]

先述の統治一四年目の監査官冊子と統治一五年目の納戸部長官冊子を比較すると、両者のレイアウトはよく似ている。両冊子とも周辺部に、参照の便宜のための見出しが付けられ、また多くの注釈が書き込まれている。他方、日用品支出巻子には、余白の書き込みがほとんどなく、巻子体よりも冊子体の方が参照用には優れていることがわかる。特に長官冊子における羊皮紙片の見出しラベルの痕跡から、頻繁な参照に対するアド・ホックな工夫がなされていたと言える。

表1・表2の支出項目の比較からは、共通点と相違点が指摘できる。長官冊子の日用品の種類は監査官冊子よりも多様な項目が記載されているが、両冊子の最初の二つのセクション（a・A）日用品支出と（b・B）履物手当は、構成や内容に関する限りでは共通している。また、監査官冊子では、三番目に（c）家中騎士への支払金（俸給と騎士封、衣服手当）と立替払金が記載されているのに対し、長官冊子では該当項目（E）は五番目に記載されている。ただし、記載順序が異なってはいるが、両者の内容はほぼ共通している。さらに、監査官冊子の最後の項目（フォリオ三三）は（c）衣服手当であり、長官冊子の最後から二番目のセクション（F）に相当している。

しかし、その他の支出項目には、いくらかの専門分化の傾向が見られる。長官冊子の三番目には、（C）納戸部構成員への支払金もしくは立替払金が彼らの名前ごとに記載された。ここに長官冊子における支出項目の細分化が見て取れる。それが顕著になるのは四番目の（D）贈与である。監査官冊子には該当する項目がない。これは、国王のための任務時に失った馬の補償、病気に罹った家中構成員への見舞い、国王一行がガスコーニュの住民に与えた損害への賠償などに充てられた支出である。さらに、長官冊子の最後のセクションである（G）金布の購入と施しは、ガスコーニュの教会施設への贈与であるが、監査官冊子には相当する項目が存在しない。

このように長官冊子における支出項目の細分化は、巡幸の状況に応じた対応であると推測できる。第三節では、納戸部史料中に現れた移動宮廷の実態を検討したい。

三　史料の中の旅

移動と滞在先

大人数のため一行の移動は遅く、陸路の場合で一日に一五―二五キロメートルのペースであったが、一二八六年秋には多くの病人のためにさらに遅々とした歩みとなった。馬車で移動するにも、干し草（馬のかいば）の確保が問題となった。[26]

むろん、平坦な道ばかりではなく、ときには山や河川や海を越える必要があった。一二八六年一二月には、「国王と王妃と家中が（筆者注―アジャン近郊の）モンサンプロンの対岸へロト河を渡るために四艘のボートと二四人（筆者注―漕ぎ手か?）を集める費用」および「渡河中に一艘が故障したため、その修理費」が、また、「国王と王妃と家中がパンヌでロト河を渡るため」の費用が支出された。ガロンヌ河の航行についても、一二八七年四月一日に「王と王妃と家中をランゴンからボルドーまで運ぶための九一人の漕ぎ手と一三艘のボートの費用五日分」が支払われている。[27]

会計記録簿中には、アラゴン王国との「（ピレネー）山脈を越えた *ultra montes*」交渉に関する支出が記載されている。この交渉で中心的な役割を果たしたのは、納戸部書記ヒュー・ド・ヴィックであった。彼は、一二八七年夏の予備交渉に従事し、アラゴン王国における交渉や噂の収集の費用、アスプ渓谷からアラゴンまで往復した際の馬の賃料や護衛料、さらにはメノルカ島への渡航費用の支払を受けている。一二八七年九月一六日には、国王の護衛として仕えていたガスコーニュ貴族が、エドワードの書状をアラゴン王のもとへ持参し、「行き帰りの道中に支払った通行料と護衛料」および「馬の賃料」を受け取った。さらに、彼は友人とともに、フランス王の書状をナバラ総督のもとへ、エドワードの書状をアラゴン王のもとへ持参し、「通行料と護衛料」の支払いを受けた。また同年一二月には、別の使者が連絡や交渉のためにイングランドへ渡海し、フランスやガスコーニュのさまざまな「淡水 *aquas dulces*」を渡った費用が支払われている(28)。

一二八八年一月二七日から三月二〇日まで、先述のヒュー・ド・ヴィックがエドワードの一行から離れ、アラゴン王国へ使者として赴いた。その間に、イングランド、フランスとガスコーニュを「さまざまな水を越えて *ultra diversas aquas*」で行き来し、「アラゴンへの道中の護衛や馬の賃料」「ボルドーとバイヨンヌからアラゴンまで」「アラゴンからニームまで」の費用が支払われた。続いて、三月二一日から五月二三日まで、アラゴン王国に赴き、アラゴン王のもとでシチリア王の人質の交渉に従事した。その際に俸給とアラゴン道中の護衛料の支払を受けた(29)。

こうした予備交渉を経て、いよいよエドワードがピレネー山脈を越える準備が行われた。例えば、アスプ山やガスコーニュの他の場所で、すなわちボンヌガルドからアスプ渓谷のペイラネールまで、さまざまな隣接地域で国王の寝所を用意しておく必要があった。また、道中の安全を確保するために、一二〇人の駐留兵の俸給、アスプ峠のさまざまな地点の監視兵やバスク石弓兵の俸給が支払われている(30)。こうした準備が功を奏して、一二八八年一〇月四日、アラゴン王アルフォンソ三世との間にカンフラン協約が締結され、シャルル二世の解放の条件が定められたのである。

一行は快適な滞在先をつねに確保できたわけではない。国王の居城は劣悪な状態であり、ボルドーではオンブリエール城の老朽化のため、やむなく大司教や大修道院の所有する館に滞在した。メイユアン城には清掃や補修が必要であった。モーレオン城では、国王到着前に城壁や居住スペースを修理するために、二週間の突貫工事が行われ、大工一〇人に一三九ポンドが支払われている。国王一行は八月にダックスに到着したが、王族が滞在する予定の「館」が未完成であり、九月四日にようやく落成した。多くの場合、宿泊用の「小屋」は木製であり、一二八九年冬のベアルン滞在の際には、国王の寝所に暖炉を設置しなければならなかった(31)。バザス、ユゼスト、アイヤスなど食糧の確保が困難な都市では、宮廷は複数のグループで分宿することを余儀なくされた。なかでももっとも苛酷な野宿を強いられたのはウェールズ人の歩兵であった(32)。

饗応権を行使して確保した家屋に滞在するにしても、野営するにしても、何らかの損害が発生し、賠償が必要となることもしばしばであった。一二八七年七月にオロロンの礼拝堂に国王が滞在した際に、馬で踏み荒らされた麦畑やブドウ畑の所有者に対し、また菜園を荒らされた礼拝堂付司祭に対して、賠償金が支払われた。王が飼っているライオンに馬を噛み殺された不運な住民も賠償された(33)。

旅のトラブル

旅にトラブルはつきものである。ここでもウェールズ人が割を食い、おそらく馬に蹴られたのか、怪我をした。より深刻な事故もあった。おそらく御者が転倒した馬車の下敷きになったのだろうか、体に障碍を負い、イングランドの修道院で余生を過ごすことになった(34)。

また、伝承によれば、一二八七年にリブルヌに滞在中の国王夫妻が落雷にあったという。稲妻は居室の窓から飛び込み、夫妻の間を通り過ぎ、二名の召使いの命を奪った。王妃とともに奇跡的に無事だったエドワードは、同地にフランシスコ会修道院を設立することを決心した、とされている(35)。このエピソードの真偽の程は定かではないが、自然災害による落命の危険は移動宮廷につねにつきまとっていたであろう。

野宿で満足に眠れないからか、ウェールズ人はしばしば病気に罹った。むろん王と王妃も病気を免れなかった。一二八七年六月には、王と王妃のための舐剤と薬が必要となった。エドワード自身が国元に書き送った手紙から、半年後にも王妃が「四日熱に罹った」ことがわかる。ガスコーニュの沼沢地帯に特有の病は王妃の体を蝕み、イングランドに帰国して程なく、彼女の命を奪うことになった(36)。

旅は肉体ばかりか、魂も危機にさらした。なぜならば、一二一五年の第四ラテラノ公会議以降、全キリスト教徒は自らが属する小教区教会の司祭から告解、聖体拝領等の秘蹟を受ける義務が生じたからである。道中で復活祭時の告解や日々のミサを万が一にも受け損なうことがないように、パリで携行用の祭壇を購入したり、王の居室の祭壇を修理したりしなければならなかった。こうした携行用の祭壇の使用には、教皇の認可が必要であったため、エドワード一世は一行の魂の救済を優先させ、教皇に宥和的な態度をとったのである。携行用の祈禱書、十字架、正餐杯、祭瓶、聖人の似姿、ロザリオなどの祭具も買い求められ、さらに十字架の収納用に長持ちが、十字架と聖遺物の運搬用に一頭の黒馬が、それぞれ購入された(37)。

国王は巡幸の先々で贈与や奉納を行っている。教会施設に対する国王や王妃の個人的な奉納物として、特に金布が選ばれた(38)。一行が滞在した修道院や司教座聖堂への寄進だけでなく、道中で客死した家臣の葬儀や、忠実なアキテーヌ公領の貴族の墓参の際にもこうした奉納が行われた。こうした贈与には同地方を鎮撫するという政治的な意味もあったであろう。

おわりに

以上、「旅する史料」を通じて、「史料の中の旅」を垣間見てきた。その像が映し出す当時の巡幸は決して楽なものではない。エドワード一世は、山河を越えて、自らの広大な直轄領を隅々まで巡回し、ガスコーニュの住民を慰撫するために贈与を行った。ときには劣悪な状態の滞在先にも耐え忍ばなければならず、肉体ばかりか魂をも危機にさらしたのである。本章で扱った納戸部記録の性格については、以下の三点を指摘しておきたい。

第一に、納戸部記録に求められた柔軟性や変化である。宮廷所在地から遠く離れることが多く国王の意向に即応できない財務府とは対照的に、伝統に縛られず煩雑な手続きを必要としない納戸部は、特に財務面における融通性と機動性がその主要な特徴であった。[39] 納戸部がイングランドの統治機構の柔軟性の一つの現れとするならば、納戸部冊子は史料形態の柔軟性の発露である。納戸部で記録される財務の情報量の増加に応じて、巻子化されていた会計記録は冊子形態に変化するが、この変化は尚書部との違いが顕著である。すなわち、尚書部では最もルーティーンな文書は巻子に写され、冊子体の使用は限定的であった。その理由は尚書部における巻子による文書作成の根強い伝統によってある程度は説明できるが、尚書部では納戸部ほど記録の参照が頻繁ではなかった可能性も指摘されている。[40] また、本章で論じたように、巡幸という史料の作成状況も納戸部冊子という実務文書の形態や構成に変化を促した。統治一五年目の納戸部長官冊子は、おそらく巡幸中に現地で調達された羊皮紙を材料としており、日々の参照の便宜のために、羊皮紙片の見出しラベルがセクションごとに付けられていた。また、同冊子で、統治一四年目の監査官冊子には見られなかった国王家中やガスコーニュの住民に対する金銭や金布の贈与の項目が設けられているのは、巡幸の状況に応じて、支出項目を細分化させたからであろう。こうした納戸部記録のアド・ホックな性格は以後も保たれた。例えば、リヨン夫妻による一二九六―九七年と一三三八―四〇年の納戸部冊子の比較によれば、冊子に記載された支出項目名は一三世紀末の時点である程度は統一されたものの、その記載順序は甚だしく異なっている。[41]

第二に、その柔軟性ゆえに納戸部が必然的に孕む統治上の問題点である。先述の通り、一三世紀後半以降、納戸部が国王の会計部門として重要性を増すと、納戸部を通じた支出額が飛躍的に増大した。その反面、エドワード一世の統治末期には財務府における会計監査の遅滞が顕著になり、財務府の統制を受けず、国王の恣意によって行われる納戸部の支払は王国財政の悪化の一因となった。その後の納戸部のたどった展開を略述すると以下のとおりである。[42] エドワード一世の死後、納戸部に対するバロンと財務府の監視が強まり、エドワード二世の廃位時までには王璽(privy seal)の管理権は納戸部から尚書部へと移された。エドワード三世統治下で百年戦争開始時までに納戸部は一時的に財務機能を回復するが、より多額の戦費調達には議会で同意された課税が必要となり、それらは財務府を通じて調達されることになった。リチャード二世の統治期以降の納戸部は家中組織の一部門へと縮小し、チューダー朝下では国王の意向を体現する機関としての重要性は寝所部（Chamber）へ移ったのである。

第三に、戦時における文書作成業務の性格である。一三世紀後半のウェールズ戦争時に納戸部が戦時行政の全般を監督したように、当初から対外戦争の遂行時には納戸部が大きな役割を果たし、納戸部記録も盛んに作成された。例えば、一二九六―九七年の納戸部冊子は、エドワード一世のフランドル戦役に関連しており、一五二葉を含み納戸部冊子のなかでももっとも分量が多いものの一つである。支払項目も、バナレット騎士、騎士、従士、弓兵、歩兵、船長と船員以外に、工兵（大工、石工、テント造りなど）への俸給のほか、戦役のための補給と軍需品への支払など戦時特有の記録が含まれている[43]。他方、戦争は文書の損失をもたらしたことにも留意しなければならない。ガスコーニュで作成された大量の統治記録はボルドーのオンブリエール城に保管されていたが、一三世紀末のガスコーニュ戦争の際に多くがフランス側の手に落ち、修復できないほど失われた。これらの逸失については次のエピソードが知られている。一二九四年にボルドー・コネタブル（財務長官）は戦火を避けるため、統治記録を船でイングランドに運搬しようとした。当該の船はオレロン島防衛も命じられていたが、賃金を支払われなかった船員は同島のフランシスコ会修道院に記録を収めた長持ちを投棄した。結局、それらの記録はオレロン島を占領したフランス人によって廃棄される運命をたどった[44]。それに対し、エドワード一世の大陸巡幸時の史料、特に納戸部記録は家中文書庫に保管され、国王家中が帰国した際にイングランドに持ち帰られたのであり、ガスコーニュの統治に関するこの上なく貴重な記録として今日まで伝えられたのである。

（1）以下の記述は、主に次の文献に拠った。城戸毅『マグナカルタの世紀』（東京大学出版会、一九八〇年）八八、一六七―

一六八頁。S・B・クライムズ著、小山貞夫訳『中世イングランド行政史概説』（創文社、一九八五年）、一七九―一九五頁。Tout, T. F., *Chapters in the Administrative History of Medieval England*, vol. 2, New York, reprint, 1967, pp. 1–163; Prestwich, M., *Edward I*, Berkeley, 1988, pp. 134–169; idem, “English Government Records, 1250–1330,” In *Pragmatic Literacy, East and West, 1200–1330*, edited by R. H. Britnell, Woodbridge, 1997, pp. 95–106; Carpenter, D. A. “The English Royal Chancery in the Thirteenth Century,” In *English Government in the Thirteenth Century*, edited by A. Jobson, Woodbridge, 2004, pp. 49–69.

（2）Gillingham, J. B., *The Angevin Empire*, 2nd ed., London, 2001, pp. 72–73.

（3）Prestwich, M., “The Royal Itinerary and Roads in England under Edward I,” In *Roadworks. Medieval Britain, Medieval Roads*, edited by V. Allen and R. Evans, Manchester, 2016, p. 178.

（4）娯楽に関しては、筆者は別稿で巡幸中の娯楽（鷹狩りや音楽）の簡単な素描を試みたことがある。加藤玄「エドワード一世のアキテーヌ巡幸」『創文』五一三、二〇〇八年、一八―二二頁。

（5）Lalou, É., *Itinéraire de Philippe IV le Bel*（*1285–1314*）, s. d. R.-H. Bautier, Paris, 2008, tome 1, pp. 149–151.

（6）Bériac, F., et B. Castéra, “Une cour en voyage: le séjour d’Edouard Ier en Gascogne, 1286–1289,” In *Les Pyrénées dans une Aquitaine: terre d’accueil*, terre d’exil, Bordeaux, 1996, pp. 205–223.

（7）*Ibid.*, pp. 207–209.

（8）Gough, M., *Itinerary of King Edward I throughout his Reign, A.D. 1272–1307, Exhibiting his Movements from Time to Time, so far as they Recorded*, 2 vols., London, 1900; Bémont, Ch., éd., *Rôles gascons*（*1290–1307*）, tome 3, Paris, 1906, introduction pp. ix–xv.

（9）Trabut-Cussac, J.-P., “L’itinéraire d’Edouard Ier en France, 1286–1289,” *Bulletin of the Institute of Historical Research* xxv（1952）, pp. 160–212; Safford, E. W., ed., *Itinerary of Edward I: Part I,*（*List and Index Society, 103*）, London, 1974.

（10）Johnson, C. H., “The System of Account in the Wardrobe of Edward I,” *Transactions of the Royal Historical Society*, 4th ser. 6（1923）, pp. 50–72.

（11）Byerly, B. F., and C. R. Byerly, eds., *Records of the Wardrobe and Household, 1285–1286*, London, 1977, n. 1–1309

（以下，*RWH 1285–1286* と略す）．なお，統治年とはイングランドにおける国王の即位日を起点とする紀年法である。例えば，エドワード一世の場合は，一二七二年一一月二〇日から翌年一一月一九日までが統治一年目となる。Cheney, C. R., *A Handbook of Dates: For Students of British History* (*Royal Historical Society Guides and Handbooks*), revised by M. Jones, 2nd ed., Cambridge, 2000, p. 34.

（12）*RWH 1285–1286*, p. ix.

（13）*List of Documents Relating to the Household and Wardrobe, John-Edward I, Public Record Office Handbook, 7*, 1964, p. 1.

（14）Prestwich, "English Government Records, 1250–1330," pp. 96–99.

（15）Byerly, B. F., and C. R. Byerly, eds., *Records of the Wardrobe and Household, 1286–1289*, London, 1986, n. 1–1644（以下，*RWH 1286–1289* と略す）.

（16）*RWH 1286–1289*, pp. iv–v; n. 1645–2112.

（17）The National Archives, C 47/4/3. 校訂版は（11）参照。

（18）国王家中に属した騎士は騎士封と衣服手当の二種類の支払いを受けた。騎士封は現金で，半期ごとにミカエルマスと復活祭に支払われた。統治一四年目の例では衣服手当以外の騎士封はバナレット騎士で年額一二ポンド，平騎士で八ポンドであった。家中騎士が「海外で」任務中の場合，追加報酬として，バナレット騎士で四シリング，平騎士で二シリングの日給が支払われた。

（19）The National Archives, E 36/201. 校訂版は（15）参照。

（20）*RWH 1286–1289*, pp. ii–iii.

（21）The National Archives, E 101/352/14. 校訂版は（16）参照。

（22）Trabut-Cussac, J.-P., *L'administration anglaise en Gascogne sous Henry III et Edouard Ier de 1254 à 1307*, Paris et Genève, 1972, pp. 95–96.

（23）*RWH 1285–1286*, pp. xviii–xix; *RWH 1286–1289*, pp. ix, xiii. 大納戸部（Great Wardrobe）とは，国王のための布地，蠟，香辛料，毛皮製品等の購入，貯蔵，分配のために，納戸部から独立した機構である。クライムズ前掲書，一四二―一四三頁。Johnson, "The System of Account," p. 69.

(24) *RWH 1286–1289*, n. 2943–2951.

(25) *RWH 1285–1286*, n. 512, 521, 620, 865, 878. Cf. *RWH 1286–1289*, p. ii, note 2. "… ad libros garderobe novos contra annum xviij^{m}" *RWH 1286–1289*, n. 1871. なお、「統治一八年目」は、一二八九年一一月二〇日から一二九〇年一一月一九日を指す。

(26) *RWH 1286–1289*, n. 248, 473. 後述注(36)。

(27) *RWH 1286–1289*, n. 14, 195, 692.

(28) *RWH 1286–1289*, n. 366, 512, 515, 516.

(29) *RWH 1286–1289*, n. 1731, 1838.

(30) *RWH 1286–1289*, n. 1749, 1758.

(31) *RWH 1286–1289*, n. 169, 187, 435, 475, 1704–1705, 1779.

(32) *RWH 1286–1289*, n. 183, 538, 820, 821, 1190, 1266; Bériac et Castéra, "Une cour en voyage," pp. 209–210.

(33) *RWH 1285–1286*, n. 1674; *RWH 1286–1289*, n. 947, 948, 970–974, 979.

(34) *RWH 1285–1286*, n. 753; *RWH 1286–1289*, n. 8.

(35) Dedieu, H., "Quelques traces de religion populaire autour des frères mineurs de la province d'Aquitaine," In *La religion populaire en Languedoc du XIIIe siècle à la moitié du XIVe siècle. Cahiers de Fanjeaux 11*, s.d. M.-H. Vicaire, Toulouse, 1976, pp. 227–249.

(36) *RWH 1286–1289*, n. 248, 295; Parsons, J. C., *Eleanor of Castile: Queen and Society in Thirteenth-Century England*, New York, 1995, pp. 59–60.

(37) *RWH 1285–1286*, n. 498, 499, 570, 807 ; *RWH 1286–1289*, n. 74, 257. Cf. Bachrach, D. S., "The Organisation of Military Religion in the Armies of King Edward I of England (1272–1307)," *Journal of Medieval History* 29 (2003), pp. 268–272.

(38) *RWH 1286–1289*, n. 1616–1643; Bériac et Castéra, "Une cour en voyage," pp. 214–215.

(39) Lyon, M., B. Lyon and H. S. Lucas, eds., *The Wardrobe Book of William de Norwell : 12 July 1338 to 27 May 1340*, Bruxelles, 1983, p. xxvii.

(40) Prestwich, "English Government Records, 1250–1330," pp. 98–99.

(41) Lyon, B. and M. Lyon, eds., *The Wardrobe Book of 1296–1297: a Financial and Logistical Record of Edward I's 1292 Autumn Campaign in Flanders against Philip IV of France*, Brussels, 2004, p. xii.

(42) Lyon, Lyon and Lucas, eds., *The Wardrobe Book of William de Norwell,* pp. xxxix–xlvi.

(43) Lyon and Lyon, eds., *The Wardrobe Book of 1296–1297*, pp. vii–xii.

(44) Galbraith, V. H., "The Tower as an Exchequer Record Office in the Reign of Edward II," In *Essays in Medieval History Presented to Thomas Frederick Tout,* edited by A. G. Little and F. M. Powicke, Freeport, New York, 1925, pp. 234, 244 appendix (1); Cuttino, G. P., and J.-P. Trabut-Cussac, eds., *Gascon Register A (Series of 1318–1319)*, London, 1975, vol. 1, pp. xii–xiii, xvi.

II　移動の意味

4 移動する歌人
——宇津の山のイメージの変転

高橋慎一朗

一 宇津の山と『伊勢物語』

歌枕と紀行文

平安時代の後期頃から、列島の各地に和歌に頻繁に詠み込まれる特定の名所が生まれ、これを「歌枕」と呼ぶようになった。特に有名になった名所歌枕は、それへの関心・憧れ（名所意識）によって多くの人々を旅に誘い、消失することなく再生されていったのである(1)。

そして、和歌を織り込みながら綴られた中世の紀行文は、貴族社会で成立していた歌枕に代表される旅に関する観念を、現場に立って確認することに主眼が置かれていた(2)。その結果、紀行文においては、歌枕的な美意識からは外れた断片的な情報のほうが、むしろ中世の旅の実態を示しているということも生じている(3)。

以上を踏まえ、本章では、歌枕的な美意識と歌枕の現場の実態との両者に目を配り、中世における歌枕の機能を、駿河国の「宇津の山」を題材に、主として紀行文を通して探っていくことにしたい。

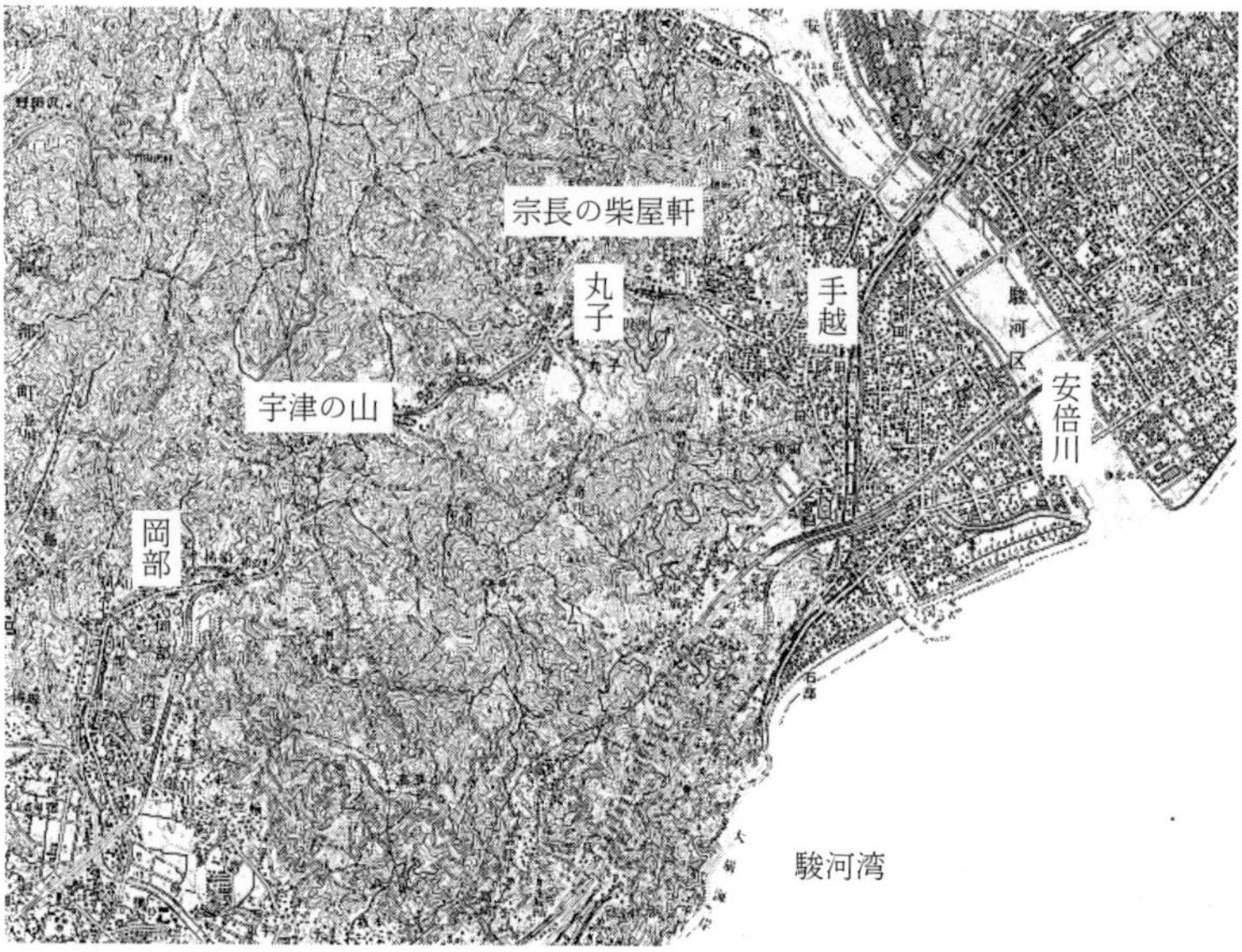

図1　宇津の山と周辺の宿
（国土地理院発行5万分の1地形図「静岡」を縮小の上，加筆）

本章で取り上げる歌枕「宇津の山」は、現在の静岡県静岡市駿河区宇津ノ谷と藤枝市（旧岡部町）岡部の間に存在する峠道で、中世の東海道の難所であった。江戸時代の丸子宿と岡部宿の中間に位置し、現在は宇津ノ谷峠と呼ばれている（図1）。

夢のイメージ

宇津の山が歌枕として注目されるようになった最大の要因は、『伊勢物語』で取り上げられたことにある。『伊勢物語』は、在原業平をモデルとする男を主人公にした歌物語で、九世紀頃に原形が成立したとみられている。『伊勢物語』は、その後の『源氏物語』や、多くの歌人に影響を与えており、和歌や文学作品における宇津の山のイメージも、『伊勢物語』によって形成されたと言ってよい。

『伊勢物語』の中で、宇津の山は、第九段の「東下り」の部分に登場する。やや長くなるが、以下に引用する（『新日本古典文学大系　竹取物語　伊勢物語』による）。

ゆきゆきて駿河の国にいたりぬ。宇津の山にいたりて、わが入らむとする道はいと暗う細きに、蔦かへでは茂り、もの心細く、すずろなるめを見ることと思ふに、修行者あひたり。『かかる道は、いかでかいまする』といふを見れば、見し人なりけり。京に、その人の御もとにとて、文かきてつく。

駿河なる　うつの山辺の　うつつにも　夢にも人に　あはぬなりけり

富士の山を見れば、五月のつごもりに、雪いと白うふれり。

都を離れ東国に下る主人公の男が、五月の頃、蔦や楓が茂る宇津の山の細道を行くと、都で知り合いであった修行者とばったり出会い、男は都で暮らす愛しい人への手紙を修行者に託す、という物語である。そして、「宇津の山」の語から引き出される「うつつ（現実）」との対比から、「夢」を織り込んだ歌が詠まれているのである。

この『伊勢物語』の記述の影響を受け、宇津の山を題材とする和歌は、夢との関連で詠まれることが多くなり、紀行文においても宇津の山の部分では夢に絡む記述が見られるようになる。(4)

流行りのテーマへ

鎌倉時代には、『伊勢物語』の圧倒的な影響の下で、宇津の山は歌枕として広く認められるようになっていた。後鳥羽上皇の下命により編まれた勅撰和歌集『新古今和歌集』（『新日本古典文学大系』による）の「巻第一〇　羇旅歌」には、宇津の山を詠んだ歌が四首入撰している。

また、建仁二年（一二〇二）に同じく後鳥羽上皇が水無瀬離宮で催した歌合の記録『水無瀬恋十五首歌合』（『新編国歌大観　五』所収）では、第三三番の右歌に、「うつの山うつつかなしき道たえて夢に都の人はわすれず」という宇津の山を詠んだ九条良経の歌がみられる。さらに、判者の藤原俊成の詞として、「このごろは『宇津の山越』の歌をやたらと聞く」とされている。実際、この歌合でも、第三五番は左右ともに宇津の山の歌である。当時は、よほど好まれた題材であったのであろう。

二　宇津の山と蔦のイメージ

蔦の下道

鎌倉時代に、歌枕としての宇津の山が流行するとともに、宇津の山には、夢との関わりだけではなく、『伊勢物語』に由来する「蔦」のイメージが定着していき、「蔦の下道」「蔦の細道」の別名も生まれた。たとえば、『新古今和歌集』の巻第一〇の藤原定家の歌には、「都にも今や衣をうつの山夕霜払ふ蔦の下道」とある。

南北朝時代の宗久著の紀行文『都のつと』（『新日本古典文学大系　中世日記紀行集』所収）にも、

やがて駿河国、宇津の山を越ゆ。蔦の下道もいまだ若葉の程にて、紅葉の秋思ひやられ侍り。

　紅葉せば夢とやならん宇津の山うつゝに見つる蔦の若葉も

というくだりがある。宗久は、宇津の山で『伊勢物語』の舞台と同じ若葉の蔦を確認するとともに、秋の蔦紅葉に思いを馳せて、歌を詠んでいる。ちなみに、この歌でもやはり「夢」が織り込まれている。

時代が下って、室町時代の歌僧正広の日記紀行文『正広日記』（『群書類従　紀行部』所収）には、次のように叙述される。

まことにうつの山は逢人もなし。夢にも人にとか業平の詠ぜしことなどおもひいでて、蔦のはを分侍るにも、ききしにまさる心ちして、

　老ぬれはさなから夢そうつの山蔦の葉くらき霜のふる道

『伊勢物語』の歌と同じように宇津の山では「人に逢わぬ」ことを記し、蔦の葉を分けて道を進む自分に物語の主

人公の感慨を重ねているのである。さらに、『正広日記』では、藤枝滞在中の正広に、知人から宇津の山の蔦と歌を送ってきたことが記されている。宇津の山の蔦の葉は、一種の名物になっていたのである。

室町時代の禅僧万里集九は、みずからの紀行・漢詩文集『梅花無尽蔵』第二において、宇津の山の蔦を取り上げ、「和歌では『内屋蔦』（宇津谷の蔦）を名産とするので、詩題にあげる。宇津谷の峯は眼下に渓谷を臨む。蔦の葉数枚を摘む」と記して、「内屋蔦」と題した漢詩を詠んでいる。和歌の世界における蔦のイメージのメジャーぶりは、漢詩文の世界まで影響を及ぼしていたのである。

描かれた宇津の山

絵画においては、より明確に宇津の山と蔦の密接なつながりが見てとれる。以下、いくつかの作品に即して、具体的に述べてみよう。(5)

まず、鎌倉中期の『梵字経刷白描伊勢物語絵巻』（大和文華館蔵）から見てみよう。主人公の男が修行者と向かい合って座り、手紙を書いている場面を描く。絵の中では、木々に蔦がからみついている。

『異本伊勢物語絵巻』（東京国立博物館蔵）は江戸時代の模写であるが、原本は鎌倉時代と推定されている。同じく男が僧侶と向かい合って座り、手紙を書いている場面で、松や楓の木にからみつく蔦や、細い峠道を往く人々が描かれている。

『大英図書館本伊勢物語』（大英図書館シーボルトコレクション）は、室町後期の作品で、宇津の山の場面と、すぐ後の富士山の場面とを連続して描いている。立っている男が、今しも山伏に手紙を渡そうとしている様子である。足元に紅葉した蔦が描かれるが、『伊勢物語』では五月の話であるから、本来は青葉の蔦であるべきところである。

そして、江戸時代には、蔦を大きくクローズアップした『蔦の細道図屏風』（俵屋宗達、深江芦舟などの作品が著名）

図2　蔦の細道図屛風（深江芦舟筆・東京国立博物館蔵）

という作品群も登場するに至る（図2）。

ところで、宇津の山を題材にする絵画・工芸は、もともと暗く険しい山道こそが主要なモティーフで、中世には蔦・楓は必須ではなく、近世になって蔦を主要モティーフとした秋の山路の図様へと変化をとげるという説がある。[6] しかし、険しい山道が舞台装置として必須のものであるとしても、右にあげた事例からは、中世の早い段階で、すでに蔦がかなり重要なモティーフとなっていることがわかる。

イメージと実態の乖離

蔦が茂る暗い細道、というのが、宇津の山の「場」に即した和歌や絵画のイメージであったということになるが、紀行文を見ると、中世の宇津の山の実態とはいくつかの面で乖離がみられる。

たとえば、後深草院二条著の鎌倉時代の日記紀行文『とはずがたり』（『新日本古典文学大系　とはずがたり　たまきはる』による）では、次のように記されている。

さても宇津の山をこえしにも、つたかへでも見えざりしほどに、それとだに知らず、思ひわかざりしを、ここにて聞けば、はやすぎにけり。

ことの葉もしげしとききしつたはいづらゆめにだにみずうつの山ごえ

宇津の山を越えた作者は、蔦も楓も見えなかったので、そうとは気づかずに通り過ぎてしまった。そこで、「蔦は夢にさえ見なかった」と、「夢」「蔦」を取り込んだ一首を詠んでいるのである。

また、鎌倉後期に成立した『夫木和歌抄』の八五〇四番（『新編国歌大観　二』による）には、冷泉為相の歌「聞きおきし昔にはにぬ宇津の山真葛や蔦におひかはるらん」が採られており、さらに歌に続けて、

此うた路次記云、うつの山をこゆるに、つたはみえず、くずのみところどころにしげりてみえ侍れば、草木もむかしにはおひかはるにやあやしくてと云々。

と注が記されている。為相が宇津の山を越える時、有名な蔦は見えずに葛ばかり茂っていたので、「昔と違って蔦は葛に生え変わってしまったのだろうか」と詠んだのである。

注記に引用される「路次記」とは、為相の『海道名所歌』という紀行文で、為相が枠組みにとらわれず名所の実景をもとにして詠んだものであり、『夫木和歌抄』ではその紀行文の地の文を注記に取り入れているという。(7)もっとも、紀行文にも虚構は当然あり得ることであり、こうした観念と実態の乖離そのものが趣向の一つであるという可能性も否定できないが、(8)むしろ歌枕のイメージと実態のズレを発見して、作品のなかで強調して興ずる趣向、とみたい。

ほかにも、イメージとは異なる宇津の山の実態として、交通の要衝という側面をあげることができる。宇津の山は、東海道の一部であったことから、多くの人々が往来する場でもあった。平場の少ない峠道そのものではなく、麓近くには宿も成立していたと思われ、鎌倉時代の建長元年（一二四九）七月二三日関東下知状（『尊経閣古文書纂』。『大日本史料　第五編之三一』三三頁）によれば、駿河国宇都谷郷の「今宿」には、「傀儡」という芸能民・遊女の集団が居住していた。おそらく、宇津の山の宿に宿泊する旅人を客として、営業を行う集団であったと思われる。

時代は下るが、戦国時代の連歌師宗長の日記紀行文『宗長手記』大永四年（一五二四）六月一六日条（岩波文庫『宗長日記』による）には、

境ふし夕立して宇津の山に雨やどり。此茶屋むかしよりの名物十だんごといふ、一杓子に十づつ、かならずめろうなどにすくはせ興じて、夜に入て着府。

とある。宇津の山に、むかしから名物の十団子を商う茶屋があり、そこで雨宿りをしたことが知られる。宿だけでなく、旅人相手の茶屋なども何軒かあったのであろう。ちなみに、この宇津の山の十団子は、江戸時代も東海道の名物の一つとして有名であった。

イメージの追体験

都で抱かれるイメージから外れた実態があるのにもかかわらず、宇津の山は中世を通じて歌枕としての性格を失わず、『伊勢物語』のイメージとの関連で語られ続けた。『伊勢物語』のストーリーを追体験した先人の和歌や紀行文を踏まえて、さらに重層的な追体験を記すような例も見られる。

たとえば、室町時代の飛鳥井雅世の紀行文『富士紀行』（『群書類従　紀行部』所収）には次のような記述がある。

やがて宇津山にわけ入侍る程、所の名も其興有ておぼえ侍り。曩祖雅経卿、ふみわけし昔は夢か宇津の山跡ともみえぬつたの下道、と詠侍りし事までおもひ出られ侍て、

　昔たにむかしといひしうつの山越てそしのふつたの下みち

宇津の山にさしかかった雅世は、かつて鎌倉時代に家祖雅経が「ふみわけし昔は夢か」と、『伊勢物語』の「昔」をしのぶ歌を詠んだのを引き合いにして、「雅経卿の昔ですら既に『むかし』と言っていたのに」と詠むのである。

さらに、雅世の子の雅康の紀行文『富士歴覧記』（『群書類従　紀行部』所収）には、以下のように記される。

いまだ都に中納言入道宋世（雅康）ありしとき、するがの国に下り侍るよしきこえしかば、侍従大納言卿（三条西実隆）申つかはされける。

こえはまたいかに忍はむうつの山とをき昔も近きむかしも

返し

今はまた夢はかりなるあらましのうつゝになれば宇津の山越

これはむかし曩祖雅経卿ふじみ侍らむとてくだり侍りしに、宇津の山にて踏分し昔は夢かうつの山あとともみえぬつたの下道とよめり。また父雅世卿かの山をとをり侍りしに、雅経卿の歌をもひいで侍りて、むかしたにむかしといひしうつの山こえてそ忍ふ蔦の下道とつらね侍りしことを、遠きむかしもちかき昔もとよめるなるべし。

飛鳥井雅康が駿河へ行くと聞いて、三条西実隆が「宇津の山遠き昔も近き昔も」と詠んで贈ったという。これは、かつて飛鳥井家の祖である雅経が宇津の山で「昔」と詠み、それを思い出しつつ雅康の父雅世が「昔」と詠んだことを踏まえて、「遠き昔」と「近き昔」と詠んだ、というわけである。宇津の山という場を接点に、様々な情報と実体験が複雑に重なりあって、イメージを雪だるま式に膨れ上がらせていることがわかる。

都で学習した宇津の山のイメージを持って実際に現地に移動した歌人たちは、イメージと同様の名所世界を楽しんでみたり、あるいはイメージとの相違を発見してみたりすることで、それぞれの「歌枕体験」を、すでに存在するさまざまなイメージに重ねる形で紀行文に記録していったのである。

三　「出会いの場」のイメージと修行者の定着

誰と出会うのか

『伊勢物語』のストーリーの影響によって、宇津の山は、「夢」「蔦」のほかにも、「修行者と出会う場」、というイメージでとらえられるようになった（図3）。南北朝時代までには、『伊勢物語』で男が出会った修行者を特定の人物

図3　宇津の山での出会い（『異本伊勢物語絵巻』東京国立博物館蔵）

に結び付ける説も行われていたようで、南北朝時代の宗久の紀行文『都のつと』には、「素性法師が宇津の山にて在原業平に行きあったのもこのような場所であったか」と記されている。

室町時代に一条兼良が著した伊勢物語の注釈書『伊勢物語愚見抄』では[9]、「修行者を僧正遍昭とする説や、また誰それとしたりする説があるが、いずれも証拠はない」としている。同じく室町時代の宗祇による伊勢物語講義を肖柏が書き留めた聞き書き『伊勢物語肖柏抄』（『続群書類従　物語部』所収）にも、「古い注釈には遍昭や寂蓮などというものがあるが、採用しない。当流では特に誰ともしない」というくだりがある。

素性・遍昭・寂蓮といった、いずれも著名な僧侶の歌人と修行者を結び付けるような諸説があったことがわかるが、注釈者も断じているように、もともと『伊勢物語』では誰ともしていないので、特定人物と見るのは無理な話ではある。ただ、それだけ宇津の山における修行者のイメージが強かったことを裏付けることにはなる。さらに、修行者すなわち僧侶歌人、とみなすことによって、宇津の山には、「都から移動してきた歌人同士が出会う東国の場」というイメージも派生してきたものと思われる。

ただし、勅撰集の宇津山の歌には、修行者や人に出会うという歌は一首しかなく、主として紀行文において、宇津の山での出会いの舞台装置が生かされていたという興味深い指摘もある[10]。

かろうじて、厳密には「出会い」とは言えないのであるが、「都と東国との情報のやりとりがされる場」という宇津の山のイメージが投影された歌が、南北朝時代の連歌集『菟玖波集』の「巻第一七　羇旅連歌」に見られる。[11]それは、鴨長明が飛鳥井雅経をともなって東国へ下向し、宇津の山を越えるときに、「かへて（楓）」を折って「むかしにもかへてそ見ゆる宇津の山」と詠み、雅経がこれに答えて「つた（蔦）」の紅葉を添えて「いかて都の人につたへむ」と詠んだものがある。言うまでもなく、『伊勢物語』の「蔦・かへで」が茂るというくだりにちなんで、それぞれ「かへて」「つた」の掛詞を取り入れているのである。

長明が雅経を同道したという証拠はなく、事実とはみなし難いものではあるが、[12]移動中の歌人同士が出会う場（この場合はもともと同行しているのだが）、都へ情報を伝える場、というイメージの存在を知ることができる。

山伏との出会い

いっぽう紀行文では、宇津の山での山伏との出会いが、お決まりのように記される。たとえば、鎌倉前期の作者不詳の紀行文『海道記』（『新日本古典文学大系　中世日記紀行集』所収）では、宇津の山での体験を次のように記す。

岳部ノ里邑ヲ過テ遥ニ行バ、宇津山ニカヽル。此山ハ山中ニ山ヲ愛スル巧ノ削成セル山也。（中略）老ノ力コヽニ疲タリ。足ニ任スル者ハ苔ノ岩根蔦ノ下路、嶮難ニタヘズ。暫クウチ休メバ、修行者一両客、縄床ソバニタテヽ又休ス。

　立帰ル宇津ノ山臥コトツテン都恋ツヽ独越キト

都に帰る山伏に伝言を頼むという歌から、伊勢物語を意識していることは明らかである。

続いて、同じく鎌倉前期の信生（宇都宮朝業）作の紀行文和歌集『信生法師集』における、宇津の山の場面を見てみよう。[13]

うつの山をこゆとて、路のほとりなる木に札をうち侍りしに、『昔は、花鳥のなさけにうそぶきて、馬にむちうちこえき。今は、霜鐘のとぼそをいでて、僧にともなくすぐ』とかき付侍て、

おもひきやうつの山べのうつゝにも夢にもかくて又こえんとは

山中に山臥のあひて侍ば、かの、「夢にも人の」といひける事おもひ出られて、

おもふ人あらばやわれはことづてんあふかひもなしうつの山臥

道のほとりの木に札を打ち付け、「うつつ」「夢」にちなむ和歌を詠んだ上に、山中で山伏に出会って、「夢にも人の」という『伊勢物語』の和歌を思い出しているのである。『伊勢物語』の世界にどっぷりつかっている様子がうかがわれる。

次に、鎌倉中期の作者不詳の紀行文『東関紀行』(『新日本古典文学大系　中世日記紀行集』所収)の、宇津の山の部分をかかげてみる。

宇津の山を越ゆれば、蔦かづらはしげりて、昔の跡たえず。業平が修行者にことづてしけん程、いづくなるらむと見行く程に、道のほとりに札を立てたるを見れば、無縁の世捨人あるよしを書けり。道より近きあたりなれば、少たち入て見るに、わづかなる草の庵のうちに独の僧有。画像の阿弥陀仏をかけたてまつりて、浄土の法門などをかけり。(中略)この庵のあたり幾程遠からず、峠といふ所に至りて、大なる卒塔婆の年経にけると見ゆるに、歌どもあまた書付たる中に、「東路はこゝをせにせん宇津の山哀もふかし蔦の細道」とよめる、心とまりておぼゆれば、其かたはらに書付く。

われは又これをせにせん宇津の山わきて色有つたのした露

峠道で修行者と行き合う、という『伊勢物語』そのままのパターンではないが、道の脇の草庵を訪ねて「世捨て人」と称する僧を見たことを述べている。

さらに、鎌倉後期の阿仏尼による紀行文『十六夜日記』(『新日本古典文学大系　中世日記紀行集』所収)を見てみよう。

宇津の山越ゆる程にしも、阿闍梨の見知りたる山伏行あひたり。「夢にも人を」など、昔をわざとまねびたらん心地して、いと珍かに、おかしくも哀にもやさしくも覚ゆ。急ぐ道なりと言へば、文もあまたはえ書かず。たゞやむごとなき所一つにぞ、音信れ聞ゆる。

我心うつゝ共なし宇津の山夢にも遠き都恋ふとて

蔦楓時雨れぬ隙も宇津の山涙に袖の色ぞ焦がるゝ

作者阿仏尼の子の一人である「阿闍梨」と旧知の山伏と行き会い、『伊勢物語』そのままに、手紙を書いて託している。

以上のように、『海道記』等ではいずれも宇津の山で修行者またはそれらしき人物と出逢っていることに注目し、「これは偶然ではあろうが、まるで宇津の山にはそうした装置があったような錯覚に囚われてしまう」との見解がある(14)が、これらは偶然ではなく、文学作品としての虚構もしくは演出と見るべきであろう。虚構とまではいかなくとも、山伏との出会いを期待して、暫時足を止めて休息をとり、山伏が通るのを待つ、などの意図的な行動がなされた可能性は高い。紀行文の作者は、やはり宇津の山での修行者との出会いを、何が何でも記したいのである。

イメージの変転

先に見た『東関紀行』では、道のほとりに「無縁の世捨人あり」という立て札を立てて草庵に暮らす僧が描かれているが、まさに「まことの世捨人であれば立て札などを建て、旅人の関心を引くようなことはしないだろう。ことによると漂泊の民が世捨人と称して『伊勢物語』に憧れを抱いている旅人を呼び寄せ、その日の糧を得るなどしていたのかもしれない」という指摘の通りである(15)。いわば、『伊勢物語』の世界に浸りたいという旅人の要望に応えた「伊勢物語ごっこ」の商品化とでも言えようか。

こうした怪しげな人々の庵であったかどうかは不明であるが、『徒然草』の作者としても知られる兼好の歌集『兼好法師集』の八〇番（『新日本古典文学大系　中世和歌集　室町編』所収）にも、草庵が登場する。

一とせ夜にいりて宇津の山をえ越えずなりにしかば、麓なるあやしの庵にたちいり侍しを、このたびはその庵の見えねば、

一夜ねしかやのまろ屋の跡もなし夢かうつゝか宇津の山ごえ

かつて一夜の宿を借りた宇津の山の麓の粗末な庵が、このたび通りかかると、夢かうつつかわからなくなるほどすっかり姿を消していた、という。兼好は、あわよくば今回もこの庵に宿泊させてもらおうと、あてにしていたのかもしれない。また、もともと旅行者を相手にする宿のようなものであったのを、旅情を演出するために潤色を加えて、あえて「あやしの庵」と表現した可能性もある。

さらには、鎌倉中期成立の仏教説話集『閑居友』（上、一五「駿河の国、宇津の山に家居せる僧事」）や、同じく鎌倉中期成立とみられる仏教説話集『撰集抄』（巻一、第五「宇津山奥庵結座禅之僧之事」・巻五、第九「真範僧正頓世流浪事」）にも、宇津山に隠遁する僧の話が収められている。

これらの事例から、鎌倉中期頃までには、宇津の山が、世間を遁世して修行にいそしむ僧の集まり住む場所、という認識が都ではできあがっていたことがわかるのである。(16)『伊勢物語』によって形成された、修行者と出会う場、という宇津の山のイメージは、さらに修行者が集まり住む場所というイメージへと変化していったことがわかるのである。そして、実際に、『伊勢物語』のイメージに魅かれて、宇津の山に定着する修行者や遁世者も少なからずいたものと想像される。

四　情報集積地としての宇津の山

連歌師宗長の庵

歌枕としての宇津の山に魅かれて定着した人物に、戦国時代の連歌師宗長がいる[17]。宗長は駿河国島田の出身で、駿河守護今川氏に仕えたのち、京に上って一休宗純に入門するとともに、連歌師の宗祇に師事し、明応五年（一四九六）に駿河に帰国した。そして永正三年（一五〇六）に、今川氏の重臣斎藤安元の支援を受けて、宇津の山東麗の泉谷に、「柴屋軒」という草庵を建てて住むようになった。

柴屋軒の場所は、厳密には宇津の山からは少しはずれて、丸子宿に近い地点なのであるが、宗長自身が宇津の山として認識していたことは、彼の日記紀行文『宗長手記』大永五年（一五二五）一二月二六日条に「宇津山の傍、年比閑居をしめをきて」とあったり、『同』大永六年（一五二六）二月九日条に「宇津の山泉谷、年比しめをきかよふ柴屋」とあったりすることからも明らかである。宗長は『宇津山記』と題する日記紀行文も著しており、歌枕として知られる宇津の山に居を構えたことは、かなり大きな意味を持っていた。

また、都に上った宗長になかなか会えないことを嘆いた三条西実隆が、「うらみあれや都にきても宇津山夢ばかりなる逢ことにして」と詠んでよこしていることから（『宗長手記』大永六年九月一三日条）、宗長の知人たちも柴屋軒を宇津の山の草庵と認識していたことがわかる。

さらには、著名な連歌師である宗長との面会を求めて、東海道を上下する様々な人々が柴屋軒を訪れた。『宗長手記』大永七年（一五二七）七月二九日条には、

閑居といへども、げには巡礼、往来の立よりて、京田舎の事語るをきゝて、

たびごとにさても手をのみうつの山うつゝともなき事をきくかな

といった記述がある。宗長は、『伊勢物語』の修行者を連想させる、宇津の山の草庵における巡礼との出会いを喜んだであろうし、彼らを通じて「京田舎」の情報を得ることは何よりも意義のあることであったと思われる。

同じ大永七年には、駿河に下向していた三条実望が、宗長が興津にでかけて留守の間に柴屋軒を訪ね、庭の田屋の松の木の柱に歌を書き付けて帰っている。

そのほか、『宗長日記』(岩波文庫『宗長日記』による)の享禄三年(一五三〇)六月の記事によれば、「折ふし、中国辺の人にや、富士一見のついでとて、立よりて、ことづて文など有」とある。旅人を介して手紙が届けられることもあったのである。同年一一月七日には、伊予の山伏が柴屋軒を訪問している(『宗長日記』)。

宗祇や宗長に代表されるような応仁・文明の乱以降の連歌師は、守護をはじめとする武士の在国化を契機として、京と地方を往来する旅を生活の基調とするようになっていた。[18] 連歌師は自身が諸国を移動しつつ情報を収集・伝達する存在だったわけであるが、そのいっぽうで、宇津の山の柴屋軒のような連歌師の草庵もまた、京・地方を旅する人々によって情報が集積される場所となったのである。

宗長の死後、柴屋軒跡は歌枕「宇津の山」の一部のようになり、旅する連歌師たちが訪ねる名所旧跡となった。戦国時代の連歌師宗牧の紀行文『東国紀行』や同じく連歌師紹巴の『富士見道記』(いずれも『群書類従　紀行部』所収)に、柴屋軒跡および宗長の墓を訪れたことが詳しく記されている。ちなみに、柴屋軒跡はその後柴屋寺という寺院になり、江戸時代には街道の名所となって現在まで続いている。

和歌の伝言板

実は中世には、宗長の柴屋軒に限らず、宇津の山という場所一帯が、歌を記録する場となっていた。たとえば、先にあげた『東関紀行』の例では、怪しげな世捨人の草庵に近い峠のあたりに、年を経た大きな卒塔婆があり、そこに多くの歌が書き付けられていたという。著者は、その中の一首が気に入り、その傍らに自分の歌を書き付けている。歌の心得のある旅人が、宇津の山にちなむ歌を残して鑑賞しあう、和歌の伝言板のようなものが設けられていたのである。

また、これも先にあげた事例であるが、『信生法師集』では、信生（宇都宮朝業）が道のほとりに木の札を打ち付けて歌を詠んでいる。宇津の山の木に歌を書いた札を打ち付けるという行為自体は、信生のオリジナルではなく既に先例があってそれにならった可能性があり、『東関紀行』の卒塔婆と似たケースと思われる。

右の信生の兄にあたる蓮生法師（宇都宮頼綱）の宇津の山の歌が、鎌倉後期の勅撰和歌集『続拾遺和歌集』の一三三八番（『新編国歌大観　一』による）の「うつの山うつつにてまた越え行かば夢とみよとやあと残しけむ」という歌である。その詞書には、次のように述べられている。

信生法師ともなひてあづまのかたにまかりけるに、うつの山の木に歌を書きつけて侍りける後ほどなく身まかりにければ、宮こにひとりのぼり侍るとてかのうたのかたはらに書きそへ侍りける。

蓮生が弟の信生を伴って東国へ下った時に、宇津の山で信生が木に歌を書き付けたが、その後ほどなくして亡くなってしまったので、今回は自分一人で宇津の山を越えることになり、その感慨を信生の歌の傍らに書き添えた、という。先の『信生法師集』の記述とも対応するように見えるが、『信生法師集』の札の事例は、信生の一人旅であることと、没年よりはるか前の旅であることから、蓮生が書き添えた「木」とは別のものらしい(19)。

そもそも、和歌を人の目に見える場所に書き付けるという行為は、宇津の山に特有のものではなかった。たとえば、『吾妻鏡』建暦元年（一二一一）一〇月一三日条によれば、鎌倉に下向した鴨長明が、この日は源頼朝の忌日にあたるので、頼朝の法華堂に参詣し、念誦読経をしているうちに懐旧のあまり涙を催し、一首の和歌を堂の柱に記したという。また、鎌倉後期成立の絵巻『一遍聖絵』巻第一一によれば、一遍は淡路国二宮の社殿正面に札を打ち、歌を記している。後に弟子の聖戒が淡路に修行に赴いた際にも、なおこの札が残っており、感涙を抑えきれなかったという。

さらに、仏堂の壁や柱・土器のような器物に歌を書き付けるという行為は古代から連綿と行われており、巡礼者による仏堂の落書きとも関連がありそうであるということが指摘されている。(20) 旅する人々による歌の書き付けという行為は、中世にはかなり広く見られたのである。

歌枕の機能

名所・歌枕では、移動者による歌の書き付けという行為が、とりわけ盛んであった。たとえば、『一遍聖絵』巻第五には、歌枕の奥州「白河の関」で、一遍が関の明神の宝殿の柱に歌を書き付けたことが見えている。この事例は、あるいは、かつて西行が白河の関で関屋の柱に歌を書き付けたということ（『山家集』）の連想から生じたエピソードかもしれない。

西行の事例は、歌枕では、歌が書き付けられるのは仏堂・神殿の柱に限らなかったことも示している。関所の柱に歌を書きつけるというモチーフは、ほかにもみられる。室町時代の歌僧正広の『正広日記』には、歌枕の駿河「清見関」で、関の荒垣を少し削って歌を書き付けたことが見える。このとき正広を案内したのが駿河出身の連歌師宗長で、のちに彼はまた清見関を訪れて、正広が歌を書き付けた柱が朽ちてしまっている様子を見て、慨嘆の歌を詠んでいる（『宗長手記』）。

この正広の事例や、先に見た、一遍の残した歌の札を弟子が後に目にして感涙に及ぶ例からもわかるように、歌を公開の場に書き残すという行為には、移動者が痕跡を残し、後に目にした知人に、懐旧の手がかりを与えるという意味も持っていたのである。

宇津の山に和歌を記した札のようなものが大量に見られたのは、歌枕の一般的な特性に加えて、『伊勢物語』に端を発する「出会いの場」「都へ帰る人にメッセージを託す場」というイメージに触発されて、歌を通じた移動者同士の交流の場、言い換えれば、時間差を伴う出会いの場になっていたからであろう。

以上見てきたように、宇津の山は、『伊勢物語』の影響下で形成された「蔦」「出会いの場」「修行者」のイメージが実感できるかどうか、移動する歌人たちが実際に試みる場として機能していた。また、札や連歌師の草庵などを媒体として、旅人が足を止めて歌などの文化情報を残し、交換する場としても機能していたのである。これを歌枕一般の機能に敷衍するならば、歌枕は主として都で流通する名所固有のイメージを追体験させる機能、および移動者同士の接点となり、記録を集積させる機能を持っていたといえよう。

（1）笹川博司「歌枕と名所意識」倉田実・久保田孝夫編『平安文学と隣接諸学7　王朝文学と交通』（竹林舎、二〇〇九年）。
（2）大隅和雄「紀行文と中世の文化」（『新日本古典文学大系月報』二〇号、一九九〇年）。
（3）村井章介「紀行文に読む中世の交通」『中世史研究の旅路――戦後歴史学と私』（校倉書房、二〇一四年）。
（4）今関敏子「旅寝の夢　その2――紀行に見る類型と独自性」『仮名日記文学論――王朝女性たちの時空と自我・その表象』（笠間書院、二〇一三年）。
（5）以下の絵画作品に関しては、羽衣国際大学日本文化研究所編『伊勢物語絵巻絵本大成　研究篇・資料篇』（角川学芸出版、二〇〇七年）を参照した。
（6）玉蟲玲子「『伊勢物語』と「伊勢物語絵」――第九段の「東下り物語」をめぐって」（静岡県立美術館編『文学と芸術　物語るイメージの系譜』同館、一九九二年）。
（7）田渕句美子「『夫木和歌抄』における名所歌――日記・紀行を中心に」（夫木和歌抄研究会編『夫木和歌抄　編纂と享受』風間書房、二〇〇八年）。
（8）今関敏子注（4）論文。

(9) 武井和人・木下美佳編『一条兼良自筆　伊勢物語愚見抄　影印・翻刻・研究』(笠間書院、二〇一一年)による。
(10) 今関敏子注(4)論文。
(11) 金子金治郎『菟玖波集の研究』(風間書房、一九六五年)による。
(12) 五味文彦『鴨長明伝』(山川出版社、二〇一三年)。
(13) 外村展子『宇都宮朝業日記全釈』(風間書房、一九七七年)による。
(14) 山本光正『東海道の想像力』(臨川書店、二〇〇八年)。
(15) 注(14)山本光正書。
(16) 湯之上隆『三つの東海道』(静岡新聞社、二〇〇〇年)。
(17) 以下、宗長の事績については、鶴崎裕雄『戦国を往く連歌師宗長』(角川書店、二〇〇〇年)による。
(18) 末柄豊「連歌師の旅」(『歴史と地理』五〇五号、一九九七年)。
(19) 外村展子注(13)書。
(20) 三上喜孝『落書きに歴史をよむ』(吉川弘文館、二〇一四年)。

5 いくつもの巡礼道
――西国三十三所のイデア

岩本 馨

一 断面から見る西国三十三所巡礼

日本の巡礼のなかで、その歴史と知名度の両面において代表格といえるのが西国三十三所観音巡礼である。これは、観音菩薩がその姿を三三に変じて衆生を救済するという『観音経』の教えにもとづき、「西国」（近畿地方）に点在する三三の寺院を順にめぐることで功徳を得ようとするものである。かつて巡礼者たちは木製の札に名前や住所、願いごとなどを書き、巡拝の証しに堂の柱などに釘で打ち付けた。それゆえ、巡礼を構成する寺院のことを「札所《ふだしょ》」といい、それらを巡拝することを「札所を打つ」ともいった。

図1に示したのは近世の西国巡礼の基本的順路である。札所には一番から三十三番まで番号が付され、巡礼者は通常これにしたがって巡拝していた。この三三の寺院と番付（表1参照）については今も変わっていない。さて、この順路を見ると、一番札所は紀伊国那智山如意輪堂（青岸渡寺《せいがんとじ》）となっているが、近世の巡礼者は那智に赴く前には伊勢参宮を行うことが慣習化しており、実質的には神宮が西国巡礼の始点として意識されていたという(1)。この点も加味

図 1　近世の西国巡礼順路

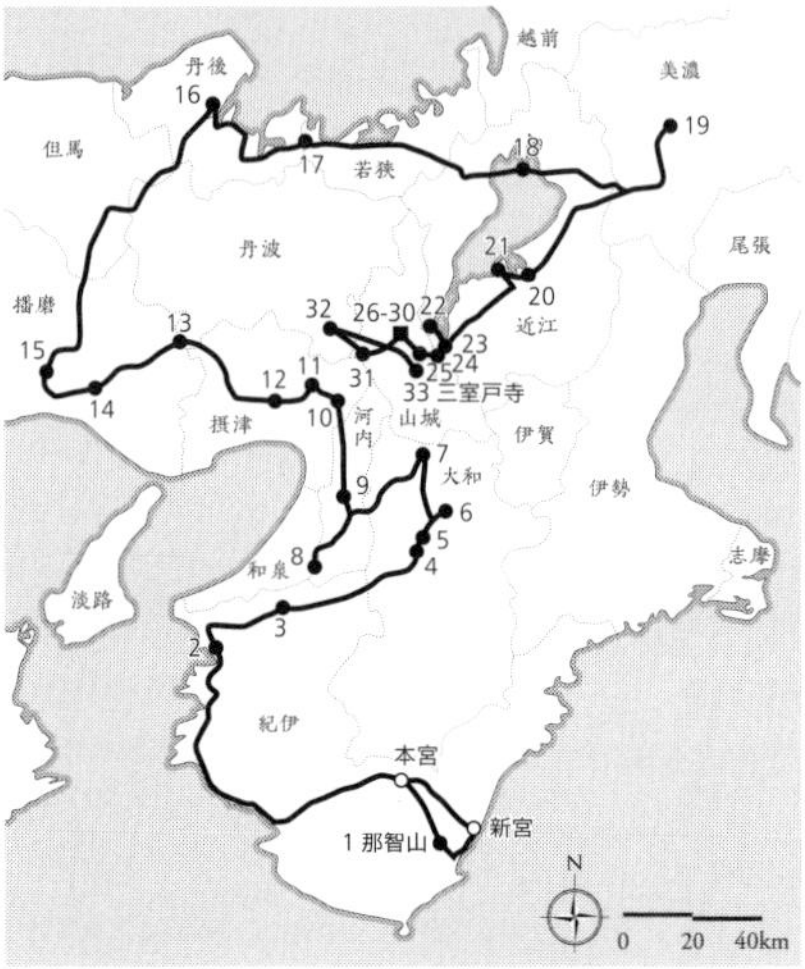

図 2　覚忠巡礼記順路推定復元図

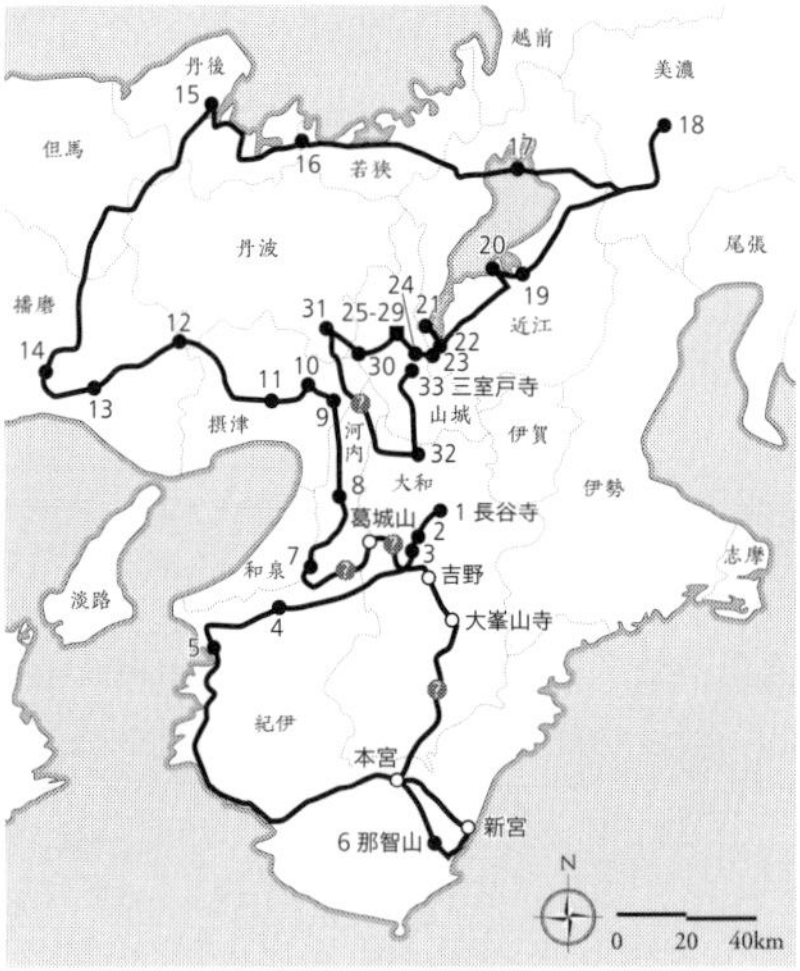

図 3　行尊巡礼記順路推定復元図

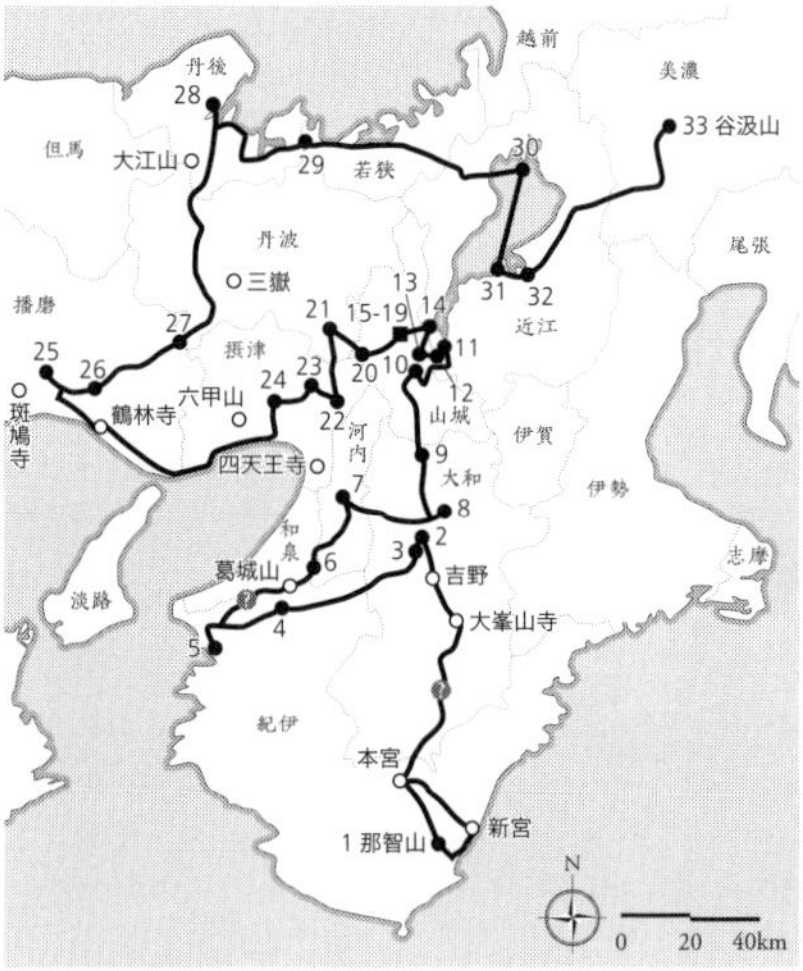

図 4　観音正寺蔵観音曼荼羅の巡礼順路推定復元図

表1　近世（現行）の西国札所番付

番	札所（通称）	札所本尊
1	那智山如意輪堂	如意輪観音
2	金剛宝寺（紀三井寺）	十一面観音
3	粉河寺	千手観音
4	施福寺（槇尾寺）	千手観音
5	剛林寺（葛井寺）	千手観音
6	南法華寺（壺坂寺）	千手観音
7	龍蓋寺（岡寺）	如意輪観音
8	長谷寺	十一面観音
9	興福寺南円堂	不空羂索観音
10	三室戸寺	千手観音
11	上醍醐寺	准胝観音
12	正法寺（岩間寺）	千手観音
13	石山寺	如意輪観音
14	園城寺（三井寺）	如意輪観音
15	観音寺（今熊野）	十一面観音
16	清水寺	千手観音
17	六波羅蜜寺	十一面観音
18	頂法寺（六角堂）	如意輪観音
19	行願寺（革堂）	千手観音
20	善峯寺	千手観音
21	菩提寺（穴太寺）	聖観音
22	総持寺	千手観音
23	勝尾寺	千手観音
24	中山寺	十一面観音
25	清水寺	千手観音
26	一乗寺（法華寺）	千手観音
27	円教寺（書写山）	如意輪観音
28	成相寺	聖観音
29	松尾寺	馬頭観音
30	宝厳寺（竹生島）	千手観音
31	長命寺	聖観音
32	観音正寺（繖寺）	千手観音
33	華厳寺（谷汲寺）	十一面観音

表2　覚忠巡礼記の札所番付

番	札所	札所本尊
1	那智山	如意輪観音
2	金剛宝寺	十一面観音
3	粉河寺	千手観音
4	南法華寺	千手観音
5	龍蓋寺	如意輪観音
6	長谷寺	十一面観音
7	南円堂	不空羂索観音
8	施福寺	千手観音
9	剛林寺	千手観音
10	総持寺	千手・十一面
11	勝尾寺	千手観音
12	仲山寺	十一面観音
13	清水寺	千手観音
14	法華寺	千手観音
15	書写山	如意輪観音
16	成相寺	聖観音
17	松尾寺	馬頭観音
18	竹生嶋	千手観音
19	谷汲	十一面観音
20	観音正寺	千手観音
21	長命寺	聖観音
22	三井寺	如意輪観音
23	石山寺	如意輪観音
24	岩間寺	千手観音
25	上醍醐	准胝観音
26	観音寺	千手観音
27	六波羅蜜寺	十一面・千手
28	清水寺	千手観音
29	六角堂	如意輪観音
30	行願寺	千手観音
31	善峰寺	千手観音
32	菩提寺	聖観音
33	御室戸山	千手観音

表3　行尊巡礼記の札所番付

番	札所	札所本尊
1	長谷寺	十一面観音
2	龍蓋寺	如意輪観音
3	南法華寺	千手観音
4	粉河寺	千手観音
5	金剛宝寺	十一面観音
6	如意輪堂（那智山）	如意輪観音
7	槇尾寺	千手観音
8	剛林寺	千手観音
9	総持寺	千手・十一面
10	勝尾寺	千手観音
11	仲山寺	十一面観音
12	清水寺	千手観音
13	法華寺	千手観音
14	如意輪堂（書写山）	如意輪観音
15	成相寺	聖観音
16	松尾寺	馬頭観音
17	竹生嶋	千手観音
18	谷汲寺	十一面観音
19	観音正寺	千手観音
20	長命寺	聖観音
21	如意輪（三井寺）	如意輪観音
22	石山寺	如意輪観音
23	正法寺	千手観音
24	准胝堂	准胝観音
25	観音寺	千手観音
26	六波羅	（記載なし）
27	清水寺	千手観音
28	六角堂	如意輪観音
29	行願寺	千手観音
30	善峰寺	千手観音
31	菩提寺	聖観音
32	南円堂	不空羂索観音
33	千手堂（御室戸山）	千手観音

すると、西国巡礼のルートは、伊勢に始まり紀伊・和泉・河内・大和・山城・近江・（山城）・丹波・摂津・播磨・（丹波）・但馬・丹後・若狭・（近江）を経て美濃谷汲まで一四ヶ国にもまたがり、その総距離は約一一〇〇キロメートル（那智山からは約九四〇キロメートル）に達するものであったことがわかる。

ただしこれをもって西国巡礼を難行苦行として理解するのは早計かもしれない。一一三ページの図5は図1の順路の断面図をとったものである。これを見ると、山岳地帯といえるのは序盤の熊野路に集中しており、また全行程のうち標高五〇〇メートルを超えるのは、那智から本宮までの大雲取越（最高地点＝舟見峠八八三メートル）、中辺路《なかへち》（最高地点＝悪四郎山付近六九一メートル）、和泉山脈の檜原越（最高地点＝七越《ななこし》峠八三七メートル）、播磨清水寺（五五二メートル）に過ぎず、ほか大半は平坦路であることがわかる。近畿地方の最高峰は紀伊山地の八経ヶ岳一九一五メートルであるから、巡礼道のピークはその半分にも及んでいない。したがって断面図から見る限り、近世の西国巡礼は長距離ではあっても苦行性はそれほど高くなかったといえよう。

では近世以前はどうか。日本の巡礼は垂直的・直線的な西洋の「巡礼」（Pilgrimage）とは異なって水平的・円環的な構造を有しており、三三の札所はその規模の大小はあるものの巡礼における位置づけは等価であった。それゆえ札所をどういう順番で廻るか（番付）も原理的には可換性を有するものであったといえる。実際、成立期の西国巡礼の番付が現行のものと異なっていたということは、すでに戦前の時点で藤田明、岩橋小彌太、岡田希雄らが指摘しており(2)、また速水侑はその転換は「従来の験者的三十三所巡礼の民衆化」(3)の表れであったと評価している。しかしこれら先行研究では順路の復元による空間的検討が行われておらず(4)、それらの差異の意味についても考察が深められていないために、巡礼の展開過程を修行から民衆参詣へという単線的なものとして描く(5)にとどまっているように思われる。

そこで本章では、中世の西国三十三所の構成を示す諸史料を再検討し、巡礼ルートの復元を行うことで、中世西国巡礼の「複数性」に迫っていきたい。

二　『寺門高僧記』覚忠伝再考

覚忠の巡礼記

『寺門高僧記』という史料がある。これは天台宗寺門派の高僧の伝記を集成したもので、嘉禄から貞永・天福年間（一二二五―三四）前後に成立したとされる[6]。このうち巻第四の行尊（一〇五五―一一三五）伝、巻第六の覚忠（一一一八―七七）伝に三十三所巡礼の記事が見え、後者が史料的裏付けのある確実な初例とされる。以下に巡礼記の全文を引用する（括弧は原割註、**ゴシック**は引用者による。以下の引用も同じ）。

……応保元年正月、三十三所巡礼則記之、
一番、紀伊国那智山、御堂七間東向、本尊如意輪一搩手半、願主裸形上人、
二番、同国名草郡金剛宝寺、字紀三井寺、御堂五間南向、本尊十一面、願主為光上人、
三番、同国那賀郡粉河寺、**三井寺末寺**、御堂九間南向、本尊千手、願主孔子古獵師、
四番、大和国高市郡南法華寺、〔字〕壺坂寺、御堂八角五間南向、本尊丈六千手、**東寺末寺**、願主道基聖人、
五番、同国高市郡龍蓋寺、字岡寺、御室八角五間南向、本尊丈六如意輪土仏、願主弓削法皇、**興福寺末寺**、
六番、同国同郡長谷寺、御堂九間南向、本尊二丈十一面皆金色、願主道明幷徳道、**興福寺末寺**、
七番、同国奈良南円堂、八角東向、本尊不空羂索丈六、聖徳太子御建立、
八番、和泉国和泉郡施福寺、字槇尾寺、御堂五間辰巳向、本尊等身千手、本仏弥勒、願主行満聖人、
九番、河内国河内国丹比南郡剛林寺、字藤井寺、御堂七間南向、本尊等身千手、願主阿保親王、
十番、摂津国総持寺、御堂五間南向、本尊三尺千手白檀幷十一面、願主山蔭中納言、

十一番、同国豊嶋郡勝尾寺、御堂五間南向、本尊五尺千手、願主浄道聖人、（或日善算聖人）、
十二番、摂津国河辺郡仲山寺、御堂南向、本尊等身十一面、願主聖徳太子御建立、
十三番、播磨郡賀古郡（清水寺）、丹波国多紀郡辻清、御堂七間南向、丈六千手、願主法道聖人（空鉢聖人也）、
十四番、同国印南郡法華寺、御堂九間、本尊等身金銅千手、空鉢之守仏也 願主空鉢聖人（宝道聖人也、自天降下人仙人云）、
十五番、同国錺西郡書写山、御堂九間南向、本尊丈六如意輪、願主性空聖人、
十六番、丹後国与謝郡成相寺、御堂九間南向、本尊一搩手半聖観音、願主聖徳太子、
十七番、同国加佐郡松尾寺、御堂九間南向、本尊馬頭観音、願主若狭国海人二人建立之、
十八番、近江浅井郡竹生嶋、御堂五間南向、本尊等身千手、願主行基菩薩、
十九番、美濃国谷汲、御堂五間南向、本尊七尺十一面、願主三乃大領幷沙門豊然、
廿番、近江国神埼郡内傘山観音正寺、御堂五間南向、本尊千手三尺、願主聖徳太子、
廿一番、近江国蒲生郡長命寺、御堂七間南向、本尊三尺正観音、願主武人大臣、
廿二番、近江国三井寺南院如意輪堂、五間南向、願主慶祚大阿闍梨、（〔或〕聖豪内供）、
廿三番、同国世多郡石山寺、御堂九間南向、本尊如意輪二臂丈六土仏、願主　聖武天皇御願、
廿四番、同国岩間寺御堂、三間南向、本尊千手等身、願主泰朝大師、**醍醐寺末寺**、
廿五番、同国上醍醐准胝観音、御堂五間南向、願主聖宝僧正、
廿六番、山城国東山観音寺、御堂五間南向、本尊千手、願主山本大臣、基　中納言（弘法大師建立）、**東寺末寺**、
新熊野奥有之、
廿七番、同国六波羅蜜寺、御堂五間四面（都内）、本尊十一面、亦千手八尺丈六、願主空也聖人、
廿八番、山城国清水寺（都内）、御堂九間南向、本尊千手、願主智證大師、

廿九番、同国六角堂（都内）、九間南向、本尊如意輪三尺金銅、願主聖徳太子（或記云、金剛三寸如意輪）、
卅番、同国行願寺《字革堂一条》（都内）、御堂九間東向、本尊八尺千手、願主道儀聖人、
卅一番、同国西山善峰寺、御堂五間東向、八尺千手、大原野南、願主源筭聖人、
卅二番、丹波桑田郡菩提寺、字穴憂寺、三尺金色聖観音、願主聖徳太子御建立、
卅三番、山城国御室戸山、御堂七間南向、本尊一尺千手、願主宝道聖人、羅惹院僧正、**三井寺末寺**、
　三十三所巡礼日数七十五日、(7)

ここでは三井寺（園城寺《おんじょうじ》）の僧覚忠が「応保元年正月」（正確には永暦二年〈一一六一〉）に七五日かけて三十三所の巡礼を行ったとして、その札所名と堂の規模、本尊と願主などの情報が書き上げられている。この巡礼記については岡田希雄が「千載集」釈教部所載覚忠和歌詞書により裏付けがとれるとして(8)、「覚忠が三十三所を巡拝した事は疑ひも無い」(9)と断言しているが、妥当であろう。

覚忠の巡礼ルート

覚忠の巡礼を歴史的事実として認めた場合、次に問題となるのはその巡礼の意味についてである。表2は覚忠巡礼記に書き上げられた番付を整理したものである。表1と比較すると、三十三所を構成する寺院は全て重なるものの、廻る順番が異なっていることがわかる。そこでこの番付にもとづいて覚忠の巡礼ルートを復元したものが図2である。これを見ると、紀伊那智山に始まる基本的な順路は図1と類似しているが、近世（現行）の順路が美濃の谷汲山で終わっているのに対し、こちらでは終盤に山城国に戻り、宇治三室戸寺（御室戸山）で終わるルートになっていることがわかる。この差異は通常、畿内中心の順路から東国からの巡礼者向けの順路への転換として説明されることが多いが、一方でそれにもかかわらず覚忠の巡礼が三井寺ではなく熊野那智から始まっている点については疑問が残る。

またもう一つ注意したいのは、覚忠巡礼記の順路によった場合、山の難所である和泉山脈越え（図5の三番・四番間の檜原越〈七越峠〉）や水の難所である琵琶湖の縦断が回避されることになり[10]、結果、近世の順路以上に平易な道のりとなっているのである。このことをどう理解すればよいのだろうか。

覚忠の巡礼の背景

そこで本章では、覚忠の巡礼前後の動向を検討することでその理由を考察してみたい。まず確認しておくべき重要な点は、巡礼時点での覚忠は数え四三歳の権僧正であり、翌年には天台座主《てんだいざす》に補任《ぶにん》されるほどの高位にあったということである。よって、巡礼は個人的な宗教実践というよりは三井寺の意向を強く反映したものと理解すべきであろう。

次に、正月中に出発して「日数七十五日」を要したという行程の問題である。この数字が正しいとすれば、覚忠が宇治三室戸寺にて巡礼を結願《けちがん》したのは三月下旬から四月上旬までの間ということになる。この時期の動向として、中山忠親『山槐記』の同年四月七日条に次のような記述があることに注意したい。

今朝上皇幸園城寺別院平等院、御冠直衣、駕御庇御車、公卿侍臣束帯云々、是長吏前大僧正建立此堂、寄進御願寺云々、仍御幸、此事可被遂去月廿一日也、而天台衆徒疑申可被起戒壇置探題蜂起、仍御幸停止、[11]

すなわち、後白河上皇がこの日の朝三井寺別院平等院に行幸したのであるが、これは当初三月二一日を予定していたところ、山門の衆徒がこれが戒壇設置に向けた運動であると疑って蜂起したため延期されたものであったという。当時の三井寺にとって戒壇の設立は悲願であり、そのために院への働きかけを強めていた。その接近の媒介となっていたのが熊野信仰である。とくに後白河上皇は歴代最多の三四度の熊野詣を行ったほど信仰が篤く、永暦元年（一一六〇）一〇月一六日には自らの御所である法住寺殿に熊野権現を勧請《かんじょう》して今熊野と名づけている[12]。これは覚忠の巡礼のわずか数ヶ月ほど前であり、また覚忠巡礼記の廿六番に「新熊野奥有之」とわざわざ註記があることも注意されよう。さらに『百練抄』によれば、上皇はその一週間後の二三日に熊野御幸に出立していることがわかり[13]、おそらく一一月上旬には熊野に到着していたと推定される。

以上のような上皇の動向と、三井寺の戒壇設立運動とを考え併せると、三井寺の権僧正の地位にあった覚忠が翌年正月に那智山を出て七五日で宇治で結願という行程をとった意味も浮かび上がってくるのではないか。ここで改めて先に引用した覚忠巡礼記の**ゴシック**部分に注目すると、三十三所のうち特定の札所に限って本寺の記載があることに気がつく。それは覚忠の属する三井寺のほか、法相宗の興福寺、真言宗の東寺・醍醐寺であるが、いずれも山門と対抗関係にあった寺院という共通性をもっている。このことも、覚忠の巡礼が個人的な山岳修行というよりも、戒壇設置問題に絡む政治性を帯びた旅であったことを示唆しよう。先に指摘した、嶮路を回避するような順路もそのことを裏付けている。

『壒嚢抄』の巡礼番付

なお、これに関連した史料として、観勝寺の僧行誉が編纂した辞書『壒嚢抄《あいのう》』（文安三年〈一四四六〉奥書）に、「三十三所トハ何々ソ」との項目があり、「久安六年庚午長谷僧正参詣之次第」として三十三所の番付が列記されている[14]。この長谷《ながたに》僧正とは覚忠の号であり、久安六年（一一五〇）は永暦二年よりも一一年も早いことから、事実とすれば『寺門高僧記』に先行する事例ということになるが、およそ三〇〇年後の史料であるから真偽は定かではない。また『粉河寺縁起』にも「長谷前大僧正百日参籠往生」として「久安四年の春三十三の巡礼をいたす」と見えるが[15]、これとの関係も不明である。

ただ、この『壒嚢抄』に記された番付もまた那智山に始まり三室戸寺に終わるもので、推定される順路も前半は現行ルートに、後半は『寺門高僧記』覚忠巡礼記のルートに近いものとなっている[16]。ここでも途中に嶮岨な山岳路が少なく、琵琶湖の航路も短くとられるなど、行路の難を避ける傾向が見受けられ、やはり同系統の巡礼として位置づけることが可能であろう。

三　『寺門高僧記』行尊伝再考

行尊の巡礼記

『寺門高僧記』には三十三所巡礼についての記事がもう一つ見られる。巻第四の行尊伝である。そこでは「観音霊所三十三所巡礼記」と題して以下のように記されている。

観音霊所三十三所巡礼記（日数百廿日）
一番（霊亀元元正天皇御宇建、養老造之、同四年供養行基、咒願玄昉）
長谷寺（金色十一面二丈六尺、大和高市郡）願主（道明并道徳、興福寺別院）
二番（義淵僧正本願化生人）
龍蓋寺（土仏、如意輪丈六、大和高市郡）願主（弓削法皇、興福寺末寺、字岡寺）
……
三十三番
千手堂（一尺千手、御室戸山）願主（実蓮聖人、光仁天皇御願、園城寺末寺）
已上(17)、

ここでは覚忠巡礼記と同様に番付と本尊、所在地、願主、本寺（一部のみ、覚忠伝と一致）などが記され、三三の札所も覚忠の巡礼と全く一致するが（表3参照）、ただし打ち始めが那智山ではなく大和の長谷寺となっているなど、順路は異なっている。ここには年月が記されていないが、行尊は覚忠よりも半世紀ほど前の三井寺の僧であるから、事実であれば最も古い三十三所巡礼の記録ということになる。

巡礼記への疑問

しかし、この巡礼記の内容についてはすでに速水侑が疑問を呈している。[18] すなわち、第一にこの巡礼記が「前後の内容と密接な関連もなく挿入された観がある」こと、第二に行尊の巡礼を傍証する史料が不在であること、第三に札所の選択や註記の内容が行尊の時代に合わないことなどから、行尊の巡礼記は一二世紀以降に行尊に仮託して書かれたものと結論づけたのである。これに対し吉井敏幸は、速水の挙げた根拠は弱く、積極的に否定するほどではないとして、確かな史料とみるべきと主張している。[19]

この問題について考えるうえで筆者は行尊巡礼記の三十三所と覚忠巡礼記の三十三所とが全て一致していることを重要視したい。前節で論じたように覚忠の巡礼が政治性を帯びたものであったことを考えるならば、行尊の巡礼を範として覚忠が巡礼したと考えるより、覚忠の巡礼をもとに行尊に仮託した巡礼が構想されたと考える方が自然ではないだろうか。

なお、行尊巡礼記の番付については、華厳寺蔵三十三所観音曼荼羅（鎌倉時代、図8）、および承元五年（一二一一）の「観音卅三所日記」[20]（高山寺文書）との共通性が指摘されている。[21] 前者は右上から左下に辿ると本尊が一致し、後者は行尊巡礼記の番付を国別に並べ替えたものと一致する。したがって鎌倉期には行尊による（とされる）巡礼路が規範化しており、その順に廻るルートが知識として（あるいは実践として）普及していたことが窺えるのである。

行尊巡礼記に仮託されたもの

では、先に論じたようにこの行尊巡礼記が後世の創作とした場合、行尊に仮託されたものとは何だったのか。そこで考えられるべきは行尊巡礼記の順路である。この復元案を図3に示す。一番の長谷寺から六番の那智山までは覚忠の順路と逆順であり、また七番槇尾山（寺）以降の順路はほぼ重なるのでわかりやすいが、問題は那智山から槇尾山へと向かうルートである。両山は遠く隔たっており、ともすると不自然で不可解な順路のように見える。この謎を解く手がかりは、実はこれまで巡礼記との脈絡がないとされてきた、その直前の本文にこそある。以下に引用しよう。

行尊《験真》大僧正法務（平等院）
入道無品明行之弟子、参議源基平之息、難行苦行翌験者也、両山修行継役行者、謌仙能筆名留後代、笙窟冬籠給之時、
金葉　草乃以保奈爾露気志登思気牟毛良奴以波屋毛袖波奴礼気里(22)

ここでは行尊が難行苦行に励む修験者であったことが記され、笙《しょう》の窟《いわや》で詠んだ歌として『金葉和歌集』の「草の庵なに露けしと思ひけむ漏らぬ岩屋も袖はぬれけり」が掲載されている。「両山修行」とは、『寺門伝記補録』第十三の行尊伝に「練行大峯葛城険岨(23)」とあることから、大峰と葛城での抖擻《とそう》（修行）をさすと考えられ、右に出てくる笙の窟も大峰の代表的な霊地の一つであった。この点をふまえて那智山と槇尾山を地図で確認すると、まさに両者の間に大峰と葛城の山並みが横たわっていることがわかる。

図6は熊野から吉野までの大峰七十五靡《なびき》（霊地）縦走ルート（奥駈道）の断面図を示したものである。このルートには最高峰の弥山《みせん》（一八九五メートル）を始めとして標高一五〇〇メートルを超える山々が連なっており、また起伏も激しい。同一縮尺である図5と比較するならば、大峰・葛城の抖擻が加わるかどうかで巡礼の性格がまるで変わってくることは一目瞭然であろう。行尊巡礼記の日数が覚忠の七五日を大きく上回る一二〇日とされているのも、このため

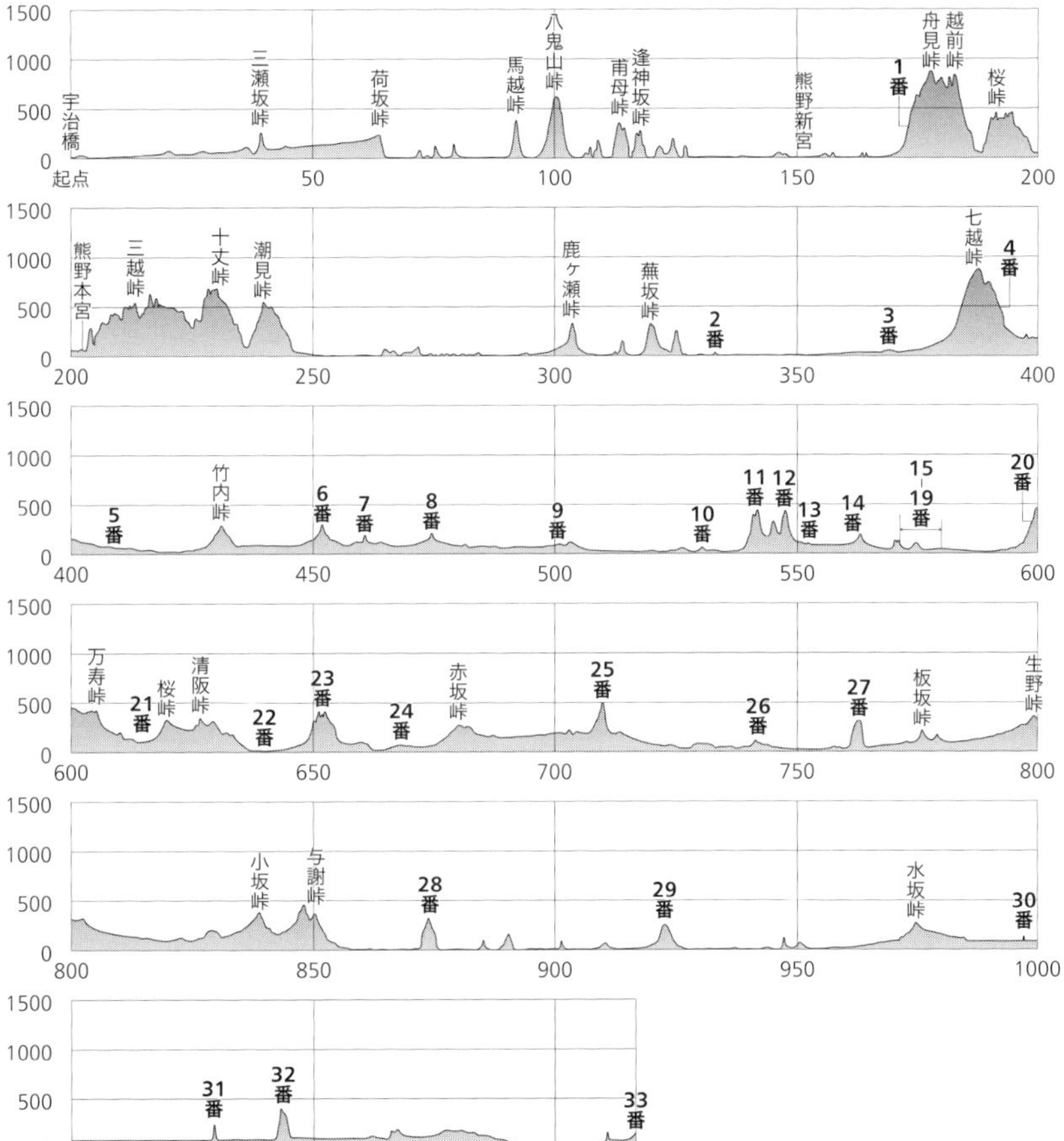

図5　近世西国巡礼断面図

注）ルートラボ（http://latlonglab.yahoo.co.jp/route/）により作成．巡礼道については森沢義信『西国三十三所道中案内地図』上・下（ナカニシヤ出版，2010年）を参考にした．

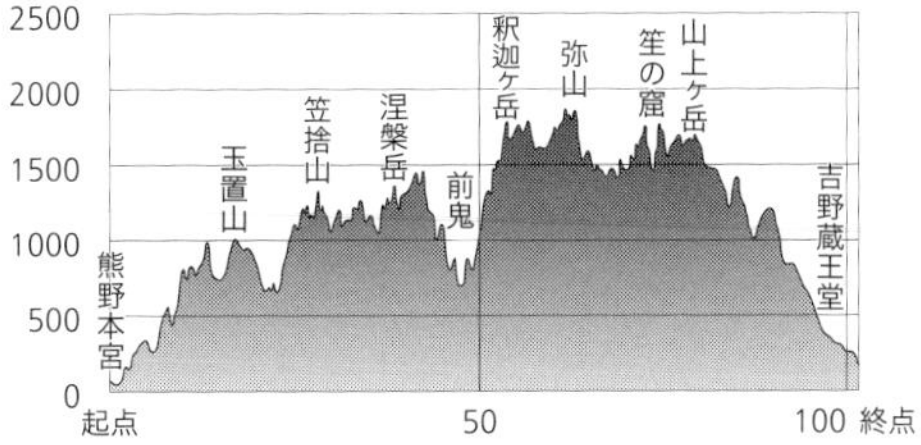

図6　大峰奥駈道断面図

注）前掲ルートラボにより作成．奥駈道については森沢義信『大峯奥駈道七十五靡』（ナカニシヤ出版，2006年）を参考にした．

と考えられる。

寺門系の本山修験における大峰抖擻と西国巡礼の関係については、応仁二年（一四六八）の聖護院道興による熊野奉納経巻奥書に「大峰抖擻、観音卅所《(マヽ)》巡礼」と併記されているところからも窺え、したがって行尊という記号は、山岳修行としてアレンジされた三十三所巡礼を由緒づけるために修験者の側によって用いられたものと推測することができる。

四　観音正寺蔵三十三所観音曼荼羅再考

巡礼ルートの変遷と観音正寺蔵三十三所観音曼荼羅

行尊巡礼記も覚忠巡礼記も『寺門高僧記』に掲載されることによって、モデルとして巡礼者に受容されていった。そこでは巡礼記が歴史的事実であるかどうかは重要ではなかった。伝説的な高僧が廻ったとされていることこそが意味をもっていたからである。

現行の巡礼ルートの史料上の初見は享徳三年（一四五四）の『撮壌集』である。これは先行研究では、巡礼者の増加にともない、東国からの巡礼者の便宜のために覚忠型の順路を組み替えたものとして理解されてきたが[24]、しかし西国巡礼の変遷を、行尊型ないし覚忠型の順路から現行の順路へという単純な流れで語ってよいのであろうか。

この問題を考えるうえで注目されるのが、現西国三十二番札所である近江国観音正寺に所蔵される三十三所観音曼荼羅である（図7）。三十三所観音曼荼羅とは、西国三十三所の本尊を一画面中にまとめて描いたものであり、現存するなかでは先述した華厳寺のもの（鎌倉時代）についで古いものと考えられている。絹本着色で、法量は縦一五二・一センチメートル、横九四・二センチメートルである。

図7　観音正寺蔵三十三所観音曼荼羅

注）『特別展　西国三十三所——観音霊場の祈りと美』（奈良国立博物館ほか，2008年）より．

図8　華厳寺蔵三十三所観音曼荼羅（並行型）

注）　図7と同じ

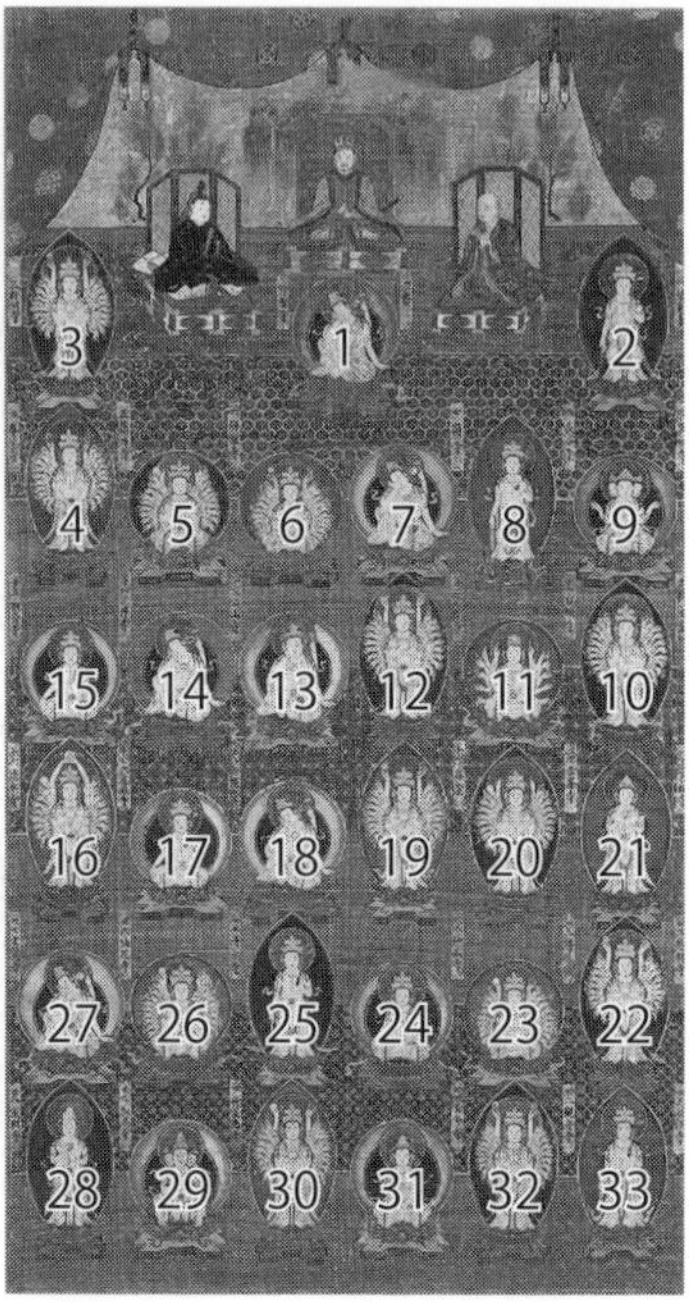

図9　清浄光寺蔵三十三所観音曼荼羅（蛇行型）

注）　図7と同じ

この観音曼荼羅について初めて本格的な検討を加えたのは石川知彦の論考である[25]。彼は曼荼羅の図像を仔細に分析し、以下の三点を指摘している。

①　曼荼羅内各区画の上方隅に寺院名あるいは尊名を記すべき短冊が付されているが、文字の痕跡は認められないこと。

②　一段目のみ中央を一番として、ついで右から左に、二段目以降は左から右に見ていくと現行の順序とほぼ一致し、那智山に始まり長命寺に終わる順路と解釈できること。

③　描写内容からみて、制作年代は一四世紀末から一五世紀初め頃と考えられること。

このうち問題は②である。石川の解釈の前提となるのは一段目のみを変則的な配置とすることであるが、これは現行の順路を前提とした恣意的な読み方というべきで、これを認めるならば全ての段の解釈が根拠をもたなくなってしまうのではないか。やはり可能な限り一貫性をもった読解案の探索が試みられるべきであろう。

そこで以下では、石川論文を批判的に再検討しながら観音正寺蔵三十三所観音曼荼羅の読み解きを行い、筆者なりの順路復元案を提示してみたい。

西国巡礼と曼荼羅の関係

まずそもそも前提として、この観音曼荼羅が果たして本当に西国巡礼の順路の情報を含むものであるかという点を検討しなければならない。現存する他の三十三所観音曼荼羅を見る限り、尊像の配置は番付にしたがい、一定の規則性を有している。図8と図9に例を示したが、図8の華厳寺蔵観音曼荼羅では、右上を一番として、各段を右から左へと辿ると（このように各段を同方向に読むものを「並行型」と呼ぶ）行尊型の順路と一致するし、図9の清浄光寺蔵観音曼荼羅では、上段中央を一番とするほかは、各段を右から左、左から右へと互い違いに辿ると（これを「蛇行型」と呼ぶ）現行の順路の本尊と一致する。

また三十三所観音曼荼羅の作成背景を考えるうえでは康正元年（一四五五）序の『竹居清事』における「搏桑西州三十三所巡礼観音堂図記」の次のような記述も注目される。

宝徳中、備前州牛窓霊鷲寺玉仲瑛書記創意命工、絵三十三所而作三十三幅也、使其山川人物粲然陳於衽席、覩者在丹碧光耀之中、不起座而周遊乎、

ここでは備前牛窓霊鷲寺の玉仲瑛書が画工に西国三十三所の絵を描かせ、座にいながらにして巡礼を経験できるようにしたことが記される。これは三十三所観音曼荼羅をさすものではないが、おそらく図としての意味合いは同様であって、巡礼の擬似体験を目的に作成されたこと、それゆえ尊像の配置も実際の順路を反映したものであった可能性

は高い。

ここで改めて図7を見ると、ここに描かれている三三体の観音像は千手観音一六体、如意輪観音六体、十一面観音五体、聖《しょう》観音三体、不空羂索《ふくうけんじゃく》観音・准胝《じゅんてい》観音・馬頭観音がそれぞれ一体ずつで、その内訳から、これが西国三十三所を描いていることはまず認めてよい。

配置の復元

そこで次の問題は配置の復元であるが、まず興福寺南円堂の不空羂索観音、上醍醐寺の准胝観音、松尾寺の馬頭観音は一箇所ずつしかない本尊であるから特定可能である。また石川も指摘しているとおり、二段目左端の錫杖《しゃくじょう》をもつ十一面観音、同段右端の二臂《ひ》（二本の腕をもつこと）の如意輪観音（通常は六臂）、三段目右端の頭上に仏をいただく千手観音像は、それぞれ長谷寺、石山寺、山城清水寺本尊の固有の特徴を描いたものであり、これも確かである。

次に六段目に着目すると、丹後国の成相寺《なりあいじ》と松尾寺は他の札所から離れて接近しており、したがって馬頭観音の左隣にある聖観音は成相寺のものであろう。聖観音を本尊とする札所はほか丹波穴太寺《あなおじ》（菩提寺）と近江長命寺のみであるから、位置関係からは前者が四段目、後者が最下段と推定される。このようにして少ない本尊の位置に着目すれば、最上段以外は確度の高い比定が可能となる。

これ以上の推定のためには順路についても併せて考える必要がある。そこで先に見た事例を参考に、右上から始めた並列型、左上から始めた並列型、右上から始めた蛇行型、左上から始めた蛇行型それぞれについて読解案を考えてみると（表4）、いずれも途中で順路に合理的な解釈ができない箇所が生じてしまう（表中札所間に波線の入った部分）。

そこで違う規則性を探さなければならないことになるが、この点について石川が論文の註において興味深い指摘をしている。すなわち、「本図の三段目以降の諸尊の順序について、中央の釈迦三尊と聖徳太子を挟んだ左右の諸尊が、各段とも左端を起点として、それぞれ外側より中央へ向かって配列されていると考えれば、五段目を除いて現行の札所順路と同様に描かれているという仮説も成立する」[26]というのである。両端から中央に向かう、「肋骨型」ともいうべき読み方であるが、筆者は石川のいうように三段目以降に限定するのではなく、全ての段において適用可能であると考える（表4、図10・11参照）。この場合、上部中央の如意輪を一番として、これを那智山に比定すれば、二番は左上の如意輪すなわち岡寺（龍蓋寺）となるが、これを行尊型と同様に大峰経由とみれば、以降の順路は肋骨型の順で

表4　観音正寺蔵観音曼荼羅読解案

番	並列型案 右上より	並列型案 左上より	蛇行型 右上より	蛇行型 左上より	肋骨型案 左上より
1	那智山	那智山	那智山	那智山	那智山
2	紀三井寺	岡寺	紀三井寺	岡寺	岡寺
3	粉河寺	壺坂寺	粉河寺	壺坂寺	壺坂寺
4	槇尾寺	葛井寺	槇尾寺	葛井寺	粉河寺
5	葛井寺	槇尾寺	葛井寺	槇尾寺	紀三井寺
6	壺坂寺	粉河寺	壺坂寺	粉河寺	槇尾寺
7	岡寺	紀三井寺	岡寺	紀三井寺	葛井寺
8	石山寺	長谷寺	長谷寺	石山寺	長谷寺
9	岩間寺	南円堂	南円堂	岩間寺	南円堂
10	上醍醐寺	三室戸寺	三室戸寺	上醍醐寺	三室戸寺
11	三室戸寺	上醍醐寺	上醍醐寺	三室戸寺	石山寺
12	南円堂	岩間寺	岩間寺	南円堂	岩間寺
13	長谷寺	石山寺	石山寺	長谷寺	上醍醐寺
14	山城清水寺	三井寺	観音寺	三井寺	三井寺
15	六波羅蜜寺	観音寺	六波羅蜜寺	観音寺	観音寺
16	観音寺	六波羅蜜寺	山城清水寺	六波羅蜜寺	山城清水寺
17	三井寺	山城清水寺	三井寺	山城清水寺	六波羅蜜寺
18	善峯寺	六角堂	六角堂	善峯寺	六角堂
19	穴太寺	革堂	革堂	穴太寺	革堂
20	革堂	穴太寺	穴太寺	革堂	善峯寺
21	六角堂	善峯寺	善峯寺	六角堂	穴太寺
22	円教寺	総持寺	円教寺	総持寺	総持寺
23	一乗寺	勝尾寺	総持寺	勝尾寺	勝尾寺
24	播磨清水寺	中山寺	勝尾寺	中山寺	中山寺
25	中山寺	播磨清水寺	中山寺	播磨清水寺	円教寺
26	勝尾寺	一乗寺	播磨清水寺	一乗寺	一乗寺
27	総持寺	円教寺	一乗寺	円教寺	播磨清水寺
28	長命寺	成相寺	成相寺	長命寺	成相寺
29	観音正寺	松尾寺	松尾寺	観音正寺	松尾寺
30	華厳寺	竹生島	竹生島	華厳寺	竹生島
31	竹生島	華厳寺	華厳寺	竹生島	長命寺
32	松尾寺	観音正寺	観音正寺	松尾寺	観音正寺
33	成相寺	長命寺	長命寺	成相寺	華厳寺

札所間の波線は順路に矛盾が生じる区間を示す.

紀三井寺	**石山寺**	**山城清水寺**	善峯寺	円教寺	長命寺
槇尾寺	岩間寺	六波羅蜜寺	穴太寺	一乗寺	観音正寺
葛井寺	**上醍醐寺**			播磨清水寺	華厳寺
那智山				善光寺	
粉河寺	三室戸寺			中山寺	竹生島
壺坂寺	**南円堂**	観音寺	革堂	勝尾寺	**松尾寺**
岡寺	**長谷寺**	三井寺	六角堂	総持寺	成相寺

図11　観音正寺蔵観音曼荼羅の札所推定配置図

注）太字は比定が確実な札所を示す．

十一面	如意輪★	千手★	千手	如意輪	聖
千手	千手	十一面	聖	千手	千手
千手	准胝			千手	十一面
如意輪		釈迦三尊		聖徳太子	
千手	十一面			十一面	千手
千手	不空羂索	千手	千手	千手	馬頭
如意輪	十一面★	如意輪	如意輪	千手	聖

図10　観音正寺蔵観音曼荼羅の本尊読み取り図

注）★印は固有の特徴が描写されている本尊を示す．

読んでいくと問題なく復元が可能となる（図4参照）。

聖徳太子の図像

このとき無視できないのは五段目・六段目中央に見える聖徳太子の図像である。これは一般に「孝養《きょうよう》太子像」と呼ばれるもので、垂髪の童形ながら袈裟と横披《おうひ》を着し、手に柄香炉を持つのが特徴である。これは太子が一六歳のときに父用明天皇の病気平癒を願ったときの姿を形象化したものとされる。孝養太子像は浄土真宗寺院に最も多く遺されているが、真宗と観音巡礼とは親和性がきわめて低いことからすると、この場合は天台系の太子像と理解すべきであろうか。

この曼荼羅において、三十三所の観音像以外の図像として描かれているのは三段目・四段目中央部に大きく描かれる釈迦三尊像とこの太子像の二つであり、石川はこれを『法華経』普門品の所説とその信奉者の表現として説明している[27]。その理解自体は妥当と考えられるが、見落とされるべきでないのは、太子像については釈迦三尊像とは異なり、他の観音像＝札所寺院と同様に上部に金色の短冊が付されているという点である。この短冊が寺院名を表記するものであったとするならば、この太子像は単に宗教思想の表現のために描かれたのみならず、特定の寺院をさすものとして（いわば「番外札所」的に）描かれていた可能性もあるのではないか。

この仮説をふまえて再度読解案を検討してみよう。規則性にしたがうことを前提として「聖徳太子の番外札所」を読むとすれば、その順番としては以下の三つの案が考えられる。

① 一・二段目の読解順にしたがい、五段目の最初に読む。

② 左端から中央に向かうということで、五段目の四番目に読む。

③ 一・二段目と五・六段目を上下対称と見なして、三十三番の後に読む。

まず①の場合は、一・二段目との整合性はとれるものの、太子ゆかりの寺院が穴太寺と総持寺の間ということになって、適当な寺院を想定することが難しくなる。②の場合は中山寺と円教寺の間となり、四天王寺・鶴林寺・斑鳩寺などの大寺院を想定することができる。この三寺院はいずれであっても無理なく順路を説明することが可能であるが、一・二段目では中央を最初に読むにもかかわらず、こちらでは四番目に読むという点で不整合さが残る。③の場合は美濃谷汲山で結願した後に訪れる寺院ということになるが、この場合可能性が高いのは信濃の善光寺であろうか。近世の東国からの西国巡礼者は結願後ほぼ必ず善光寺参詣を行う慣例となっていたし、また『善光寺縁起』にあるように同寺は太子信仰との関わりの深い霊場であった。図全体の構図を考えると、上部中央に巡礼の起点である那智の如意輪観音が配され、下部中央に巡礼の終点として善光寺の聖徳太子が配されるという見方は説明として明快であり、復元にあたってはこの案を採ることにしたい。

ではなぜこの曼荼羅では太子の寺が「番外札所」のごとく描かれているのであろうか。まず先にふれた『寺門高僧記』を読み直してみると、寺院の開基あるいは観音の草創を聖徳太子としている札所が複数存在していることがわかる。行尊巡礼記では中山寺・成相寺・観音正寺・六角堂・南円堂の五ヶ所に見え、覚忠巡礼記ではこれに菩提寺（穴太寺）が加わる。また『塵嚢抄』では六角堂・中山寺・播磨清水寺・観音正寺の四ヶ所が、近世の『観音霊場記図会』ではこれに長命寺を加えた五ヶ所が太子草創とされており、札所に若干の異同はあるものの、中世から近世に至るまで太子との関係を謳った札所は複数存在していたことがわかる。ただし一方で、聖徳太子が西国巡礼そのものの草創に関与したとするような縁起は筆者の探索した限りでは見られないことから、この観音曼荼羅の太子像は三十三所全体との関係というよりは、観音正寺との個別の関係にもとづいて描かれたものと理解するのが自然といえる。

観音正寺と聖徳太子の関係については、天文元年（一五三二）の『桑実寺縁起』などにも次のように語られている。

上宮太子、三十三歳の厄難をはらはんがため、千手の像を彼石の上に安置し給ふ。于時観世音菩薩、光を放てのたまはく、法若可説便応不無々々之法便応可説云々。即、精舎をたてゝ観音正寺と号す。三十三人の僧侶をすゑて天下泰平の祈念を致さしむ。卅三所巡礼の随一、四八神変の大伽藍なり。

ここでは太子が三三歳のときに繖《きぬがさ》山に千手観音像を安置し、精舎を建て、三三人の僧侶をおいて天下泰平の祈念をさせたという由緒が語られ、それにより観音正寺を「卅三所巡礼の随一」と位置づけている。このような縁起の存在をみても、太子像を重要な位置に配した問題の観音曼荼羅が観音正寺と無関係に作成されたものとは考えにくく、やはり石川らも指摘するとおり[28]、同寺の本堂に掲げることを前提として描かれたものであったのだろう。

順路の意味

以上の議論をふまえて改めて「観音正寺蔵観音曼荼羅型」順路（図4）を検討し、そこに籠められた論理を読み解くことにしたい。まず、この順路の特徴的な点は一番那智山のすぐ次に岡寺が来ることで、これは行尊巡礼記同様に大峰奥駈を内包するものであったという推測はすでに述べたとおりである。

次にこの順路の独自性として見られる点は、中山寺を打った後、円教寺――一乗寺――播磨清水寺と、行尊・覚忠・現行のルートとは逆順に廻ることである。この逆打ちルートは近世にも存在しており、巡礼者は中山寺から西宮に南下し、西摂津・播磨の名所旧跡を廻ったり、高砂から金比羅経由で室津に至る場合もあった。途中の須磨寺の寺記『当山歴代』によれば、文禄五年（一五九六）閏七月十二日の大地震（伏見地震）のさい、同寺に東国からの西国巡礼者一五〇人が通夜していたとあることから、このルートが一六世紀以前から存在していたことも明らかである。[29]その場合、太子信仰との関わりを考えると、先述したような四天王寺や鶴林寺、斑鳩寺の立地も、この区間の順路が意図的に入れ替えられた理由をなしていたのだろう。

また、中山寺から成相寺までの区間において、大峰奥駈に見られる山岳修行性を加味するのであれば、六甲山地の山岳霊場、丹波修験の本拠三嶽山、霊山として名高い大江山も経由地として浮かび上がってくるが、これらとの関係の実証については今後の研究に俟たねばならない。

成相寺から先の順路は現行のそれと全く重なっており、全体としては行尊型と現行との中間的な順路としてみることができる。結願所が京付近ではなく美濃谷汲山であることは、先に指摘したとおり、「番外」善光寺参詣への接続が意識されていたことによると考えられる。田中智彦は、近世における西国巡礼と善光寺参詣の結びつきを指摘しながらも、その起源を不明としていたが、[30]観音正寺の観音曼荼羅はこの問題を考えるうえでも重要な手がかりを与えてくれる史料といえよう。

五　いくつもの巡礼道

巡礼をするというのは、点としての巡礼地を訪れることだけを意味しない。その点と点とをつなぐ道を歩くことも巡礼経験の多くの部分を占めていたからである。本章では、中世西国巡礼に関するいくつかの基本史料を再検討することで巡礼道の復元を試みたが、そこで見えてきたのはその複数性であった。例えば同じ『寺門高僧記』に収録され、これまで類似したものとして考えられてきた行尊巡礼記と覚忠巡礼記は、その構造を読み解いていくと、後者は平易なルートが選び取られ、政治的な色彩が強い巡礼であることが明らかになったのに対し、前者は後者をもとにしながらも、それとは逆に大峰・葛城という嶮岨な山々にあえて踏み込んでいくような、山岳修行としての性格の強い巡礼であったことがわかった。また観音正寺に残る三十三所観音曼荼羅から読み取れる巡礼道はこの両者とも、また現行の順路とも異なり、聖徳太子信仰という新たな思想の影響も見て取れた。

西国巡礼は成立当初はごく一部の行者らによる山岳修行であり、中世後期頃から大衆化していったという図式がこれまで一般に語られてきた。しかしこれまで述べてきたように、実際にはそれほど単純ではなく、むしろごく初期の段階から、巡礼には複数の異なる原理が並存していたのではなかったか。

もちろん近世西国巡礼においても、番付順に廻る「基本的経路」に加えて、一部の順番や経由地を組み替えた「発展的経路」が存在していたことはすでに明らかにされている[31]。しかし近世における巡礼道の複数性は主として名所の選択という意味合いが強かったのに対し、中世のそれの大きな特徴は、道のとり方そのものに巡礼者の理念ないし思想が表れてくるところにあった。「いくつもの巡礼道」とはいくつものイデアであり、その意味では、三十三所観音曼荼羅に順路の情報が含まれていることは示唆的といえよう。

なお、中世西国巡礼の番付は本章でふれたものが全てではない。例えば今回は紙幅の関係で検討できなかったが、醍醐寺所蔵の『枝葉抄』（室町時代）における「三十三所巡礼次第[32]」の記述は、既知のどの番付とも整合性がとれず、異質な巡礼の存在を予感させる。こうした史料も含め、中世西国三十三所にはどのような順路が存在したのか、そしてそこに籠められた理念とは何であったのか、検討されるべき問題はまだまだ残されている。

（1）　田中智彦「西国巡礼の始点と終点」『神戸大学文学部紀要』第一六号（一九八九年三月）、のち田中『聖地を巡る人と道』（岩田書院、二〇〇四年）に再録。

(2)藤田明「西国三十三所霊場と巡礼の権輿」『歴史地理』第一〇巻第二号(一九〇七年)、岩橋小彌太「寺門高僧記について」『仏教研究』第五巻第二号(一九二四年)、岡田希雄「西国三十三所観音巡拝攷続貂」『歴史と地理』第二一巻第四―六号・第二二巻第三・四・六号(一九二八年四―六月・九・一〇・一二月)。

(3)速水侑『観音信仰』(塙書房、一九七〇年)、三一七頁。

(4)巡礼空間を断面図から捉えるという視角はすでに田中智彦の論考に見られるが、そこでの検討対象は近世段階にとどまる。戸田芳実・田中「西国巡礼の歴史と信仰」『西国三十三所観音霊場の美術』(大阪市立美術館、一九八七年)、田中「愛宕越えと東国の巡礼者――西国巡礼路の復元」『人文地理』第三九巻第六号(一九八七年一二月)、のち前注(1)田中書に再録など。

(5)新城常三『社寺参詣の社会経済史的研究』(塙書房、一九六四年)も基本的にこの図式にしたがって叙述されている。

(6)前注(2)岩橋論文。

(7)『続群書類従』第二八輯上(続群書類従完成会、一九二四年)、七二―七四頁。なお句読点は引用者が適宜振り直した。以下の引用も同様。

(8)「三十三所観音をがみ奉らんとて所々詣り侍りける時、美濃の谷汲にて油の出るを見てよみ侍りける」、「穴穂の観音を見たてまつりて」とある。

(9)前注(2)岡田論文、第二一巻第四号、四八頁。

(10)竹生島から長命寺までの渡船は海上一〇里の道のりで、遭難の危険があった。田中智彦は、近世段階でもこの航路を避けて近江の札所の巡拝順を入れ替える場合があったことを指摘している。田中「巡礼の成立と展開」逵日出典編『日本の宗教文化』上巻(高文堂出版、二〇〇一年)、のち前注(1)田中書に再録。

(11)『史料大成　山槐記一』(内外書籍、一九三五年)、一七七頁。

(12)『百練抄』永暦元年一〇月一六日条。刊本『新訂増補国史大系』第一一巻(吉川弘文館、一九二七年)、七五頁。

(13)同右史料、永暦元年一〇月二二日条。刊本同右書七五頁。

(14)『日本古典全集　壒囊抄』(日本古典全集刊行会、一九三六年)、四四五―四四八頁。

(15)前注(7)書、三二四頁。

(16)なおこの記事では葛井寺が見えず、代わりに那智山千手堂が記されている。ただ、後述の「観音卅三所日記」でも那智山の本尊を「千手ト如意輪」としており、葛井寺は単純に書き落としであった可能性もある。
(17)　前注(7)書、四九―五一頁。
(18)　前注(3)速水書、二七〇―二七八頁。
(19)　吉井敏幸「西国巡礼の成立と巡礼寺院の庶民化」浅野清編『西国三十三所霊場寺院の総合的研究』(中央公論美術出版、一九九〇年)。
(20)　『高山寺古文書』(東京大学出版会、一九七五年)、三〇八―三一二頁。
(21)　前注(19)吉井論文、収録書一九頁。
(22)　前注(7)書、四九頁。
(23)　『大日本仏教全書』第一二七巻(仏書刊行会、一九一五年)、三三三頁。
(24)　こうした理解はすでに前注(2)藤田論文から見られる。
(25)　石川知彦「三十三所観音曼荼羅図について――華厳寺本と観音正寺本の図像的諸年代」『佛教藝術』第一八九号(毎日新聞社、一九九〇年三月)。
(26)　同右論文、五七―五八頁。
(27)　同右論文、五四頁。
(28)　同右論文、五五頁、および佐和隆研『西国巡礼――三十三所観音めぐり』(社会思想社、一九七〇年)など。
(29)　前注(10)田中論文。
(30)　前注(1)田中論文。
(31)　前注(1)田中書。
(32)　総本山醍醐寺編『枝葉抄――影印・翻刻・註解』(勉誠出版、二〇一〇年)所収。
(付記)　本研究はＪＳＰＳ科研 25820310 の助成による成果の一部である。

6 ひとの移動と意味の変容
――オトラント大聖堂床モザイクの大樹と裸人

金沢百枝

一 南イタリアとノルマン人の美術

イタリア南部プーリア地方の港町、オトラントの大聖堂には、聖堂のほぼ全面にロマネスク期の床モザイクが残る。地中海沿岸域では聖堂床にモザイク装飾が施される伝統が連綿と続いていたことは、イタリア北部アクイレイア大聖堂に古代末期の床モザイクがあることからもわかる。しかし、そのほとんどは改築によって失われ、現存作例中、最大規模を誇るのがオトラント大聖堂の床モザイクである。三廊式バシリカ式聖堂の後陣、身廊、交差部に加えて南北両翼を覆うモザイク装飾は、七〇〇平方メートル以上ある（図1）。

一九八〇年代以降、イタリア各地で聖堂地下の考古学的調査が行われるようになると、聖堂の床下に埋もれていたモザイクが相次いで発見された。ただし、多くの聖堂では聖職者以外の立ち入りが制限される内陣部や地下聖堂などに断片的に残るのみで、オトラント大聖堂の規模は類例を見ない。

モザイクに記された銘文から、注文主はオトラント大司教イオナータ、作り手はパンタレオーネ、制作時期は一一

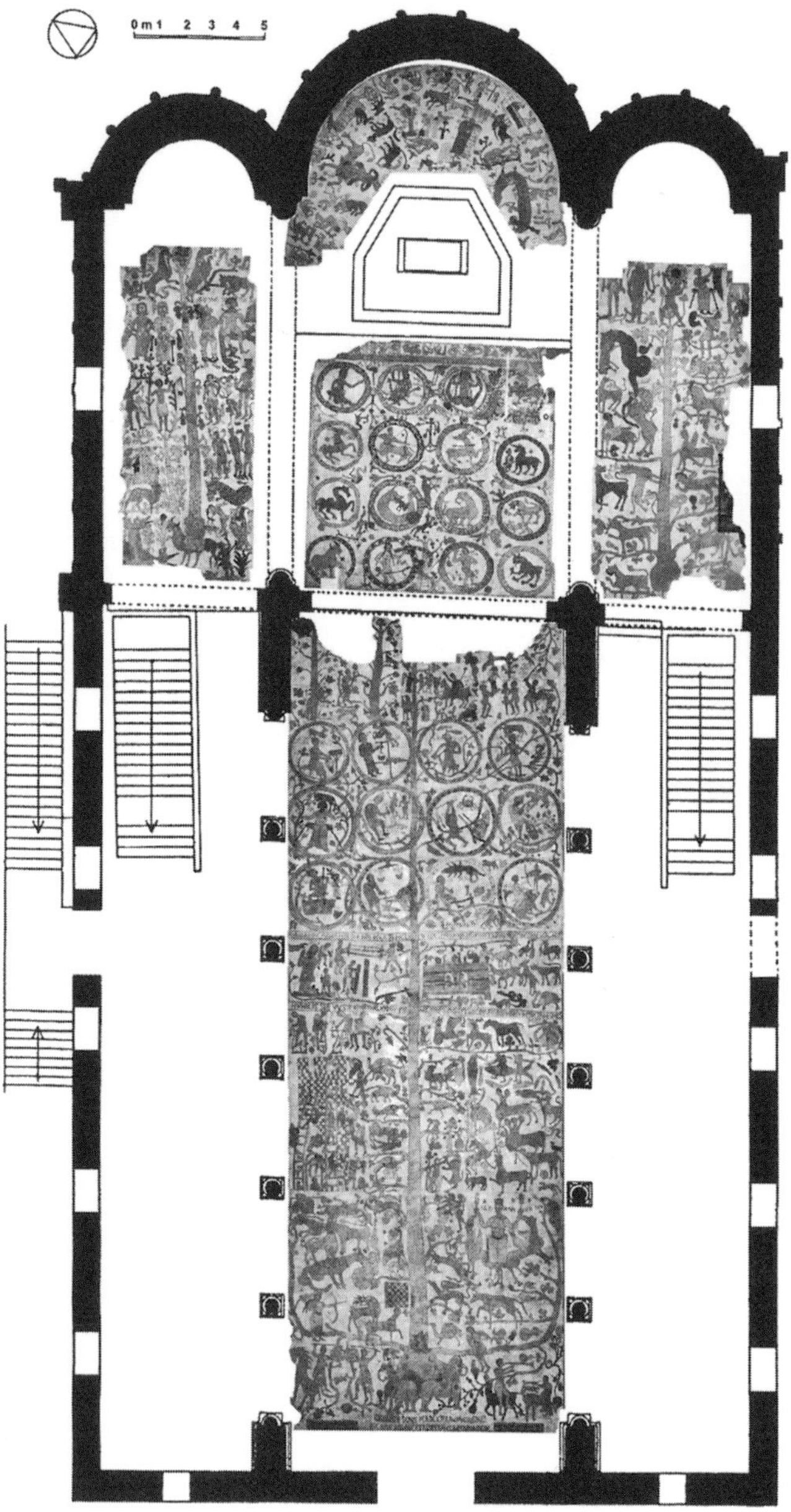

図1　オトラント大聖堂床モザイク全図

六三年から一一六五年とわかるが、規模が大きいばかりでなく、モザイク画は多様な図像を含むことから、その読解は困難を極める。

聖堂に入るとすぐ目に入るのは、背中合わせに並んだ二頭の象である。その背からは一本の大樹が聳える。枝は聖堂身廊を包み込むように広がり、梢ではアダムとエヴァが禁断の木の実を蛇から受け取っている。梢に立って入口を振り返ると、幹に沿って「創世記」を紐解くかのように、「楽園追放」「カインとアベル」「ノアの大洪水」「バベルの塔」と、旧約聖書の物語が展開するのが見える。枝々には「アレクサンドロス大王の飛翔」や「アーサー王の怪猫退治」など中世英雄文学に典拠をもつ偉人驚異譚もある。(1)

本章では、従来、研究の対象とされてこなかった「裸人」に焦点を絞り、その意味について考察する。ノルマン支配下の南イタリアという特殊な環境において生まれた図像が孕む意味を探る過程で、ひとの移動によってもたらされる図像や、移動の結果、図像が発する意味に変化が生ずるダイナミクスを論じたい。

これまでの研究

オトラントの床モザイクはその複雑さゆえ、これまで多くの美術史家の関心を惹きつけて来た。(2)研究の中心となったのは偉人驚異譚を軸にした読解である。イタリアの美術史家フルゴーニは、身廊部に描かれた「アレクサンドロス大王の飛翔」を「傲慢」の象徴と解釈した。聖堂の施主であるノルマン人がビザンツ帝国と敵対関係にある時代に、アレクサンドロス大王はビザンツ風の衣装を身につけているからである。大樹を背に乗せる二頭の象については、二世紀頃、ギリシア語で記された動物譚『フィシオログス』にあるように、マンドラゴラを食べなければ発情しないほど性欲がないことから、堕罪前の無垢なアダムとエヴァを表すと解釈して、政治的状況を読み込んだ解釈や動物譚の利用などの点で、オトラントのモザイクの図像学研究の先鞭をつけた。(3)フルゴーニは床モザイク全体を一枚の世界地図とみなす説も挙げたが、必ずしも論証に成功していない。またアメリカの美術史家バルゲリーニは、シチリア王国の「悪王」グリエルモ一世を讃える文言が銘文にあることから、反乱が勃発していた当時のプーリア地方の政治的文脈のなかで捉えた。(4)アレクサンドロス大王ばかりでなく、アーサー王、ソロモン王、ニネヴェ王など、複数の王が描かれ、神に離反したニネヴェに改悛を促すヨナの姿があることなどから、反乱の意思をもつ可能性がある観者に改悛を促す目的があったというのである。

一方、カスティニェイラスは、床モザイク全体を中世のアレクサンドロス物語で解釈可能だという大胆な説を論じている。(5) モザイクに描かれた怪物や驚異をすべて、アレクサンドロス大王が出会ったさまざまな種族や怪物とみなす。その説に従えば、身廊西側の「盾を手にして戦う戦士たち」は矮小民族「ピグミー」に、「狩りをするディアナ」は「アマゾネス」となる。

このモザイクを対象に博士論文を執筆したウングルーは、創造主賛美の文脈でしばしば用いられる詩編一四八から一五〇の図像化と結論づけている。大樹はノルマン王権を表し、その治世の平和と正義と豊かさを謳っているというのである。ヨナの物語が描かれた部分には「ヨハネの黙示録」場面を、交差部には「大地」としてのグリュフォン、「海」の象徴としての人魚がおり、円形枠で囲まれた動物たちは天上世界で創造主を賛美しているとする。さらに、南翼廊の有翼の裸人を「時の擬人像」カイロスとし、オトラント大聖堂においてローマ典礼と同時に、ギリシア典礼が執り行われたことの傍証と論じる。(6)

本章では、従来の研究で扱われてきた主要モティーフではなく、その埋め草のような空間に潜む「裸人」を主な分析対象とする。裸人については、先の「カイロス」とする解釈の他には、パスクイーニやフルゴーニのように「罪人」とする解釈があるのみで、これまでほとんど着目されてこなかった。裸人を詳しくみてゆくことで、これまで「生命の木」「ノルマン王権」「良い木」とみなされてきた大樹について、新解釈を提起したい。

ノルマン人、南イタリアへ

南イタリアで一一世紀にノルマン人が書いた年代記としては、モンテ・カッシーノの修道士で教皇特使も務めたアマトゥス、プーリアのグリエルモ、マラ・テッラのジェフリの三人の書が伝えられる。それらによると、南イタリアへのノルマン人の関与は、大天使ミカエルの聖地ガルガーノのモンテ・サンタンジェロでの出会いが契機となったとされる。つまり、一〇一六年(あるいは九九九年)、ランゴバルド貴族メルスが、とあるノルマンの巡礼者に軍事支援を要請したというのである。当時の南イタリアは、アフリカとシチリアを拠点としたアラブ勢、ビザンツ帝国、ランゴバルド系諸侯、ベネヴェントの教皇領、諸自治都市が入り乱れて勢力争いを繰り返す戦乱のさなかにあった。一方、フランスのノルマンディーに定住したとはいえ「ヴァイキング」の血を引くノルマン人たちは、傭兵として各地で重宝されていた。そこで故郷に残っても家督を継げず、一旗稼ぎたい荒くれ者たちが大挙して南イタリアへ援軍に駆けつけたのである。なかでも頭角を表したのがオートヴィル家の六男ロベール・ギスカールであった。一〇七二年には弟のロジェールとともにアラブ領パレルモを奪取、ついには南イタリアとシチリアを制覇し、兄弟はシチリア両王国を打ち立てるに至った。

ギリシア系とユダヤ系住民との共存

ノルマン人がやってくる以前から、イタリア南部は人種のるつぼであった。紀元前八世紀から四世紀頃、ギリシア諸都市からの移住があった。いわゆるマグナ・グラエキアの一部となったのである。紀元前三世紀以降、ローマ帝国の支配下に入ってからも、ギリシア文化はこの地に根強く残った。西ローマ帝国崩壊後、イタリア半島の北部がゲルマン人の王国となった後も、南部は東ローマ帝国の支配下として残り、ギリシアの伝統が中世まで存続することとなった。

さらに、ユダヤ人たちがやってきた。ローマ帝国はエルサレムの神殿の壊滅に至った紀元後七〇年の反乱で捕虜となったユダヤ人たちを南イタリアに強制移住させたためである。ターラント、ブリンディシ、オトラントにユダヤ人コミュニティが生まれた。ノルマン人たちはユダヤ人に寛容だった。そのため一一世紀から一二世紀にムラービト朝に弾圧されたユダヤ人がイベリア半島から移住する例も多かったらしい。

また九世紀、シチリアがビザンツ帝国支配からイスラーム圏へと移ったときには、シチリアのギリシア系住民が大挙してカラブリアやサレント地方に押し寄せた。つまり、オトラント大聖堂があるサレント半島では、ノルマン以前から異なる出自や宗教をもつ人々が共存していた。

二　グリエルモ一世の治世

オトラント大聖堂の建立

一〇六八年、一〇七一年のバーリ陥落の三年前、オトラントはロベール・ギスカールに下った。一〇八〇年、海をのぞむ小高い丘の上に大聖堂が建てられはじめ、一〇八八年八月にオトラント出身のグリエルモ大司教によって、教皇ウルバヌス二世のもとで献堂式が行われた。ギリシア系の聖堂にしばしば見られる三つのアプシスをもつが、ローマ式典礼を奉じるバシリカ式聖堂である。列柱には近郊のミネルウァ神殿の円柱が用いられたと伝えられる。

グリエルモ一世の時代の混乱

大聖堂の床モザイクがつくられたのは、献堂から一世代後、ロジェールの息子グリエルモ一世（一一五四―六六年）の時代である。統治の初期から、グリエルモ一世は難題を抱えていた。一一五五年、ビザンツ軍と共謀した教皇軍が、ジェノヴァ軍に支援を受けてシチリアに侵攻した。それを好機と見た諸侯たち――とくに先王の時代に流刑に処されるなどの憂き目にあった諸侯たち――が続々とビザンツ軍に加勢し、状況は悪化した。ナポリ、アマルフィ、サレルノ、トロイアやメルフィといったカラブリアの古都がグリエルモ王の側についたので、一一五六年にはなんとか態勢を立て直したものの、予断を許さない状況が続き、蜂起した諸都市には厳しい処罰が下された。とくにバーリは徹底的に破壊された。

そうした緊張した政治状況のもと、王の寵臣マイオ・ダ・バーリは、王族と忠臣とで要所を治める中央集権的な国家づくりを進めていた。一一五六年には教皇と、一一五八年にはビザンツ帝国との和平を結ぶなど、官僚として政治的手腕を発揮したためつかの間の平和が訪れたが、一一六〇年にマイオ・ダ・バーリが暗殺されると、政局は一変した。グリエルモ一世は統治機関を、王の近親者や忠臣で固めた。そこには、それまで通りギリシア系やイスラーム系の出自のものもいたが、新たにフランスやイングランドからアングロ・ノルマン系の人々が招聘された[7]。オトラントのモザイクが作られたのは、まさしく、マイオ・ダ・バーリの暗殺後、王国統治体制の立て直しが急務であった時代にあたる。オトラントのモザイクの作り手はモザイクに銘文を記し、「臣下に愛されるよりも恐れられた[8]」「悪王」グリエルモ一世に惜しみない賛辞を送っている。

オトラント大司教イオナータとは何者か

悪王と称されるグリエルモ一世を礼賛する大司教イオナータ（IONATA）とはどんな人物だったのだろうか。オトラントのモザイクの銘文を詳しく見てみよう。銘文は三つある。

銘文1：交差部

(Anno ab) (in) CARNATIO (n) E D (omi) NI NOS (t) RI I (es) C (hristi) MCLXIII I (n) DIC (tione) XI REGN (ante) FELICIT (er) D (omi) NO N (ostr) O W (illelmo) REGE MAGNIFICO ET T (r) IV (m) FATORE HVMILIS SE (rvus) (Christi) IONAT (has)

「我が主キリストの復活から一一六三年目、栄光ある勝利者グリエルモ王の喜ばしき治世において、そのつつましき僕イオナータが……」

銘文2：ソロモン王が描かれている円環の縁
IONATHAS HVMILIS SERVVS（Christi）IDRONTIN（us); ArCHIEP（i）S（copus）IVSSIT HOC OP;（us）FIERI
「キリストのつつましき僕であるオトラント大司教イオナータがこの作品を作られるのを助けた」

銘文3：身廊中央部（二行に別れている）
ANNO AB INCARNATIO（n）E D（omi）NI N（ost）RI（Iesu）（Christi）MCLXV I（n）DICTIO（n）E XIIII REGNANTE D（omi）NO N（ost）RO W（illelmo）REGE MAGNI（fico）
HVMILIS SERVVS（Christi）IONATHAS HYDRVNTIN（us）ARCHIESP（escopu）S IVSSIT HOC OP;（us）FIERI P（er）MANVS PANTALEONIS P（res）B（y）T（e）RI
「我が主キリストの復活から一一六五年目、栄光あるグリエルモ王の治世一四年目において、キリストのつつましき僕であるオトラント大司教イオナータがこの作品を司祭パンタレオーネの手によってつくった」

銘文4：入り口
EX IONATH（ae）DONIS PER DEXTRAM PANTALEONIS HOC OPVS INSIGNE EST SVPERANS IMPENDIA DIGNE

「イオナータの寄付によって、またパンタレオーネの器用さによって、費用以上に素晴らしい作品となった」

以上のように銘文にはイオナータの名が四回登場する。イオナータはロベール・ギスカールがローマ典礼をこの地にもたらしてから六番目の大司教にあたり、一一七九年のラテラノ公会議にオトラント大司教として出席している。一一五五年の一一月から始まった蜂起は、一一五六年の四月にはバーリ、オストゥーニ、オーリア、ブリンディシ、レッチェと続いたが、オトラントは国王側についた。大司教イオナータはマイオ・ダ・バーリと親しく、王の異母弟で反乱軍を指揮したレッチェ公タンクレディと戦ったという武勇伝もある。反乱鎮圧後も、パレルモの中央政府との信頼関係は長く保たれたようで、その後、司教イオナータはオトラント区の裁判官を任じられている。

イオナータが様々な役務を任じられた背景には、先に述べた政策が関与していると思われる。マイオ・ダ・バーリ亡き後の宮廷ではイングランド人やフランス人を積極的に登用しており、シラクーサ司教のリチャード・パーマーはイングランド、ブリンディシ司教のギヨームはフランス出身であった。司教イオナータもアングロ・ノルマン系とされ、イオナータと呼ぶより、ジョナサンと呼ぶ方が良いかもしれない。それを傍証するように、シチリア王国のすべての領主を挙げたリストには、一一五〇年頃のオトラント区に六九人の騎士を抱える一九人の封建領主の名前が上がっているが、そこにはノルマン系騎士の名前が並んでいる。

ノルマン系のイオナータ、否、ジョナサンが注文したとしても、実際にモザイク制作を手がけたのは、先の銘文に二回名前が挙がっているパンタレオーネである。パンタレオーネの出自は不明だが、オトラント近郊にあるギリシア系修道院サン・ニコラ・ディ・カーゾレの修道士だったと目される。この修道院は、十字軍の勇士となり、後にアンティオキアをおさめたロベール・ギスカールの息子ボエモンによって建立された。銘文の文字の類似から、パンタレオーネはトラーニとブリンディシのモザイクも手がけたとされている。ブリンディシ司教のギヨームはフランス出身のノルマン人であり、オトラント司教ジョナサンと王との関係において同様の立場にあったと考えられる。シチリア王国の中央集権化とラテン化のために登用されたアングロ・ノルマン系の大司教は、王の栄光を褒め称え、反乱を鎮圧するため、何を聖堂床に描かせたのだろうか。

三　オトラント大聖堂床モザイクを読む

大樹という構図

床モザイクは、身廊部と交差部、南北の両翼と祭壇を囲む円形部分にある。大樹は全部で三本。象の背から生えた身廊の大樹、根の下が失われている南翼廊の樹木、牛の背に生えた北翼廊の樹木の三本である。北翼廊では樹の左右に天国と地獄が描かれており、天国の側にはもう一本、小さい木が生えている。

身廊を包み込むように枝をはった樹木の梢は、交差部にまで到達する（図1）。このような構図は類例がない。蔓草がのびて広がる意匠は古代から見られ、地中海沿岸域に見られる。蔓草に実る果実を小鳥がついばむ、楽園的な情景である（図2）。

そうした蔓草文様のなかにときおり、円や四角など幾何学的な枠が設けられ、枠内に人物や動物などが描かれる床モザイクはかつてのローマ帝国の版図に多く存在する。古代の邸宅の床を飾っていた意匠はキリスト教の聖堂やシナゴーグの床装飾に転用された。オトラント大聖堂でも交差部に、円形枠に図像を収める伝統的なパターンが見られる。この意匠は、オトラント大聖堂のモザイクに先立って作られた南イタリアの作例からの影響だと考えられる。ビトント大聖堂地下の床モザイク（一一世紀半ば、図3）、トレミティ諸島のサン・ニコラ修道院（一一世紀末、図4）、テルモリ大聖堂（一一世紀はじめ）、カラブリア地方のサンタ・マリア・デル・パティーレ修道院（一一五二年、図5）、ターラ

図2 平和の祭壇（ローマ 古代の蔓草に見られる調和）

図3 ビトント大聖堂地下の床モザイク（11世紀半ば）

図4 トレミティ諸島のサン・ニコラ修道院の床モザイク（11世紀末）

図5 カラブリア地方のサンタ・マリア・デル・パティーレ修道院（1152年）

図6 ペーザロ大聖堂の床モザイク

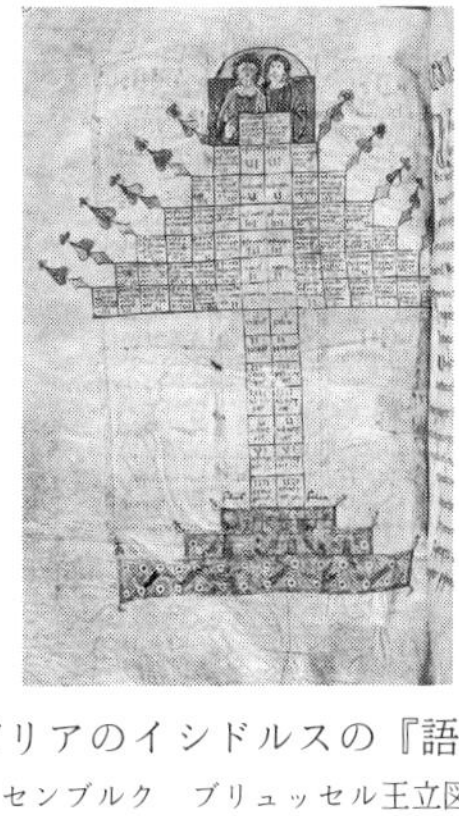

図7 セビリアのイシドルスの『語源論』挿絵
（8世紀末 ルクセンブルク ブリュッセル王立図書館 ms. II 4856 fol. 265v.）

ント大聖堂などの床モザイクはすべて円環枠のなかに動物図像がおさめられているからである。枠内に図像を収めるという点では、イタリア北部の床モザイクも同様である。エミリア・ロマーニャ地方やピエモンテ地方、ペーザロなどアドリア海沿いの床モザイクでも、人魚、キメラや象、グリュフォンなどの図像は円環や矩形の枠内に置かれて、幾何学的構成をとる（図6）。

イタリア各地のモザイクには、月暦や怪物など、オトラントの床モザイクと共通する意匠もあるが、オトラント大聖堂がほかと一線を画すのはその構図である。樹状の図式は古代から系図に用いられた。ローマ法の何親等であれば結婚可能かを説明するための図が、中世ではとくにセビリアのイシドルスの『語源論』の挿絵として流布した（図7）。転じて、一一世紀から一二世紀にはそうした樹状の模式図に円形枠を設けて、人類の始祖アダムからの系図を表すものも現れた。オトラントの大樹も、アダムから始まるため、こうした系図に発想を得たとも考えられる。しかし、写本に説明図として描かれた図以外で、樹状の構図をもつ美術作品はオトラントの床モザイク以外、ロマネスク期には見られない。物語を想起させる種々の図像を樹につなぎとめたオトラント大聖堂の床モザイクは、きわめて特異な作例と言えるだろう。(9)

枝々に広がる物語

聖堂入り口には、二頭の象。背には大樹を乗せている。左右に伸びた枝は身廊を包み込み、幹は身廊の中央をまっすぐ東へと伸びて梢は交差部のアダムとエヴァに達する。交差部に並ぶ一六個の円のうち、西側中央の二つが堕落場面になっているからだ（図8）。大樹の枝先は「善悪を知る木」に見立てられている。エヴァは枝に絡みつく蛇から果実を受け取っている。つまり、木の梢には人類の始まりが描かれ、根に向かっていくほど時代が下る仕組みである。梢から幹を下方に進むと、アダムとエヴァは楽園から追放され、カインはアベルを殺し、ノアは方舟を作って大洪水

図 8　オトラント大聖堂交差部（樹木の梢のアダムとエヴァ）

図 9　オトラント大聖堂身廊（バベルの塔の建設と「アレクサンドロス大王の飛翔」）

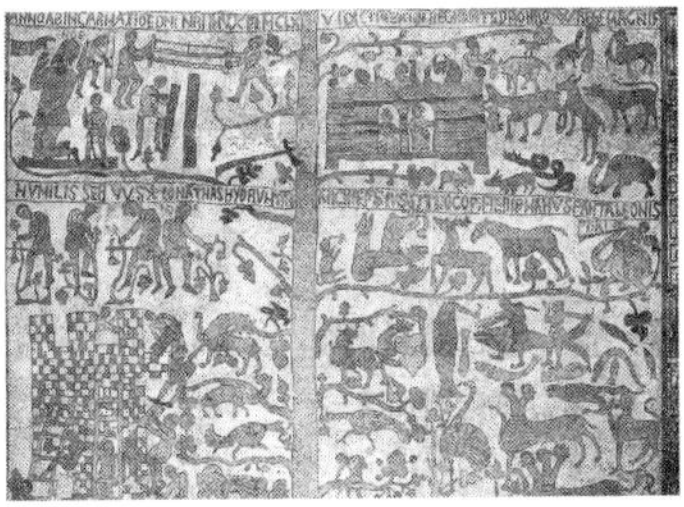

図 10　オトラント大聖堂身廊（ノアの方舟とその下に広がる海に泳ぐ魚や怪物）

図 11　オトラント大聖堂身廊（一頭四体の獅子）

図 12　オトラント大聖堂身廊（象をおびやかす小さな鼠）

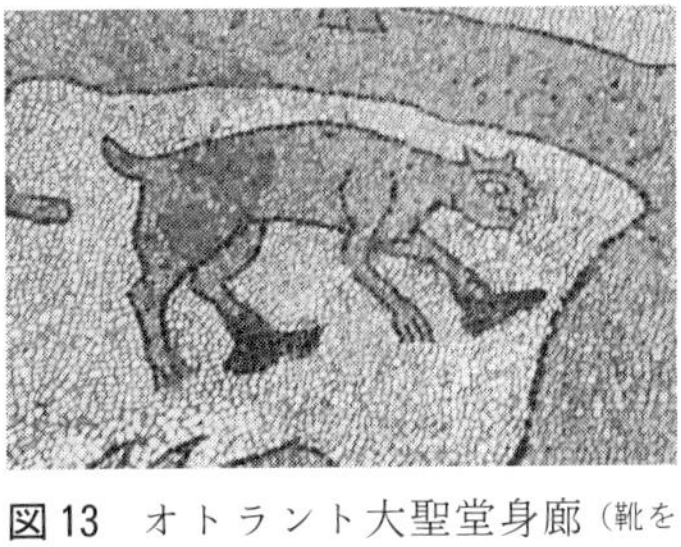

図 13　オトラント大聖堂身廊（靴を履いた猫）

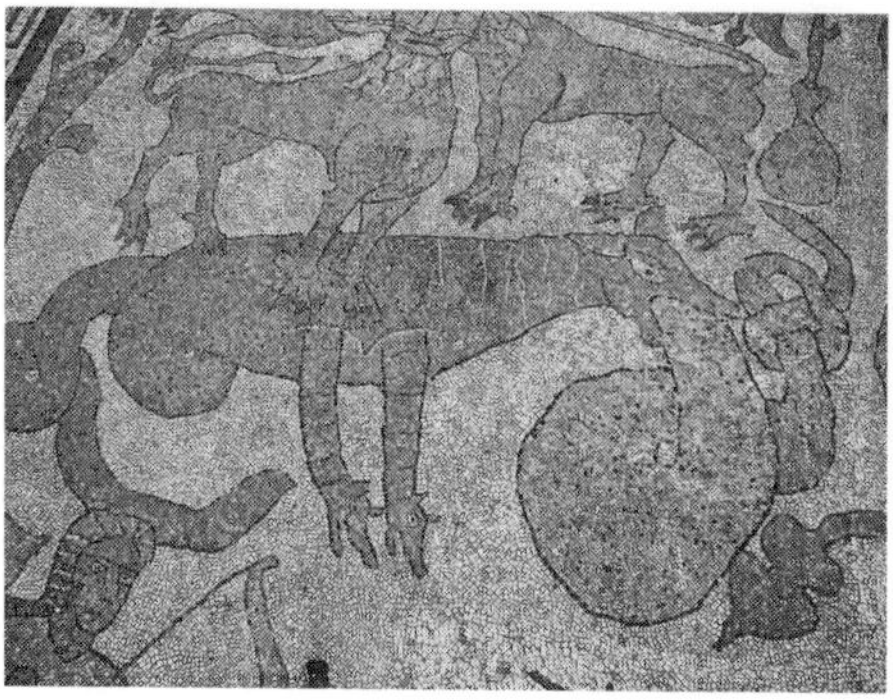

図 14　オトラント大聖堂身廊（蛇を飲み込む竜）

図 15　オトラント大聖堂身廊（チェス盤）

から動物たちを救う。バベルの塔は目下建設中。「楽園追放」と「ノアの方舟」の間には、「月暦」と「黄道一二宮」が挿入されて、季節の流れとともに移り変わる地上の営みが表される。

旧約聖書のなかでもとくに、罪を洗い流す「ノアの大洪水」と「傲慢」の罪を表す「バベルの塔の建設」が大きく描かれていることは、先に述べたようなシチリア王国での反乱の勃発との関連があるのだろう（図9）。「バベルの塔」の傍らには、同じく傲慢の象徴とみなされる場合もある「アレクサンドロス大王の飛翔」がある。グリュフォンの上に置かれた玉座に乗り、肉を刺した槍をちらつかせる大王。肉を食べようとグリュフォンが翼を羽ばたかせると、大王は肉を遠ざける。肉を食べようとするグリュフォンがさらに羽ばたく。その循環運動によって、いつしか大王は夜空へ舞い上がる。モザイクにおいて大王の頭上には星が煌めいており、大王が天に到達したことがわかる。『アレクサンドロス大王物語』によると、大王は天空からアララト山頂のノアの方舟を見たそうだ。

モザイクが描き出すのは、大樹の枝々が織りなす空間だが、枝の間には、アレクサンドロス大王が飛ぶ夜空もあれば、ノアの方舟が浮かび、魚が泳ぐ海もある（図10）。また、枝々には、鹿に矢を射る女性、盾を持って戦う戦士、一頭四体の獅子（図11）、象をおびやかす小さな鼠（図12）、靴を履いた猫（図13）、蛇を飲み込む竜（図14）、そしてチェス盤などが点在する（図15）。

裸人と樹木

これまでの研究では、アレクサンドロス大王やアーサー王など華やかな主役に注目が集まってきた。本章では、その空隙を埋めるように跋扈する裸人に着目する。モザイクに描かれた動物や怪物の種類を特定し、数を数えるうちに、さまざまな動物や怪物にまぎれて、樹木との葛藤を繰り広げる裸人の存在に気づいたからである。

このモザイクでは、人間は、着衣と裸体の二種類にはっきりと描き分けられている。着衣の人間のほとんどは銘文によって正体が明らかな人物である。アーサー王、アレクサンドロス大王、ニネヴェ王、ノアなどである。名前はないが例外的に着衣なのは、バベルの塔をつくる石工、ノアの家族、ディアナ（アマゾネス）や戦士、ニネヴェの町の人々などである（図16）。名のある人物で裸なのもいる。人類の祖のアダムとエヴァ、カインとアベル、ヨナだが、彼らは物語の設定上、裸なので着衣でなくとも不思議ではない。では、名もない裸人の跋扈にはどのような意味があるのだろうか。

イタリアの美術家パスクイーニ女史は、入り口近くのモザイクで、馬に乗った裸人を「強欲」の象徴とみなすが、その他の裸人については触れていない。たしかに、ニネヴェの町や北翼の地獄場面では、蛇に巻きつかれ処罰を受ける罪人の姿が見られる。裸身に蛇が絡みつく「淫乱」の表現である（図16）。しかしながら、北翼廊の天国の描写にも裸の人間が見られることから、裸すなわち罪人とは言えない。天国にも裸人がいることから、「魂」の描写と考える方が適切だろう。古くから魂は、小鳥や裸人として描かれてきた。また、「魂の上昇」や「葛藤」といったテーマは、プルデンティウスの『プシュコマキア』をはじめとして、中世の神学において重要なテーマであった。

図 16　オトラント大聖堂北翼廊（「淫乱」）

図 17　オトラント大聖堂身廊（枝に首を絞められ，ぶら下がる裸人）

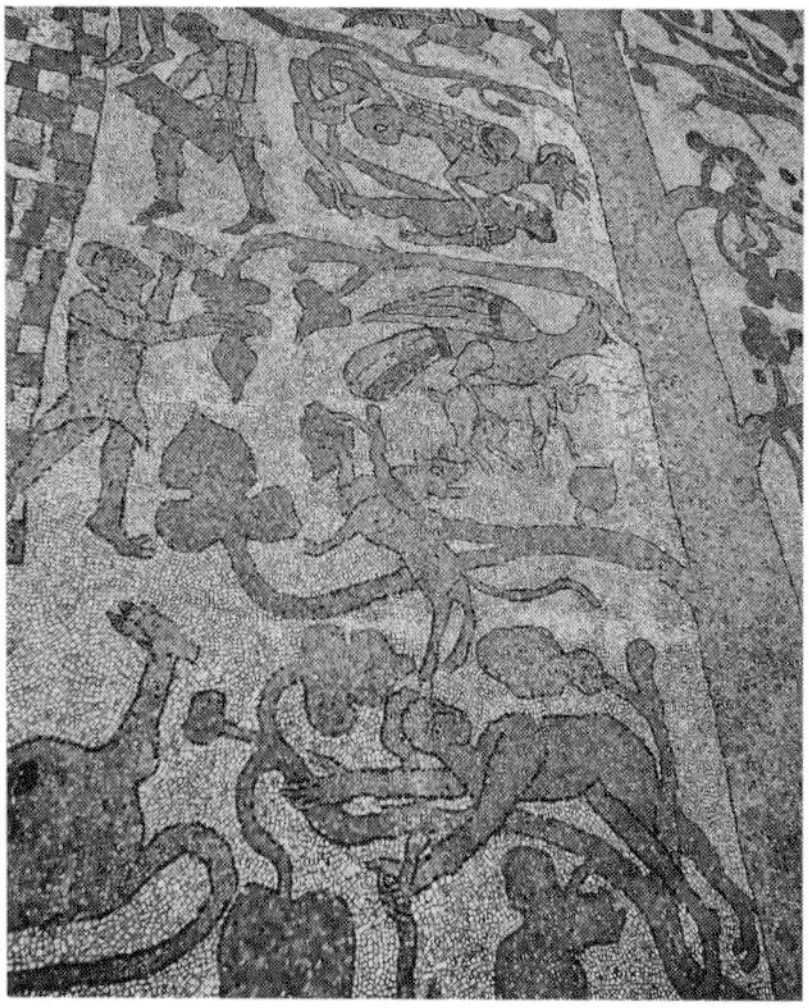

図 18　オトラント大聖堂身廊（枝にしがみつく裸人）

図 19　オトラント大聖堂身廊（動物の口からは萌え出る植物）

裸人が「魂」とすれば、大樹との関係が気になる。動物たちが枝をまたぎ越し、枝にかぶりついているのに対して、裸の人間たちは樹木と葛藤しているからである。枝に首を絞められ、枝から落とされぶら下がり（図17）、枝にかろうじて這い上ってなんとか篩い落とされないように苦慮している（図18）。動物たちの口からは植物が萌え出ていて（図19）、木と本来的な性質を共有しているように思われる。裸人のみが、樹木に過酷な試練を課されているのである。従来言われてきたようにこの大樹が「生命の樹」ならば、なぜ樹は裸人を苦しめるのだろうか。またウングルーが言うように、大樹が「ノルマン王朝」を表すのだとすれば、なおさら皮肉である。

イングランドのノルマン美術に見られる寓意表現が、ここに見られると筆者は考える。先に触れたように、古代ギリシア・ローマの美術の蔓草にも、狩猟場面やプットーの戯れが描かれることはある。グロテスク紋様のように蔓の先が怪物に変わっている場合もあるが、葉は緩やかに伸びて、調和と豊穣の旋律を奏でる。しかし、古代の蔓草は繁茂しても節度があり、植物が人間に危害を及ぼすことはない。

立場が逆転するのはロマネスク期のノルマン美術においてである。そもそも、ヴァイキングやサクソンなどゲルマン美術では動物咬結紋と呼ばれる、蛇、犬、鳥などの動物たちが互いに咬みつきあって、絡みあう文様が発展した（図20）。その影響があるのか、一一世紀以降のブリテン島で大陸のロマネスク様式が流布したおり、植物に絡まるひとや動物の意匠が一般化した。

イングランド南西部ビレズリーの聖堂扉口やイアーズリーの洗礼盤彫刻で、植物がひとに絡みつき、その行く手を阻む（図21）。後ろから迫る竜や獅子から逃れようとも、植物が絡みついてうまく逃げられない。頼るべきは神のみ。

同様の描写は写本のイニシャル装飾（図22）など他の媒体でも見られ、アングロ・ノルマン系聖職者がこうした寓意に親しんでいたことがわかる。ここで、植物は救いを求めてさすらう人々の足を絡めとり、妨げる存在である。イングランド南西部ヘレフォード州のキルペックの教区教会を飾る扉口装飾でも、左の門柱では兵士が蔓草に足を絡み

図 20　動物咬結紋（『ダロウの書』 7 世紀後半アイルランド北部あるいはブリテン島北部　ダブリン，トリニティ・カレッジ MS A.4.5. (57), fol. 192v.）

図 21　イギリス　イアーズリーの洗礼盤彫刻（1140 年頃）

図 22　蔦に絡まりながら二匹の竜と戦う人の M（フラウィウス・ヨセフス『ユダヤ古代誌』 1130 年頃 カンタベリー，クライスト・チャーチ　ケンブリッジ大学図書館）

図 23　ブリンディシのサン・ジョヴァンニ聖堂扉口彫刻（12 世紀）

図24　ブリンディシのサンタ・マリア・ヴェネーレ女子修道院聖堂の扉口（12世紀）

取られている。しかしながら、右の門柱では平和を象徴する鳩の番とともに穏やかな蔓草が茂っている。キルペックでは、扉の右と左で、異なる意味の蔓草を表現しているのである。右の門柱のような節度ある蔓草の描写は、南イタリアのブリンディシのサン・ジョヴァンニ聖堂（図23）やビトントの扉口彫刻にも見られる。つまり、古代の伝統的な表現としては、蔓草は自然の恵みを表し、人間を絡みとる危険な存在ではなかった。

枝々の間に、そっと、イオナータがすべりこませたのは、イタリアに古代から伝わる調和的な自然の表現ではなかった。樹木は救いを求める人間たちの前に立ちはだかる存在に変わった。ノルマン宮廷からやってきた北方人によって、植物のもつ意味が変化したのである。

図25　ビトント大聖堂地下に残る浮彫（ノルマンディーの影響が示唆されている）

アングロ・ノルマンの宮廷で人気の英雄だったアレクサンドロス大王やアーサー王の描写についても同様である。ブリンディシ大聖堂の床にはかつて『ロランの歌』が描かれたという記録もある。ノルマン王権の称揚が目的だろう。しかし、イオナータは巧みにも、称揚のみに留

図26　オトラント大聖堂アプシス
（黄金の杯をもつ裸人）

まらない図像をつくりだして、オトラントの多様な住民を満足させようとした。旧約聖書を題材としてユダヤ人にも親しみやすくするばかりでなく、裸人たちの葛藤というより根源的なメタファーを用いた。床モザイクは、王のためだけにつくられたのではない。見るのは神と、そこを訪れる人々である。そこに、根源的な救済の寓意をすべりこませたのではあるまいか。

　ノルマン人が故郷イングランドやフランスの美術を模した例が南イタリア各地に残っている。ブリンディシのサンタ・マリア・ヴェネーレ女子修道院聖堂の扉口上の浮き彫り彫刻では、オトラント同様、動物たちは口から蔓草を吐き出している（図24）。ビトント大聖堂の地下に残る浮彫彫刻（図25）のようにノルマンディー地方（ジュミエージュやグール）の彫刻の影響が見られる作例もある。

　すでに述べたとおり、オトラントのモザイクにはアーサー王やアレクサンドロス大王が登場する。アーサー王物語やアレクサンドロス大王伝は、一二世紀のフランスやイングランド、すなわちアングロ・ノルマン文化圏で興隆し、一大ジャンルを築いた文学作品である。アレクサンドロス大王はビザンツ圏でも多く見られる図像だが、『アレクサンドロス物語』では「キリスト教徒でさえあれば、最も優れた王だったのに」と理想の騎士として称えられる。アーサー王物語やアレクサンドロス伝を熱烈に受容したノルマン人たちが、その移動先の南イタリアで、王を称揚するため、聖堂に描いたとしても決して不思議ではない。

おわりに

木を登り続ける裸人を救済を求める魂だと考えると、大樹は、魂の葛藤と救済の道を示すと考えられはしないだろうか。そこには、さまざまな道標がある。下枝に置かれたチェス盤もそのひとつ。六世紀前半にインドで誕生したチェスは、アラビア経由でヨーロッパにもたらされた。中世、チェス盤という宇宙に展開されるゲームは、美徳と悪徳という魂の葛藤を象徴しているとされた(10)。そのほかの図像、サムソンと獅子の戦い、ケンタウロスが射る鹿など、いずれも悪や欲との葛藤を意味する。「バベルの塔」「アレクサンドロスの飛翔」などは傲慢の罪への諫めともとれる。これらは、脈絡なく床モザイクに描かれているのではなく、ひとつひとつが、魂を導く道標なのである。

人類の、あるいはノルマン王の系図のようにみえる大樹は、ノルマン人司教イオナータの手によってすべりこまされた裸人によって魂の葛藤の寓意となり、その行程の険しさを示しつつ、救済へと誘っているのかもしれない。裸人で唯ひとり、大樹との葛藤もなく超然と描かれているのが、祭壇左脇に描かれた謎の人物で、杯を手にしている（図26）。杯には、高価な金色のガラスモザイクが用いられている。オトラント全体で黄金が使われているのはこの一箇所のみ。救われた魂が、いずれ聖杯を仰ぐことの暗示なのだろうか。

（1）これについては拙論『〈驚異〉の文化史——中東とヨーロッパを中心に』第Ⅱ部9章「ロマネスク床モザイクに見る驚異 オトラント大聖堂の分類不能な怪物たち」名古屋大学出版会、二〇一五年、一〇一—一一一頁に詳しい。

（2）Pasquini, L., "Una nuova lettura iconografica del presbiterio di Otranto alla luce delle fonti scritte: notizie preliminari", in *Atti del IX Colloquio dell'Associazione Italiana per lo Studio e la Conservazione del Mosaico*, Aosta, 20–22 febbraio 2003, Ravenna 2004, pp. 193–212.

（3） Frugoni, C., “Per una Lettura del mosaico pavimentale della Cattedrale di Otranto e Il mosaico di Otranto: modelli culturali e scelte iconografiche”, *Bulletino dell'Instituto Storico Italiano per il Medio Evo e Archivio Muratoriano* LXXX（1968）, pp. 213–256, LXXXII（1970）, pp. 243–270.

（4） Bargellini, C., *Studies in Medieval Apulian Floor Mosaics*, Ph.D. dissertation, Harvard University, 1975.

（5） Castiñeiras, M., “D'Alexandre à Arthur : l'imaginaire normand dans la mosaïque d'Otrante”, *Les Cahiers de Saint-Michel de Cuxa* 37（2006）, pp. 135–153.

（6） Ungruh, C., *Das Bodenmosaik der Kathedrale von Otranto (1163–1165): Normannische Herrscherideologie als Endzeitvision*, Affalterbach, 2013.

（7） Takayama, H., *The Administration of the Norman Kingdom of Sicily*, Leiden/ New York, 1993, pp. 98–101; 高山博『中世シチリア王国の研究——異文化が交差する地中海世界』東京大学出版会、二〇一五年。

（8） Loud, G. A., “William the Bad or William the Unlucky? Kingship in Sicily 1154–1166”, *Haskins Society Journal* 8（1996）, pp. 99–113.

（9） Kier, H., *Der Mittelalterliche Schmuckfußboden unter besonderer Berücksichtigung des Rheinlandes. Kunstdenkmäler des Rheinlandes*, Düsseldorf, 1970.

（10） メアリー・カラザース『記憶術と書物』別宮貞徳監訳、工作舎、一九九七年、二三六頁。

図版出典

1：Ungruh, C., *Das Bodenmosaik der Kathedrale von Otranto (1163–1165): Normannische Herrscherideologie als Endzeitvision*, Affalterbach, 2013, pl. 41.

2、3、4、5、8、9、10、11、12、13、14、15、16、17、18、19、21、23、24、25、筆写撮影

6 *I mosaici del Duomo di Pesaro: storia di un ritrovamento*, a cura dell'Ufficio per I Beni Cultruali dell'Arcidiocesi di Pesaro, 2005, p.45.

7：Esmeijer, A.C., *Divina Quarternitas. A Preliminary Study in the Method and Application of Visual Exegesis*. Am-

sterdam, 1978, fig. 94.
20：https://en.wikipedia.org/wiki/Book_of_Durrow#/media/File:Meister_des_Book_of_Durrow_002.jpg
22：Kauffmann, C. M., *Romanesque Manuscripts 1066–1190*, London, 1975, Cat. no. 43.

Ⅲ　移動と地形

7 水都の輪郭
――ヴェネツィア・ラグーナのフロンティア

横手義洋

一 曖昧な都市の輪郭

都市にその概形を示す輪郭があるとすれば、通常は都市の内外を分ける境界線のことを言う。西洋の歴史的な都市を見れば、いずれもが市壁、あるいは、天然の要害によって、都市の輪郭を形づくった。すなわち、陸上の領域を仕切る境界は、市壁にしろ急峻な崖にしろ、高低差によって越境を許さず、確固とした輪郭線として存在する。その線が描く軌跡を、われわれは便宜的に都市の概形として理解するわけだ。

しかし、領域が陸ともつかない水ともつかない湿地に確立されるような場合、輪郭が不明瞭で不安定なことがある。例えば、遠浅の干潟は干満の差によって、境界線を大きく振幅させるだろう。こうした特徴を持った西洋都市の代表例がヴェネツィアだ。より正確に言えば、かつてのヴェネツィアである。実際、中世までのヴェネツィアはきわめて不明瞭な輪郭を有していた。一方、高潮による冠水被害でたまに話題となる現代のヴェネツィアは、確固とした輪郭を持つ都市に近い。すなわち、ヴェネツィアが現在の姿になるまでの行程は、不明瞭な輪郭を徐々に確固とした輪郭にまで持っていくプロセスでもあった。

周知の通り、ヴェネツィアの起源は、大陸の河川がもたらした堆積土に発する。ラグーナに点在する島々の並びも、アドリア海へと至る河川が内海に残した水流の賜物であり、そこに人間が住み着き、手を加え、一大水都として整備していった。

ヴェネツィア本島はよく魚の形状にたとえられる。自然発生の小群島が、その後、この独特の形状に到達するまでには、島それぞれの微小に異なる地形が重要であった[(1)]。一見平坦に見える島々にも、微妙に高いところ、低いところ、水面近く浅瀬とも見分けのつかない微地形のヴァリエーションがあった。このヴァリエーションは、ヴェネツィアが拡大整備されてゆく過程、土地の使い方、居住の有り様を左右したはずである。とはいうものの、ヴェネツィア形成のプロセスを視覚的に確認させてくれる手がかりはそう多くない。もっとも古い都市図が一四世紀の状況を伝えてはいるが、描かれる建造物は当時の都市景観のすべてとは言えないし、土地の高低が示されているわけでもない。それでも、都市の概形、陸と水の境界線、ラグーナの水流と群島の形成に関して、この都市図がわれわれに伝える情報はなお貴重であるように思う。

本章は、中世都市ヴェネツィアをうかがい知ることのできる現存最古の地図を手がかりに、陸と水の境界コンディションを意識しながら、ラグーナの水流とヴェネツィア本島形成過程、居住地の移動とフロンティアの連関について考察する。

二　ラグーナの高所をめざして

現在のヴェネツィア本島がラグーナの中心都市になる以前、この内海にはいくつかの居住地が点在した。とりわけ五世紀のフン族の侵入により、陸地にあった居住地が大きく海側へ追いやられた。人々は、ローマ時代の主要都市アクイレイアから、もっと海寄りのグラードへ移っていった。新設されたチッタノーヴァ（現在は陸地と化しているエラクレア）、ラグーナ北東部のトルチェッロ島、アドリア海沿いのメタマウコ（現在はリド島に取り込まれているマラモッコ）等、アドリア海沿いに点在する複数の核は、ランゴバルド族の侵入により、引き続き水上都市としての発展を余儀なくされた。こうした海寄りの居住地は、地理的にも政治的にも東ローマ帝国を頼りにした。

トルチェッロ島には六三九年に司教座聖堂が置かれ、一〇世紀頃までは大いに発展したとされる。しかしながら、その後甚大な高潮被害にさらされるようになり、次第に住民が離れていった。内海の全体を眺める時、トルチェッロ島の衰退はラグーナの重心がヴェネツィア本島に移っていく過程と重なる。人々は、少しでも安全な定住の地を求め、

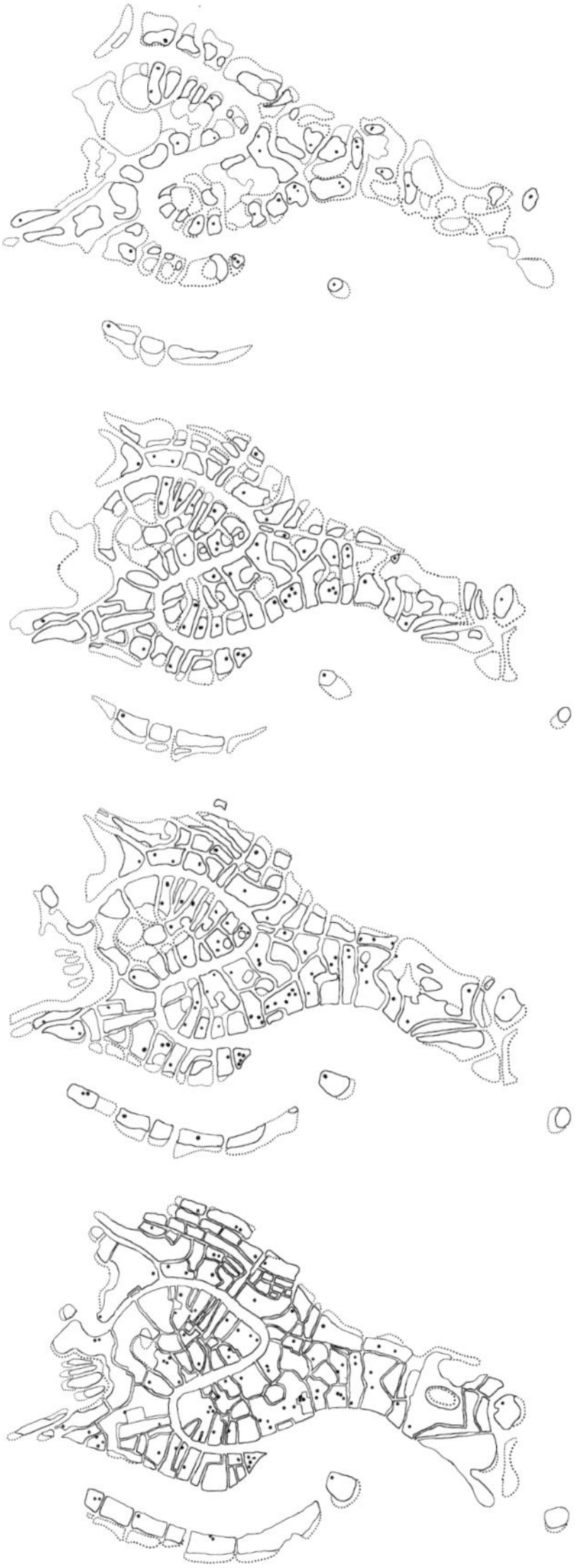

図1　ヴェネツィア本島の推定復元図

注）上から9世紀末，12世紀初頭，13世紀，14世紀初頭を示し，実線が水没しない陸地を示す．Silvia Capriata による図をもとに作成．

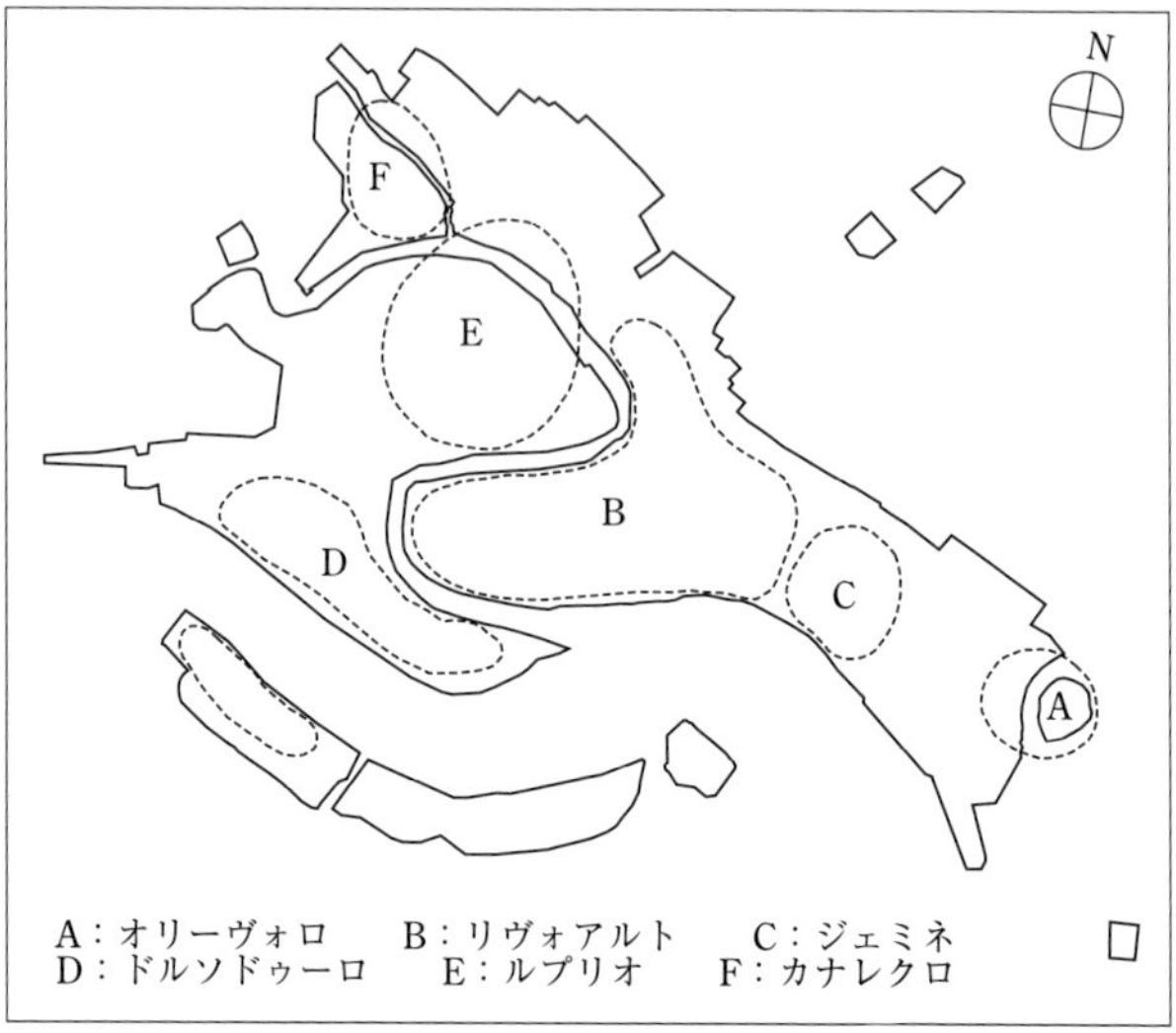

図2　11世紀の6つの居住区（実線は14世紀末の本島の概形）

リヴォアルト Rivoalto に移った。リヴォアルトとは「河岸の高所」を意味し、リアルトの旧称とされる。ヴェネツィア本島をS字に貫く水流（のちの大運河 Canal Grande）が最初に湾曲する左岸、ここには土砂が堆積し比較的高い土地ができていた。むろん、この時期の「高所」は数ある群島のひとつを指す呼称でしかなかった。そのリヴォアルトが、九―一二世紀にかけて水都全体の代名詞になる。Civitas Rivoalti と言えば、都市としてひとまとまりになりつつあったヴェネツィア本島全体を意味した。

ヴェネツィア本島形成過程については、先行研究における推定復元図に概要を確認できる（図1）。陸地はこの時代に存在したとされる教会の位置をもとに割り出され、丸っこい細胞のごとく描かれる。九世紀末の時点、すなわち水都創成期では、潮の干満に左右されない陸地は基本的に大運河沿いに続いている。この骨格に肉付けされるのが、ドルソドゥーロ地区西端、サン・マルコ地区、カステッロ地区西部であり、近い将来の陸地候補として群島と浅瀬を成している。魚の形状にたとえれば、この時点で、頭部から胴体部の原形が見て取れるわけだ。

大運河沿いにできた最初の陸地は時を追うごとに隣接細胞ぎりぎりまで領域を広げる。細胞間には航行用水路だけが残され、全体としては大きな組織体をなし、およそ魚形として認識できるくらいになる。

水流が形成した群島を利用して、一一世紀には六つの居住区が確立した。オリーヴォロ Olivolo（オリーブ樹林 olivarum arbor に由来、現在のサン・ピエトロ・ディ・カステッロ島に相当）、リヴォアルト Rivoalto（現在のサン・マルコ地区に相当）、ジェミネ Gemine（「二つのよく似た島 gemelle」に由来、サン・マルコ地区より東側の地域に相当）、ドルソドゥーロ Dorsoduro（大運河奥の「固い高台」に由来）、ルプリオ Luprio（現在のサンタ・クローチェ地区からサン・ポーロ地区のあたり）、カナレクロ Canaleclo（現在のカンナレージョ地区西端に相当）である(2)（図2）。

これらに関連して、フランコ・マンクーソは次のように述べている。

「ヴェネツィアの都市形成は特殊であり、一つの核から広がってゆく他の都市とはまったく異なる。（……）ラグーナの上にかろうじて現れることのできた小さな陸地に複数の核が宿り、それらが同時に発展していった(3)」。

ラグーナの重心へ

これら複数の核に重みの差を論じるとすれば、少なくともヴェネツィア本島が形成される初期段階で、オリーヴォロとリヴォアルトの存在は他よりも際立っていた。八四〇年に締結された Pactum Lotharii には、ラグーナの居住地が列挙されるものの、現在のヴェネツィア本島に該当する場所として記載があるのはオリーヴォロとリヴォアルトのみである。現在サン・ピエトロ・ディ・カステッロ島として知られるオリーヴォロは、アドリア海からリヴォアルトまで航行する際の、最初の中継拠点として機能した(4)。考古学的にもここが後のヴェネツィア本島を形成する最初期の島のひとつであり、その存在は少なくとも五世紀にさかのぼるとされる(5)。この島に教会が創られたのが七世紀、八世紀後半に司教を迎えた後、アーヘンの和約（八一二年）によりヴェネツィアがビザンツ帝国領であることが確定すると、一九世紀初頭まで司教座聖堂として宗教上の重みを持った。

一方、九世紀初頭は、ヴェネツィア本島に政治的な拠点、すなわちヴェネツィア総督館が移ってきた時期でもある。

八世紀半ば以降マラモッコに構えられていた総督館が、総督アニェッロ・パルテチパツィオ（在位八一〇―二七）の意向で、比較的地盤の安定したリヴォアルト、サンティ・アポストリ教会の隣地に移された。アレリ・マリーナは、この総督館から宗教的な核であるオリーヴォロまでを結ぶ東西方向の水路が、当時極めて重要な都市軸であったと指摘している。(6) 九世紀の時点で、オリーヴォロからリヴォアルトまでの一帯にラグーナの重心が集まりつつあった。

しかし、ほどなくしてリヴォアルトに決定的な重心の移動が起こる。総督館がリヴォアルトの南端、現在パラッツォ・ドゥカーレの建つ場所に移されたのである。加えて、総督ジュスティニアノ・パルテチパツィオ（在位八二七―二九）は総督館の隣に、アレキサンドリアから持ち込まれたサン・マルコの遺骸を収容する聖堂の建設を命じる。後にヴェネツィア共和国を象徴するサン・マルコがオリーヴォロの司教下ではなく、総督の管理下に置かれたこと、これによって政治・宗教の中心は、次第にリヴォアルトへ移動していく。オリーヴォロのサン・ピエトロ・ディ・カステッロ聖堂が一九世紀まで司教座の地位を有したとは言っても、サン・マルコが共和国のシンボルになると、実質的な政教の主導権はリヴォアルトが担うようになった。

三　現存最古の都市空間情報

「パオリーノの都市図」

中世ヴェネツィアの地形および都市空間情報を知る手がかりとして、現存最古の地図が一四世紀のものである。羊皮紙には、リヴォアルトを中核とした本島全体のまとまりが確認できるほか、彩色によって陸地と水面が描き分けられている（図3）。地図の制作者は不明だが、ヴェネツィアの修道士が取りまとめた年代記(7)に付属していることから、多くの先行研究が便宜的に「パオリーノ・ダ・ヴェネツィアの都市図」として紹介している（これに倣い、本章では以降「パオリーノの都市図」と略記する)。フランチェスコ会修道士パオリーノ・ダ・ヴェネツィア(一二七〇頃—一三四四)の歴史的功績は、ヴェネツィアの外交・政治面での活躍と、歴史や神話的内容のほか地理情報までを含んだ年代記の編纂事業に大別される。ヴェネツィアの都市図は年代記に収録されていたものであるが、地図を説明するような文字情報はなく、年代記全体との直接的な関連もうかがえない。したがって、地図は別な目的ですでに描かれており、その後、年代記編纂時に束ねられた可能性が高い[8]。

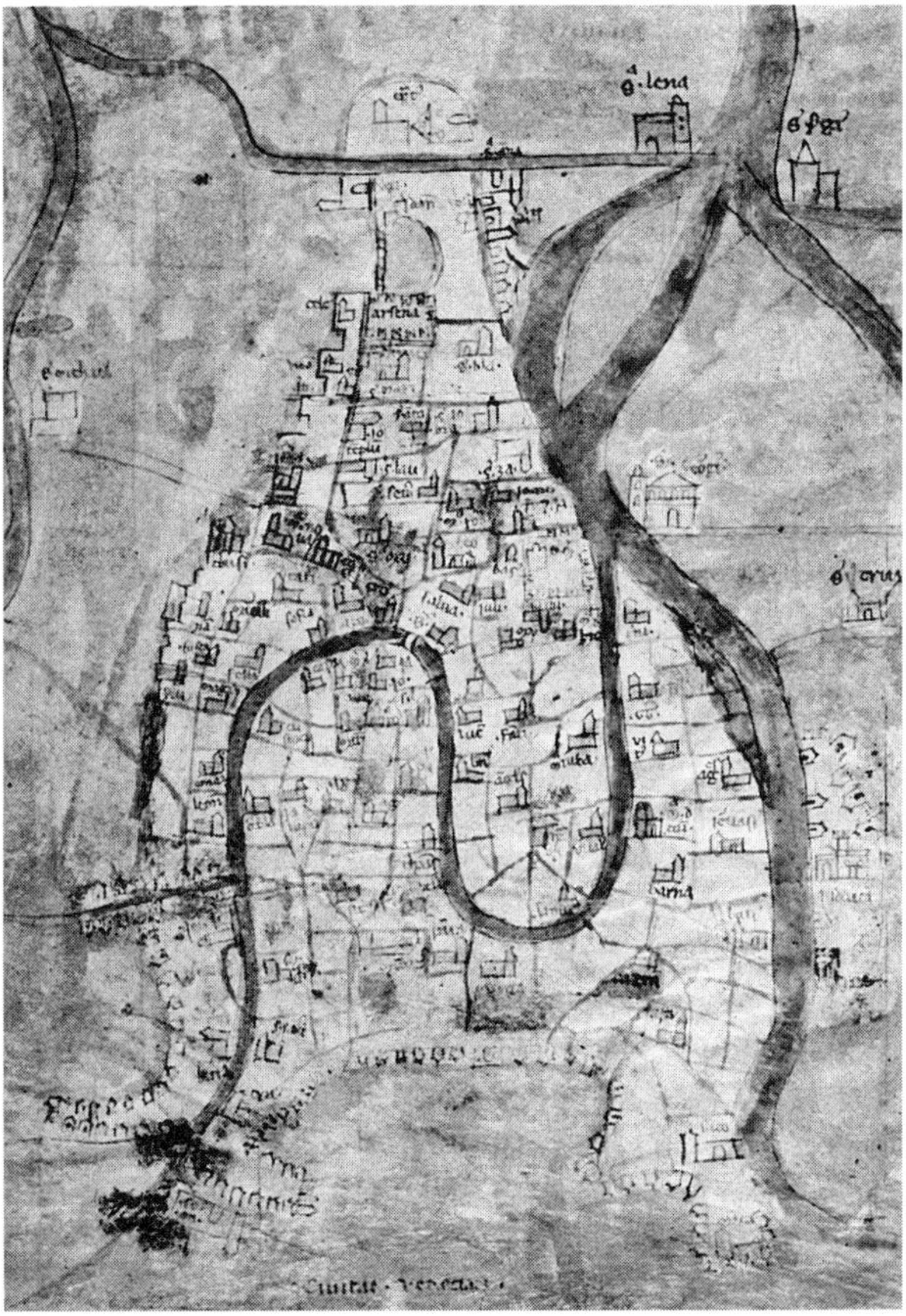

図3　パオリーノ・ダ・ヴェネツィアの都市図

現存最古のヴェネツィア図がどのようなものか、詳しく見ていこう。まず、中央やや下にヴェネツィア本島、左にムラーノ島およびサン・ミケーレ島があり、上方に横たわる細長い陸地、リド島がラグーナとアドリア海を分けている。以上の位置関係より、方位は、上方がおよそ東と見ていい。描かれた領域を見ると、ヴェネツィア本島と大陸との関係よりは、外海であるアドリア海への航行ルートが重視され、そのことは地図の構図にも見て取れる。上方中央には、港を示すべく灯台およびサン・ニコロ教会の建築アイコンがしっかりと描き込まれている。

　ラグーナにも、航行の可能性を明示すべく主要運河が太く力強い褐色で描き込まれている。それ以外の淡色が浅瀬もしくは湿地を示す。淡色で示される領域は陸地と海の中間的な領域と見ることができる。実際、サン・ジョルジョをはじめとする小島は、教会建築があたかも水面に建つかのように陸地の輪郭を示さずに描かれている。本島の東方、サン・ニコロの西方には、サンタンドレア（一六世紀の建築家ミケーレ・サンミケーリによって要塞化された）、さらに、現在は本島と一体化して見えるサンテレナ教会（S^{a} lena と記される）、さらに本島の南方には、リド島近くに位置するサン・セルヴォーロ修道院（St Sgi と読める）、サン・ラッザロ修道院（S. Laz と記されている）も干潟の只中に確認できる。

　白色で示される領域が冠水しない陸地を指し、ヴェネツィア本島の他、ムラーノ島、リド島が明示される。この白色部分が地図作成時点における都市の概形である。ヴェネツィア本島は、すでに魚のような組織体として形作られているが、組織体は小運河によって網目状に切り分けられている。

　建築物は主要な存在のみが簡略化されたアイコンとして示される。教会は、鐘楼を示す鉛筆形と建物本体を示す長方形を複合させたL字形によって、立面を記号化している。教会は本島にまんべんなく散りばめられており、総数は九六棟を数える。[9] 建築タイプとして、教会に次いで数が多いのが住宅あるいは工房である。こちらも切妻の立面によって示されるが、配置の特徴として水際に一列に並ぶ。時には、あたかも水面に建つかのような表現をした場所もある。

　ヴェネツィアを特徴づける特別な場所、サン・マルコ聖堂および広場（聖堂右にSMとある）、造船所（arsena と記されている）、この二箇所だけは規模が大きいからであろうか、狭間付きの矩形によって平面的に図示されている。

水面への注視

「パオリーノの都市図」は、ヴェネツィアのサン・マルコ（国立マルチアナ）図書館に所蔵されているが、羊皮紙の保存状態が極めて悪く、近年は閲覧もままならない状態である。史料の宿命とも言えるこの状況に、近年はデジタル複写画像によって閲覧の便宜が図られているのであるが、一八世紀時点で貴重史料の公開を図ろうとした人物がいた。建築家トンマーゾ・テマンツァ（一七〇五―八九）である。彼は、「パオリーノの都市図」の発見者であり、最初の分析者でもある。(10)

史料との出会いはほとんど偶然の出来事であったという。若き修練の頃、サン・マルコ図書館に通いつめていたテマンツァは、浩瀚な古書群の間に「パオリーノの都市図」を発見する。羊皮紙にはこれまで見たこともないヴェネツィアの過去、すなわちヴェネツィア本島が都市化し拡大する前の状況が見てとれた。一八世紀の建築家にとって、「パオリーノの都市図」はどのような意味を持っただろうか。まずは、水都の成立に対する歴史的興味があっただろう。加えて、この時代の要求に引きつけるなら、水都の維持管理を主眼とする水理工学的な関心もあった。

実際、「パオリーノの都市図」が伝える内容は、一六世紀以降に描かれる壮麗なヴェネツィアではない。建築物の描写は象徴的な記号のレベルに過ぎず、都市の栄華を伝えるには力不足である。その一方で、ヴェネツィアを水がどのように通りぬけ流れているのか、すなわち、水面下についてかなり正確な情報を持っている。後代もっと精緻に描かれるようになるラグーナの地図と比較してもけっして引けをとらない。(11)

常に脅威にさらされる水際の居住環境は、ラグーナの動きに注意を向けざるをえない。一六世紀に共和国に設置される水管理局 Magistrato alle Acqua の主要な目的はラグーナの管理にあり、水に関するあらゆる知見を学際的に収集していた。建築家テマンツァもその渦中に身を置き、水都の維持管理に尽力していた。そのような任務のなか、

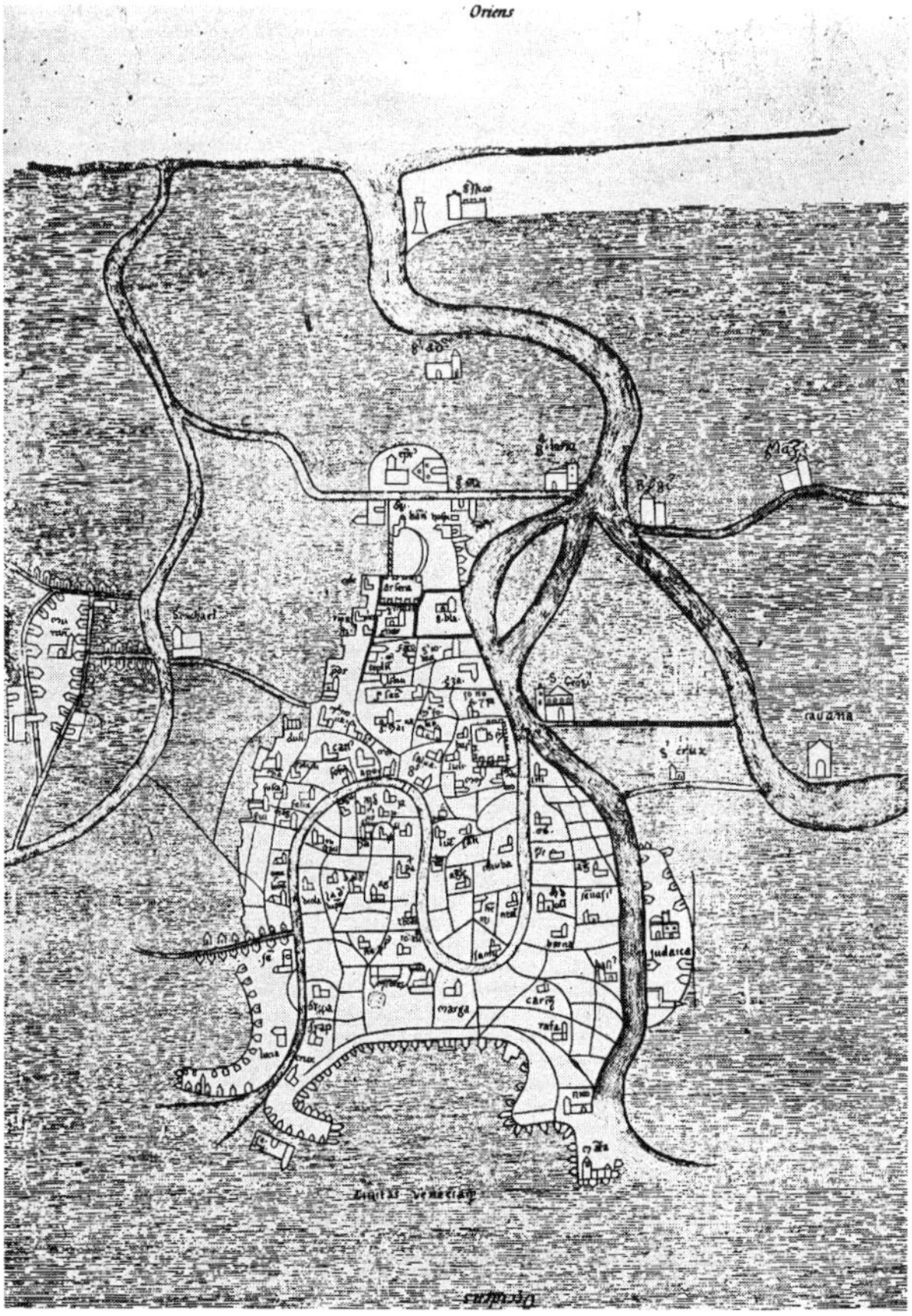

図 4　「パオリーノの都市図」の複製図

「パオリーノの都市図」はヴェネツィア生成のプロセスを明らかにし、また、都市管理にとっても貴重な情報になると思われた。公開に向けての作業はかなりの時間を要した。

　テマンツァの複製図および研究は、最初の発見からおよそ五〇年後、一七八一年に『一二世紀中頃の都市ヴェネツィアを描いた古地図』と題して出版された。[12] この複製図は「パオリーノの都市図」を明瞭な線描画としたがゆえ、一四世紀の史料に描かれた内容をわかりやすく示すことにはなった（図4）。反面、陸と水の境界コンディションのあり方（境界の曖昧さを伝える点で、絶妙な表現）を一律に明瞭な実線としてしまう表現上の制約も抱えている。

上書きされるフロンティアの情報

先に「パオリーノの都市図」は一四世紀の制作物と説明したが、[13] 地図に描かれる内容がすべて一四世紀の実情というわけではないので、注意が要る。

例えば、南方の「Judaica」と記されるジュデッカ島の面積規模はこの時代にしてはあまりにも小さ過ぎる。また、ジュデッカの陸地に示される教会は、ヴェネツィアで最古の部類に入るがゆえ装飾化された建築アイコンで示されるサンテウフェミアと、一九世紀に取り壊され現存しないサンティ・ビアジオ・エ・カタルド教会のみである。「S' crux」と表記される小さな教会（サンタ・クローチェ）は、陸地の東方沖、湿地水面に浮かぶように示されている。すなわち、ここに示されるジュデッカの形状は、少なくとも東方への陸地拡大以前の状況である。

別な例として挙げられるのが、サン・クレメンテ島である。「S' crux」の南方、オルファノ運河のそばに「cavana」と記されるが、付近に大きな切妻の建築アイコンを確認できる。この教会の造営が一二世紀前半である。建築家テマンツァの出版物が「一二世紀半ばの状況を示す地図」と題しているのは、ジュデッカ等の規模とサン・クレ

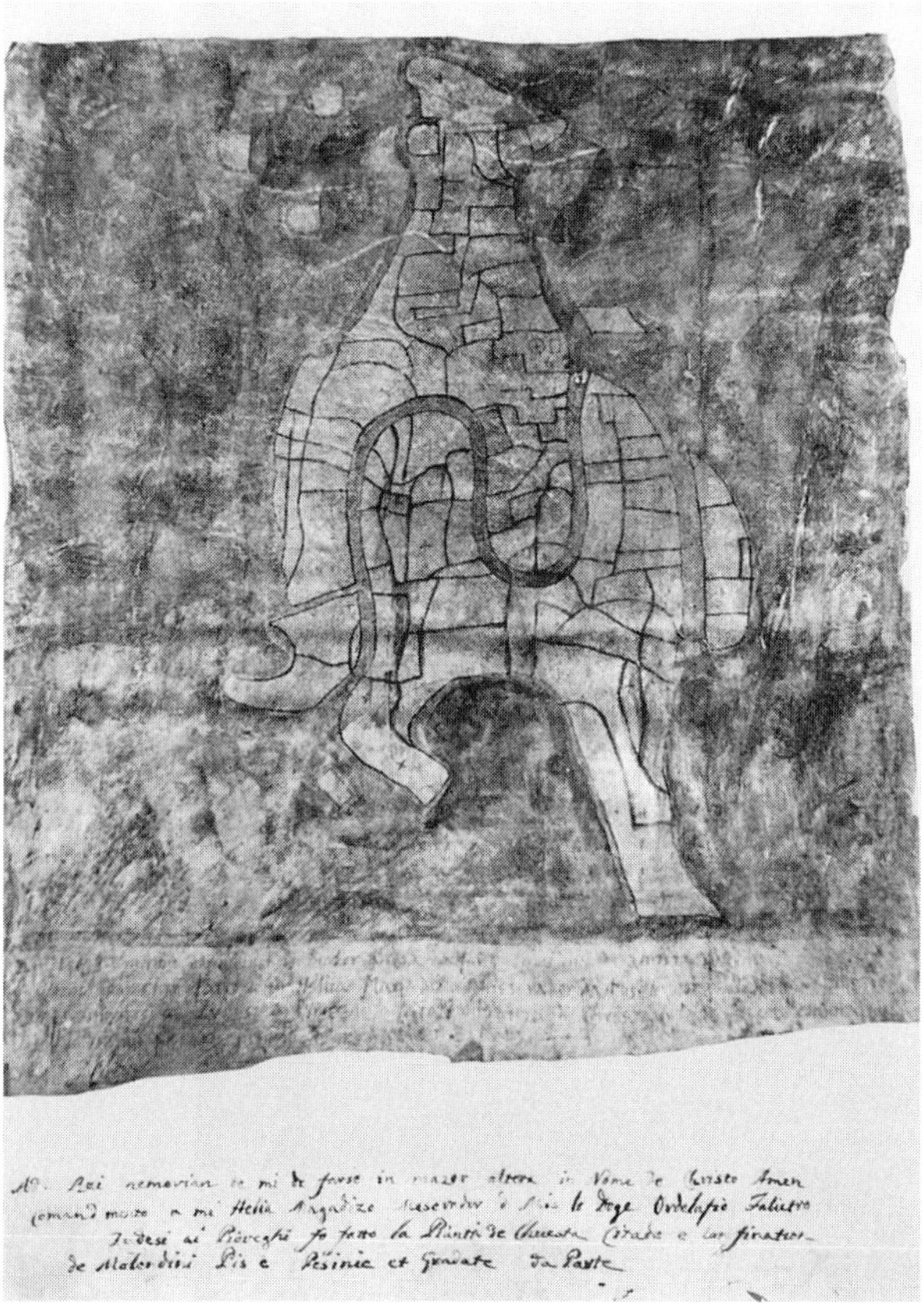

図5　ヴェネツィア都市図

メンテ教会の造営に重きを置いたからである。

サン・マルコ図書館には、「パオリーノの都市図」によく似たヴェネツィア都市図が所蔵されている。[14] 描画の精度は劣るものの、ヴェネツィア本島の概形、運河の走り方、全体の構図は、「パオリーノの都市図」とほぼ同じと言っていい（図5）。ただ、こちらはドルソドゥーロ地区の西端、カステッロ地区の南端がやや湿地側に延伸しているほか、サン・ジョルジョ島の輪郭もしっかりと描かれている。この都市図は一六世紀に複製されたものであるが、原図自体は一二世紀初頭の制作とされる。[15]

以上を総合すれば、サン・マルコ図書館に所蔵される「パオリーノの都市図」およびそれに類似する一六世紀の複製図は、一二世紀に共有されていた同じ知見をもとに描かれた同類の地図である可能性が高い。ただ、後で確認するように、「パオリーノの都市図」には、場所によって一二世紀よりも新しい時代の情報が含まれている。したがって、より正確な言い方をすれば、「パオリーノの都市図」は、都市の現状を把握するべく制作された一二世紀の都市図の複製図のひとつと言えよう。複製のプロセスにおいて新しい情報が部分的に付加されていったのである。

四　都市化とフロンティア

リヴォアルトの都市化

中世ヴェネツィアが東西貿易で力を蓄えたことはよく知られるが、この水上の地で得られる貴重な産物に塩があった。ヴェネツィア本島がまだ群島に過ぎなかった頃から、海水を用いた製塩作業は行われていた。すなわち、比較的高台に人が住み、その周辺に塩田を配したと考えられる。しかしながら、リヴォアルトに人口が集中し群島の一体化が進んでいくと、必然的に都心部から塩田は消滅していった。

製塩より後発のガラス製造も一〇世紀には本島で開始されていたとされる。しかし、一三世紀末に本島のガラス工房はすべてムラーノ島へ移された。この移動には、当時まだ木造建造物が多かった居住地から火元および排煙を遠ざけるねらいがあった。一種の都市政策と考えられる。

アルヴィーゼ・ゾルジは、群島時代のリヴォアルトの地の利として、蛇行する大運河が商船の出入りと停泊に好都合であったことを指摘している。すなわち、（現在よりも河幅が広かった）大運河には港機能があり、物資や資材置き場、その製造や加工を担う場（造船等）が併存した。しかしながら、ヴェネツィア全体が交易で富を得るに従い、リヴォアルトは高密度居住地へ変貌する。大運河沿いは、共和国をはじめ、ドイツやトルコの商館、富裕な貴族の館がひしめき合う場となった。こうしてヴェネツィア商人の富を象徴する壮麗な都市舞台が確立される。畜殺場を含む市場は、一一世紀に大運河の右岸に置かれ、リヴォアルトの居住地から一旦は遠ざけられたが、やはり商業的な重要性から、橋（現リアルト橋）を架け、リヴォアルト側からのアクセスを確保する。こうして、経済の中心リアルトから政治の中心サン・マルコへの通りが「メルチェリエ」として発展した。リヴォアルトの都市化が進む中で、騒々しい製造の現場は次第に都市周縁のフロンティアへと締め出されていった。

ジュデッカ島の延伸

先に言及したジュデッカ島はヴェネツィア本島の南に位置するフロンティアである。テマンツァによる複製図を見ると、ヴェネツィア本島とジュデッカ島の間に走る運河（当時はヴィガーノ運河と称した）は、ラグーナの大動脈のごとく力強く描かれている。(16)

この大動脈に接する陸地、ヴェネツィア本島南端の線、ジュデッカ島北端の線は、その後、時代が進んでも、水際の輪郭として大きく動くことはなかった。起こり得たのは、面積規模の小さいジュデッカ島が運河の線にそって延伸

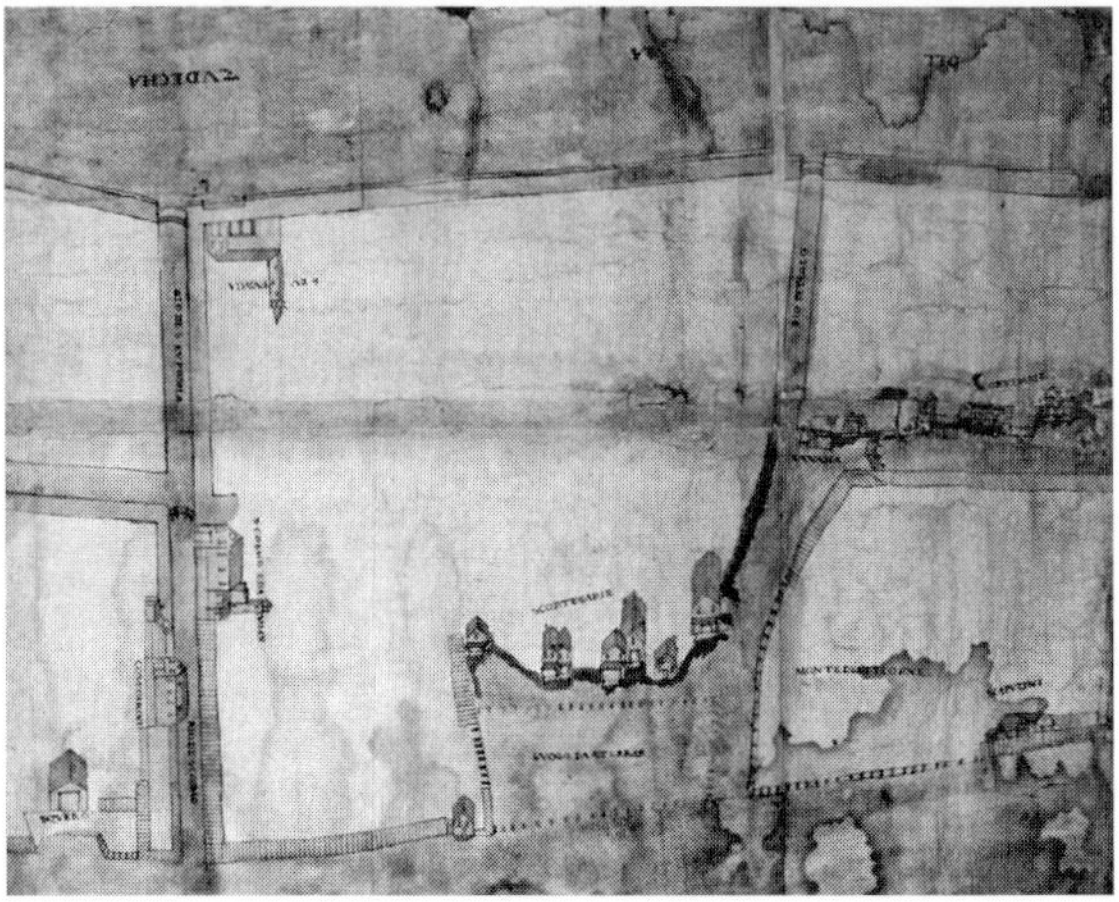

図6　ジュデッカの皮革職人居住地区

することであった。とりわけ、ジュデッカ島は東側にあるサン・ジョルジョ島の方へ陸地を拡大していった。

テマンツァはサン・マルコ図書館に所蔵される『黄金の書』に記された一二五二年の記録「De terra concedenda ad ellevandum in Judeca」を参照し、ジュデッカ東方沖の埋め立てが本格化する時期を一三世紀後半と特定している。[17] 実際、一一―一二世紀のジュデッカ島に関する情報はほとんどなく、名称さえもなかった。文字史料としては、一二三六年八月一七日付のものが知られる。これによれば、すでに島に住みついていた四五人の皮革職人に対して、ヴェネツィア総督ヤコポ・ティエポロ（在位一二二九―四九）が、南方の湿地三〇〇ピエーディ（一〇四メートル）の土地を与える許可を出したという。現在のジュデッカ島の南北の幅を想像すれば、だいたい半分ほどの土地である。少なくとも当初は、ジュデッカ運河沿いに幅員一〇ピエーディ（三・五メートル）の道路を確保した上で、南へ二九〇ピエーディの櫛状の土地が並んでいたとされる。敷地内には、運河側より、住居、菜園、物置場、船着場、そして湿地に面して、作業小屋が並んだ。皮なめし作業場をジュデッカ運河から遠ざけた理由は、運河の水をなるべく汚染しない環境への配慮からである。作業小屋の周りには、皮革を草や樹皮の汁に浸した樽の置場、さらに、皮革を乾燥させるための空地（terra vacua ubi assucantur pelles）も必要となる。少し時代は下るが、一七世紀の絵図に、ジュデッカの皮革職人居住地区を示したものが見つけられる（図6）。上方にジュデッカ運河、運河沿いの一〇ピエーディの道路、サンテウフェミア教会が確認できる。ここから下方（南側、すなわち湿地側に）櫛型の土地が区画されており、水際に二階建ての作業用の建物がある。絵図には皮革加工職人の工房であることを示すべく「scortegarie」と記されている。

ジュデッカという名称は、おそらくは「皮をなめす zuecar」に由来する。その名称が歴史上はじめて用いられるのが一二五四年であり、サン・ジョルジョ島方面へ延伸する新しいジュデッカを示す「zueca nova」という名称の初出は一三二八年である。(18)

以上に確認した情報をもとに「パオリーノの都市図」を見直してみると、たしかにその状況を示すような表現が取られている。ジュデッカ島に教会以外の住宅もしくは工房のアイコンが比較的多く描かれていること、また、沿岸部を粗末な住宅群が取り巻いていることは、この地区が独特のコミュニティ、皮革職人たちの居住区であったことを示す。さらに、湿地側の薄い輪郭線はその土地がその後拡大する可能性を示している。

五　ヴェネツィア本島の拡張

西方湿地への拡大

次に「パオリーノの都市図」西部沿岸を見てみたい。弓型に湾曲した海岸線には、ジュデッカ以上に小規模な住宅・工房群が密集して並べられている。ここも湿地に対して陸地を拡大していくエリアと見ていい。ウラジミール・ドリゴは、主に教会所有地に関する史料に着目して、「一二世紀末のヴェネツィア復元図」と「一三六〇年頃のヴェネツィア復元図」を作成している（図7）が、両者の本島西部を見比べると、一二世紀末の時点では沿岸最前線に教会が位置するのに対し、一三六〇年になると教会の前に一般建築の用地が付け足されていることがわかる。

図7　ヴェネツィア復元図

注）上が12世紀末，下が1360年頃．一番濃い色が教会領地を示す．
ウラジミール・ドリゴによる図をもとに筆者が作成．

一三世紀に西部フロンティアを担ったフラーリ教会を見てみよう。教会の敷地は、一二三六年、総督ヤコポ・ティエポロ（在位一二二九―四九）の許可を得て、フランチェスコ会が干拓したものだ。このあたりは「ラーゴ・バドエル Lago Badoer」と呼ばれる低地として記録があり、サン・ポーロ地区にまで水辺が入り込んでいた。ドリゴによる一二世紀末復元図を見ると、ヴェネツィア西部沿岸は大運河およびジュデッカ運河沿いに陸地が伸びているものの、湿地に面した間の沿岸部はずいぶん本島内側までえぐられていることがわかる。南側から、サン・ニコロ・デイ・メンディコリ、アンジェロ・ラッファエーレ、サン・パンタロン、サンジャコモ・ダッローリオ、サンタ・クローチェ[19]といった教会をつなぐラインが、西方水際の最前線であった。

「パオリーノの都市図」には、サン・ニコロ・デイ・メンディコリ教会の西方に、「mata」と記されるサンタ・マルタ教会が確認できる。[20]また、サンタ・クローチェの西方、水面上にはサンタ・キアーラと思しき修道院教会が描かれている。サンタ・キアーラの創設は一二三六年、サンタ・マルタの創設は一四世紀である。以上の教会の付加、さらに、サンタ・マルタからサンタ・キアーラまで湾曲して描かれる沿岸の線を考慮すると、「パオリーノの都市図」は一二世紀末の沿岸線よりはずいぶん西方の湿地側へ拡大した後の状況を示しており、かなり正確に一四世紀の状況が反映されていることがわかる。

北岸の埋め立て

再びヴェネツィア本島を魚体にたとえるならば、頭の上に相当するカンナレージョ北部は、現在の地図では、東西方向に細長い土地が整然と三枚並んでおり、計画的干拓の跡がわかりやすいエリアだ。

一九九六—九七年に実施されたカンナレージョ地区発掘調査の成果報告によると、サンタルヴィーゼの陸地拡大は一三四〇年代初頭に始まり、一四〇〇年頃まで行われたという(21)。干拓の際に打ち込まれた杭の年代判定がその根拠となっているわけだが、興味深いのは「パオリーノの都市図」が描かれた、まさにその後にサンタルヴィーゼの埋め立てが急激に進んだことである。「パオリーノの都市図」を見ると、サンタルヴィーゼはまだ描かれておらず、沿岸には本島西部同様、小住宅が並んでいるだけである。その東に、カンナレージョ地区を南北に貫き、大運河につながる水路の線が確認できる。実際よりもやや東寄りに描かれているためわかりにくいが、この水路は、サン・ジェレミア教会の位置、大運河西部の屈曲具合に鑑みて、カンナレージョ運河と推定できる。カンナレージョ運河沿いにも小住宅群が一列に並んで描かれ、そのままラグーナ沖へ伸び、やがて消える。沿岸および運河沿いの小住宅群が、これから延伸しようとする陸地を示唆しているようで非常に興味深い。

われわれはすでにジュデッカ南部、いわゆる都市の辺境に皮革職人の作業場の存在を見たわけだが、北西端部、カナレクロの辺境地、すなわち、沖合に消え行くカンナレージョ運河の両岸には別業の職人居住地があった。ここには、大青を用いた藍染織物工たちが住みつき、糸を染め、織物を洗浄するのに水を用いた。洗浄場のそばには clauderiae

と称される広い土地が設けられ、織物の乾燥場として使われた。この広い土地を得るために、織物工たちは進んで干拓を行ったのである。

身分の低い層、あるいは、職人層の居住地が湿地寄りにあったという事実は、ジュデッカ島でもムラーノ島でも確認できているが、教会も陸地拡大の最前線を担った。「パオリーノの都市図」の北岸東部に注目すると、「svi」で示されるサンタ・マリア・デイ・セルヴィ、「mia」で示されるミゼリコルディア、「clufi」で示されるサンタ・マリア・デイ・クロチフェリ、「viea」で示されるサン・フランチェスコ・デッラ・ヴィーニャ、「cele」で示されるチェレスティアが確認できる。これら教会群が、一四世紀における北東フロンティアを形成した。陸と水の境界線として興味深いのは、歪な凸凹の線として描かれていることである。個人の埋め立てに比べ、教会による埋め立ては規模が大きく、整形区画で土地が整備されるため、都市の概形線としてはガタガタの沿岸線になるのである。

やや特殊な例として、サンタ・マリア・デイ・クロチフェリ修道院教会がある。この修道院は、一一四八年の創設時は本島から離れた湿地の只中に位置していたのであったが、一三世紀に埋め立てられ、本島と一体化した。この際の広大な埋め立ては、総督ラニエリ・ゼン（在位一二五三―六八）の命で行われたものであったが、その用途はカナレクロの染物工たちと同様、clauderiae の確保だった。

フロンティアが担う機能

湿地へ進出拡大するヴェネツィアのフロンティアが中世における製造業の用地であり、その土地は機能上オープン・スペースとして意味があったことをもう一度確認しておきたい。ジュデッカの皮革加工、カナレクロの染物工、さらに、木材や石材の加工についても同じことが言える。とくに木材について言えば、一一―一二世紀には sguadrum（scarrum, scherum）と称される簡易の造船施設があり、一三世紀初頭になるとヴェネツィア本島にまでかなり

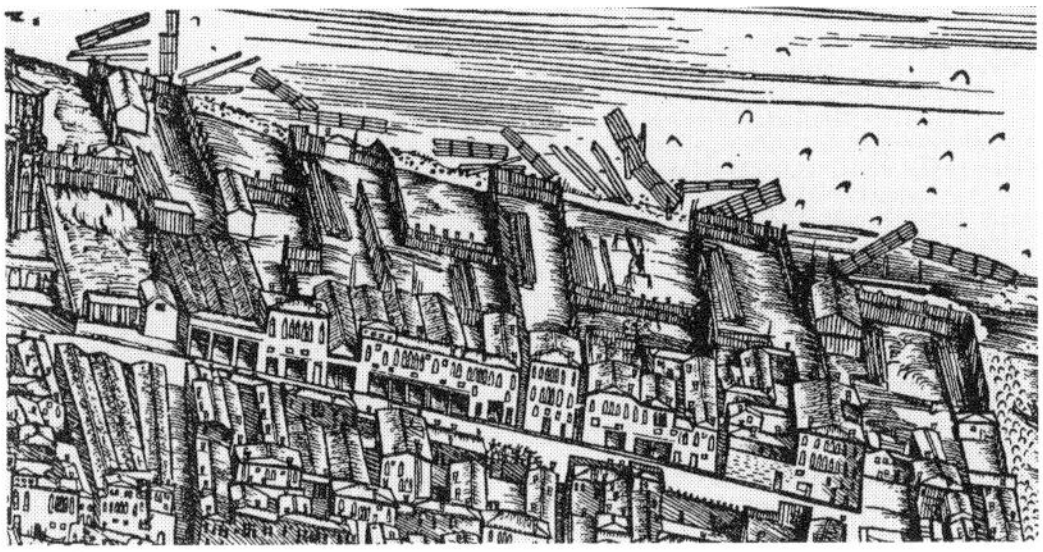

図8　北部製材所

の量の木材が持ち込まれ、沿岸部に備蓄するようになっていた。言うまでもなく、木材は建築と船の建設に欠かせない資材であった。

「アルセナーレ」として知られる共和国造船所の歴史は一二二〇年代に遡る。当初は、サン・マルティーノ教会（「パオリーノの都市図」では「S. mar」で記される）の北部埋立地沿岸を単に船を留め置く場所としていただけだったが、歴代総督によって次第に造船所として整備されるようになった。だが、共和国の造船所としてはやや手狭である。実際、一三〇五年より近くにあったサン・ダニエーレ湖（「パオリーノの都市図」には弓形の湖として示される）および周辺の土地を獲得し、古い造船所と合わせて広大な造船所とした。しかしながら、本章の主題からすれば、一四世紀にアルセナーレが拡大整備される以前、とりわけ一三世紀に、造船あるいは木材備蓄機能を持つ場所が、本島北東部の埋立地、南部ザッテレ等、都市のあちこちに分散していたことの方が重要である。たしかに、デ・バルバリの鳥瞰図を見ると、北岸フロンティアの一角を占めたサンティ・ジョヴァンニ・エ・パオロの右隣り、バルバリア・デ・レ・トレの北側には比較的広大な製材所の敷地を確認できる（図8）[22]。一五世紀にして、ここはなお製材作業を行うために空地のままであった。

一二―一三世紀まで、製造業を担う本島のフロンティアは、安価な材料による一時的な建物、小規模の建物群で占められていたのであったが、一四世紀になると、次第に規模の面でも材料や装飾の面でもCivitas Veneciarumにふさわしい記念的な建物群に置き換わっていく。

六　一四世紀の都市図が予見した姿
——むすびにかえて

定められる輪郭

「パオリーノの都市図」に読み取ることのできたヴェネツィア本島拡大の予兆は、一五五七年に水管理局の技師クリストフォロ・サッバディーノ（一四八九—一五六〇）が描いた拡張計画図に、かなりはっきりとした線で示される。サッバディーノの描いた水都には、明確な都市の輪郭を見て取ることができる（図9）。白色で示されるヴェネツィア本島の陸地は、デ・バルバリの鳥瞰図が示した領域とさほど変わっていない。ただ、「パオリーノの都市図」のなかに仄《ほの》見えていた陸地拡大の潜在的エリア、すなわち、本島の北部沿岸、西部沿岸、ジュデッカ島南部沿岸がはっきりと緑色の埋立地として指示されている。さらに、外周部を取り巻くような赤い線の縁取りが示されている。これは、サッバディーノが計画していたフォンダメンタ、いわば外周道路である。幅員約一七メートルの壮大な都市の縁取りであった。

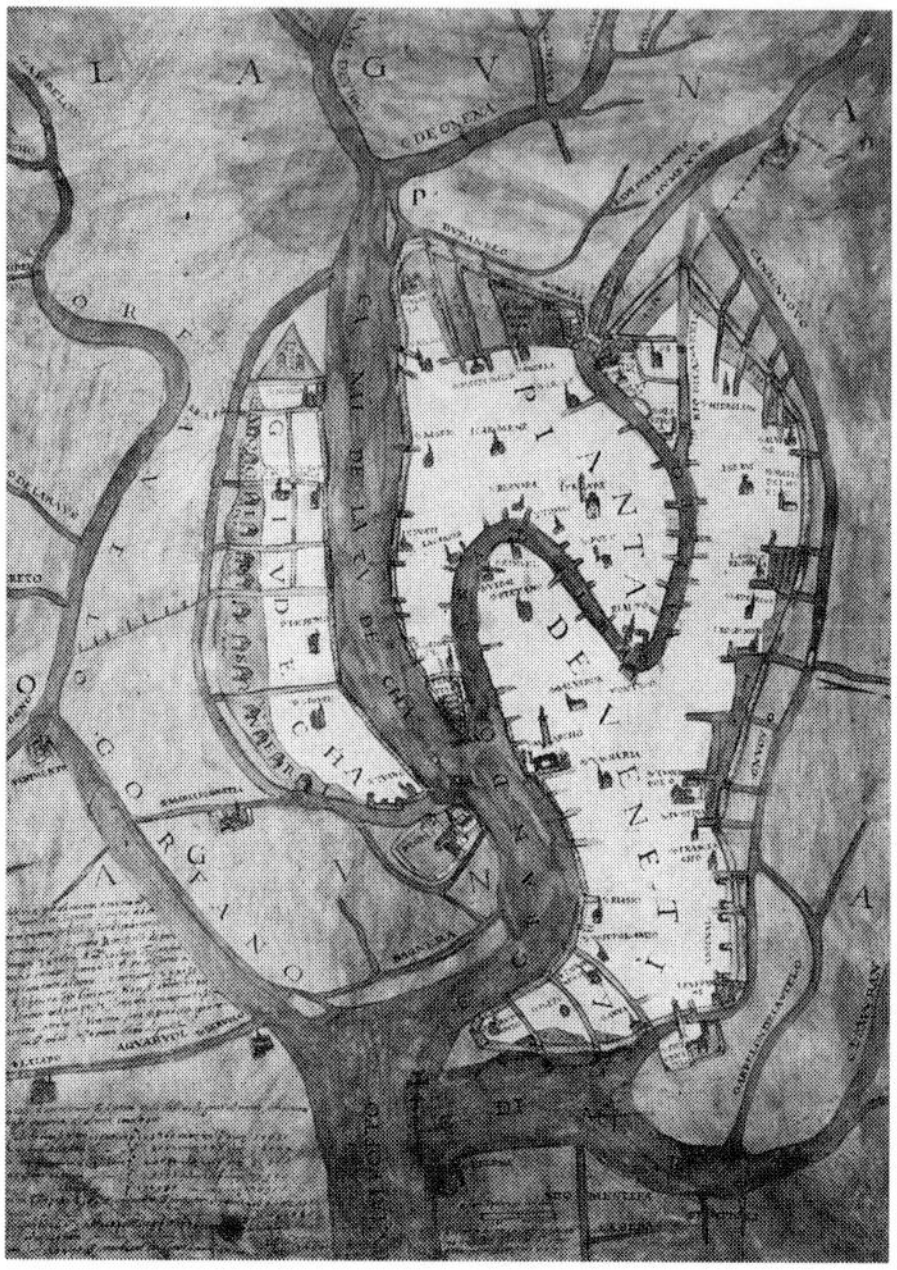

図9　サッバディーノが描いた計画図

ジョルジョ・ジャニギアンとパオラ・パヴァニーニは、とりわけサッバディーノの示したフォンダメンタ計画について、次のように評している。

「石造りの河岸がほとんど市壁のように完全に町を囲むことが予見されていた。この河岸ができれば、ヴェネツィア共和国を普通の都市と同じような都市構造に変えていたであろう[23]」。

ここで言われる「普通の都市」とは、確固とした輪郭を持つ都市を意味する。市壁に囲まれた都市を想像すればあきらかなように、いったんこうした明確な輪郭ができれば、次の新たな輪郭ができるまで都市の概形は固定される。一方、それまでのヴェネツィアはとりわけ外周部においてラグーナとの境界をあいまいにしてきた。「パオリーノの都市図」に描かれた輪郭は、外周部に限って言えば、いつ更新されてもおかしくない動的な輪郭だったのである。教会あるいは個人によって、局所的に水際の線が動いたのであり、都市全体を制御するようなヴィジョン[24]はなかった。サッバディーノのフォンダメンタは本島の外周を規定するいわば制御線であり、局所的な越境は封じられる。越境を許さない点において、フォンダメンタは市壁と同義ということになる。

こうして一六世紀以降のヴェネツィアは、確固たる概形を手にする。これより先は、都市計画によって定められた輪郭が順次更新されていくことになる。

「パオリーノの都市図」が示した未来

本章を締めるにあたって、一四世紀の都市図がヴェネツィアの栄華を誇る地図ではなく、ラグーナ水面下の情報を詳細に記した実用的記録であった事実を再び思い起こしてみたい。冒頭に、ヴェネツィアの居住地は水流の只中にあるわずかな高地に生じたと述べた。「パオリーノの都市図」はまさにこの事実を強調するように、大動脈のような運河と浅い湿地を描き分けた。両者とのつき合いの中に都市ヴェネツィアの成長も読み取ることができる。第一に、主要な水流に沿うように形成された陸地。高所リヴォアルトに人々が集まり、大運河に沿って都市化が進み、群島は一体化に向かった。ジュデッカ運河に沿っても陸地は伸びた。第二に、主要な水流の裏側、すなわち、後背の湿地に対して漸次的に進められた干拓。カンナレージョ西北端やドルソドゥーロ西南端の伸び代は、湿地に消え行く輪郭線によって絶妙に表現された。また、陸地拡大の潜在性、干拓へ向かう活力は、小住宅群のひしめき合う描写によって強調され、職人集団が居住地としたフロンティアと、教会が干拓を主導したフロンティアがきちんと描き分けられていた。水流の賜物である群島から、その一体化、都市拡大の方向性までが描写されていたことになる。このように「パオリーノの都市図」は、特殊地形がもたらした奇跡のような環境に、人々がいかに住みつき、動き、水際に向き合い、一大水都として発展させてきたかを示す貴重な記録と言うことができる。

サッバディィーノの計画図を見ると、カンナレージョの北部水域に濃い色の新運河 canal nuovo が記されている。これはサッバディィーノが北岸のフォンダメンタと並行するように引いた新しい運河であり、フォンダメンタを築く大量の泥土を調達する目的で計画された[25]。この新たな輪郭、すなわち、フォンダメンタおよび新運河の線は、一見人為的に引かれたように見えるが、「パオリーノの都市図」をよくよく見返すと、サッバディィーノの線を予見するような水流の線が薄っすらではあるが記されていることに気づく（「パオリーノの都市図」では見にくいが、テマンツァの複製図に明らかである）。中世後期の都市解読においてほとんど存在感を示すことがなかった、この微細な水の線が、サッバディィーノの時代に至り、水都の輪郭を決める手がかりになっている事実は実に興味深い。本島の北部、西部、ジュデッカ南部が陸地拡大の可能性を持つ点については、「パオリーノの都市図」に予示されていたわけであるが、将来の北岸の輪郭（現在の確定された線）までもがすでに記されていたことになるからである。

（1）　建築学としてヴェネツィアを研究する陣内秀信は、とりわけ運河が複雑に入り組んだ都市構造の迷宮性について、「微地形」というキーワードを用いている。陣内秀信『ヴェネツィア』講談社、一九九二年、四九―五〇頁。
（2）　V. Bellavitis, Romanelli, *Venezia*, Laterza, 1985, pp. 25–26.
（3）　Franco Mancuso, *Venezia e' una citta'*, Corte del Fontego, 2009, p. 7.

（4）Areli Marina, From the Myth to the Margins: The Patriarch's Piazza at San Pietro di Castello in Venice, *Renaissance Quarterly*, Vol. 64, No. 2, 2011 summer, p. 364.

（5）ステファノ・トゥッツァートの研究を参照。Stefano Tuzzato, Lo scavo di Olivolo a San Pietro di Castello e le origini di Venezia, *Provincia di Venezia* 4. 6, 1991a, pp. 50–53.

（6）Areli Marina, *op.cit.*, p. 364.

（7）Compendium あるいは Chronologia Magna とも称される。

（8）イタリア都市図の系譜に照らしても「パオリーノの都市図」は独特の存在である。中世に描かれるイタリアの都市図は、聖地イェルサレムを平面的に図解した概念的で象徴的なものを参考にしながら、次第に都市を上空から眺める鳥瞰図へと展開する。これに対し「パオリーノの都市図」は、教会をはじめとする建築物がプロットされてはいるが、都市美を強調し、その偉容を誇るような内容ではない。さらに、島の概形すなわち輪郭線が正確に表現されている点、ラグーナに精密な水路の位置情報が記されている点（反面、ラグーナに点在する島々は不正確な部分がある）が特徴となる。

この点について、ポール・ハーヴィーは測量術の独特な成果と評価しており、ユルゲン・シュルツは中世の測量術の可能性を指摘しつつ、この地図が行政の管理の下、長い年月をかけて、少しずつ修正され、精度を増していったという見方をしている。Juergen Schulz, "Jacopo de' Barbari's View of Venice: Map Making, City Views, and Moralized Geography before the Year 1500", *Art Bulletin*, 60, 1978, pp. 440–441

（9）Umberto Franzoi, Dina Di Stefano, *Le chiese di Venezia*, Alfieri, 1976, pp. XLII–XLVII も参照。

（10）この都市図の複製および分析作業は、新古典主義の建築作品を手がけ、ヴェネツィアの古典主義芸術家に関する研究書を取りまとめるなどしたテマンツァの主要な業績からすると、かなり異色である。建築作品としては、ヴェネツィアのサンタ・マリア・マッダレーナ聖堂、美術芸術書としては、『ヴェネツィアの誉れ高き建築家・彫刻家の生涯』が代表作として知られる。

（11）Gianpietro Zucchetta, *Storia dell'acqua alta a Venezia*, Marsilio, 2000 にはラグーナ広域の水流を示した一七―一八世紀の地図分析がある。

（12）Tommazo Temanza, *Antica pianta dell'inclita citta di Venezia delineata circa la meta del XII secolo, ed ora per la prima volta pubblicata, ed illustrata*, 1781.

(13) 年代記の記述が一三四六年までなので、先行研究ではこの年を地図の制作年とするものが多い。

(14) Biblioteca Nazionale Marciana, Ms It. IV, 188 (=10039), tav. [1], c. 1r.

(15) 複製図に添付された小片紙には、第三四代総督オルデラッフォ・ファリエル（在位一一〇二―一一八）のために描かれたという情報の記載がある。

(16) 大動脈という比喩は、複製者テマンツァの記述に由来する。実際、テマンツァはラグーナを生体のアナロジーで捉えていた。アドリア海を心臓とみなし、外海からさまざまな栄養をラグーナは得ているという認識がうかがえる。言うまでもなく、この血流を生み出すのは、潮の満ち引きである。Temanza, *Antica pianta, op.cit.*, p. 91.

(17) Temanza, *Antica pianta, op.cit.*, p. 56.

(18) W. Dorigo, *Venezia Romanica, I*, Cierre Edizioni, 2003, p. 45, n. 31, n. 32.

(19) サンタ・クローチェ地区名称の由来になった教会で、創設は六世紀に遡る。敷地はサンタ・ルチア駅の対岸、現在のパパドポリ公園にあった。一八一〇年、ナポレオンの命により取り壊され、現存しない。

(20) 建物は現存するが、現在、教会機能は失われている。

(21) Nicoletta Martinelli, John Meadows, Erio Valzolgher, Oliva Pignatelli, Laura Anglani, Bernd Kromer, Combining dendrochronology and radiocarbon dating at the Late Medieval site of Sant' Alvise, Venice, Italy, *Open Journal of Archaeometry* 2014, vol. 2: 5263.

(22) これとは別に、一三五六年、サンティ・ジョヴァンニ・エ・パオロの修道僧たちは、不法に沿岸の一角を埋め立て、「ar-senatu sive calusura de lignamine」をつくったことが知られている。W. Dorigo, *Venezia Romanica, I, op.cit.*, p. 434.

(23) ジョルジョ・ジャニギアン、パオラ・パヴァニーニ「ヴェネツィア――都市の建設過程と真水の確保」『水都学1』法政大学出版局、二〇一三年、三四頁。

(24) サッバディーノの構想は、その後部分的にしか実施されなかったわけだが、都市の全体的構造の策定、外周輪郭の確定こそが近代的計画の第一歩であったと言える。

(25) むろん、ラグーナ航行ルートの整備という意味合いもあった。

8 岩窟と大天使
——ヨーロッパにおける大天使ミカエル崇敬の展開

千葉敏之

はじめに

一〇〇一年、北ドイツ・ヒルデスハイム司教ベルンヴァルトは、司教座聖堂《ドーム》の北にある丘の上に、大天使ミカエルに献げる修道院を創立した（図1）。その一四年後、一〇一五年の聖ミカエル祭《ミカエルマス》（九月二九日）には、建設中の聖堂西側に完成した地下聖堂《クリプタ》を聖ミカエルに献堂し、その七年後の一〇二二年、死期を悟った司教は、いまだ竣工に到らぬ修道院附属聖堂の献堂式を挙行し、同年この世を去った際には先の地下聖堂に埋葬された。

紀元千年をはさむこの時期に、ベルンヴァルトが聖ミカエルを守護聖人（厳密には守護大天使）とする修道院附属聖堂を建立した意図はどこにあったのだろうか。同聖堂が司教個人の負担で建造された点や、司教が死後この場に埋葬された点を踏まえれば、死を覚悟したベルンヴァルトが自らの魂を、死者の魂の天への先導役、魂の計量者として知られるミカエルの手に委ねることで、死後の魂の救済を確かなものとするために行った事前の手配であったという解釈が成り立つ。一方で、同聖堂の礎石に残された銘文には、

図1　ヒルデスハイム，聖ミカエル修道院附属聖堂

注）筆者撮影.

「主の受肉より一〇一五年目の年に、ヒルデスハイム司教聖ベルンヴァルト殿の叙任二三年目の年、一五周年暦の第一三年目の一〇月一日を三日遡る日〔九月二九日〕に、主、聖母マリア、大天使ミカエル及び（大天使が率いる）天の全軍を讃え、この地下聖堂が司教ベルンヴァルトによって献堂された」

とあり、とくに大天使ミカエルの「天の軍勢の長」としての資質が強調されている。このことはまた、聖マウリティウスや聖ゲオルクのように、勃興期の君主家門が守護聖人に好んで選ぶ、武運をもたらす戦士型聖人としてのミカエルの性格を際立たせているとも取れる〔Dehoux 2014〕。加えて、ミカエルが天の軍勢を率いるのはヨハネ黙示録に記された終末時の反キリストとの戦闘においてであるが、ベルンヴァルトの晩年は、キリスト磔刑からちょうど一〇〇〇年を迎え、終末意識が昂揚してエルサレム巡礼が急増していた時期と重なっている。

さらに注目すべき点が、聖ミカエル聖堂が建てられた土地の選定である。大天使ミカエルに献堂される聖堂はしばしば特定の地形的条件を満たす場所に建立される。例えば、バンベルクの聖ミカエル修道院（一〇二〇年創建）は、「ミヒャエルスベルク」すなわち「大天使ミカエルの山」の上に建てられており、同じ造りの地名（ミカエル＋地形名）を持つ山岳・岩山はヨーロッパ中に分布している。問題のヒルデスハイムの聖堂も、市内にある司教座聖堂（聖母マリアに献堂）に対して、その北方、「市壁の外」(extra murum) にある小高い丘の上に立っている。

本章では、一〇〇一年のこの出来事を導きの糸として、大天使ミカエル崇敬のヨーロッパにおける展開と山岳・洞窟という特殊地形との関係を、紀元千年期ヨーロッパ[1]における人々の移動という観点から解き明かしていきたい。

一　聖ミカエル崇敬の形成と展開

大天使ミカエルとその職能

まずはじめに、大天使ミカエルに対する崇敬の形成過程について確認しておきたい。ミカエルは第一に天使であり、九位階の下から二番目の位を占める大天使（archangelus）である。天使は霊的存在であるため、権能は持つが、物質的な実体を持たない。ゆえに人間の視覚では捉えられず、そのために（地上的な意味での）形もない。その例外をなすのが、神の意志を伝えるために人間の前に姿を現す大天使である。大天使が、六枚の翼に覆われた熾天使《セラフィム》や地上の楽園を守る智天使《ケルビム》といった肉体性のない最上位の天使の対極にあって、可視性、対話可能性という点で、また固有名（ミカエル、ガブリエル、ラファエル、ウリエル）を持つ点で半神半人的であるのは、イエスや聖人との共通点といえる。聖人がその殉教によって聖性＝神性を獲得して肉体と訣別しながら、地上に遺した彼らの遺骨や遺物が信徒の崇敬の「窓口」として機能するように、肉体を持たない大天使に対する崇敬の拠り所は、地上に降り立った痕跡、すなわち「顕現」の痕跡としての「聖足痕」（posterula pusilla）となる。

聖人崇敬の形成にとって重要となる第二の要素は、聖人が果たす「職能」とも呼ぶべき機能である。通常の聖人の場合、この職能の根拠は聖人伝のなかに記された聖人の生涯そのものにある。例えば、ローマ兵で後にトゥール司教となった聖マルティヌスの場合は、アミアンで物乞いにマントの半分を与えた故事から、物乞いや織物業者の守護聖人となった。大天使ミカエルの場合は、後述する顕現譚に加え、聖書中の登場場面が職能形成の根拠となった。個々の職能について詳述する紙幅はないので、モンテ・ガルガーノの地下洞穴《グロッタ》聖堂に設置された青銅扉（一〇七六年、アマ

表1　大天使ミカエルの青銅扉（ガルガーノ）

1. 聖ミカエルのサタンに対する勝利 （ヨハネ黙示録 12: 7–10）	2. 天使によるアッシリア人殺害 （列王記下 19: 35）	1. 天使がイエスの誕生を羊飼いに告げる （ルカ 2: 8–15）	2. 天使がヨセフに夢の中で危険を警告する （マタイ 2: 1–15）
3. アブラハム，3人の天使に出会い，1人を神として讃える （創世記 18: 2–5）	4. 天使がハバククを獅子の穴にいるダニエルのもとに導く （ダニエル書 14: 34–39）	3. 天使がヨセフに夢の中でユダヤの地に戻るよう命じる （マタイ 2: 19–22）	4. 天使がイエスの復活を告げる （マタイ 28: 1–8）
5. ヤコブの梯子（夢） （創世記 28: 10–13）	6. 天使が王ダビデを叱責する預言者ナタンを援ける （サムエル記下 12: 1–14）	5. 天使がペトロを獄中から救う （使徒行伝 11: 6–10）	6. 天使がベトサイダ池の水を動かす （ヨハネ 5: 2–4）
7. 天使とヨシュアの出会い （ヨシュア記 5: 13–15）	8. 天使とヤコブの格闘 （創世記 32: 25–31）	7.（銘文） 寄進者パンタレオーネが信者に祈りを求める	8. 聖ミカエルの1度目の顕現
9. 天使が3人の若者を燃えさかる竈から救う （ダニエル書 3: 91–96）	10. 天使が息子イサクを犠牲に捧げんとするアブラハムを制する （創世記 22: 11–18）	9. 聖ミカエルの2度目の顕現	10. 聖ミカエルの3度目の顕現
11. 天使ガブリエルがザカリアのもとに現れる （ルカ 1: 11–20）	12. アダムとエヴァを楽園から追放する （創世記 3: 23–24）	11. 2人の天使がトゥール司教聖マルティヌスに現れる	12. 天使が2人の殉教者，聖チェチーリアと聖ウァレリアーノを戴冠する

ルフィ貴族パンタレオーネの寄贈）に描かれた諸場面を用いて確認しておきたい（表1）。

扉にはミカエルの事績だけでなく、匿名の天使の事績、同輩であるガブリエル、ラファエルの事績も含まれている。ミカエルの職能をこの扉絵から導き出すと、①予告（夢告）、②悪魔との戦い（終末時、龍退治の図）[2]、③地上の出来事への介入、④顕現、に分類される。またこの青銅扉には明示的に描かれていないが、⑤死者の魂の計量と天への導きは、地下洞穴聖堂《グロッタ》内の一一世紀末制作の石浮彫に描かれるだけでなく、広くヨーロッパの聖堂扉口の「最後の審判」場面の定型図像素となっている。

ミカエルの職能の多様性は、聖人の聖人伝《ウィータ》に相当する顕現譚テクストに加え、旧約・新約聖書中の匿名の「天使」の事績の多くが、崇敬を広げる大天使ミカエルの名に回収・統合されていったことによるものである。同時に、第一顕現の現場であるモンテ・ガルガーノに設置された青銅扉の事績一覧は、巡礼者が己が目で確認して故郷に帰り伝えることで、権威ある一覧と

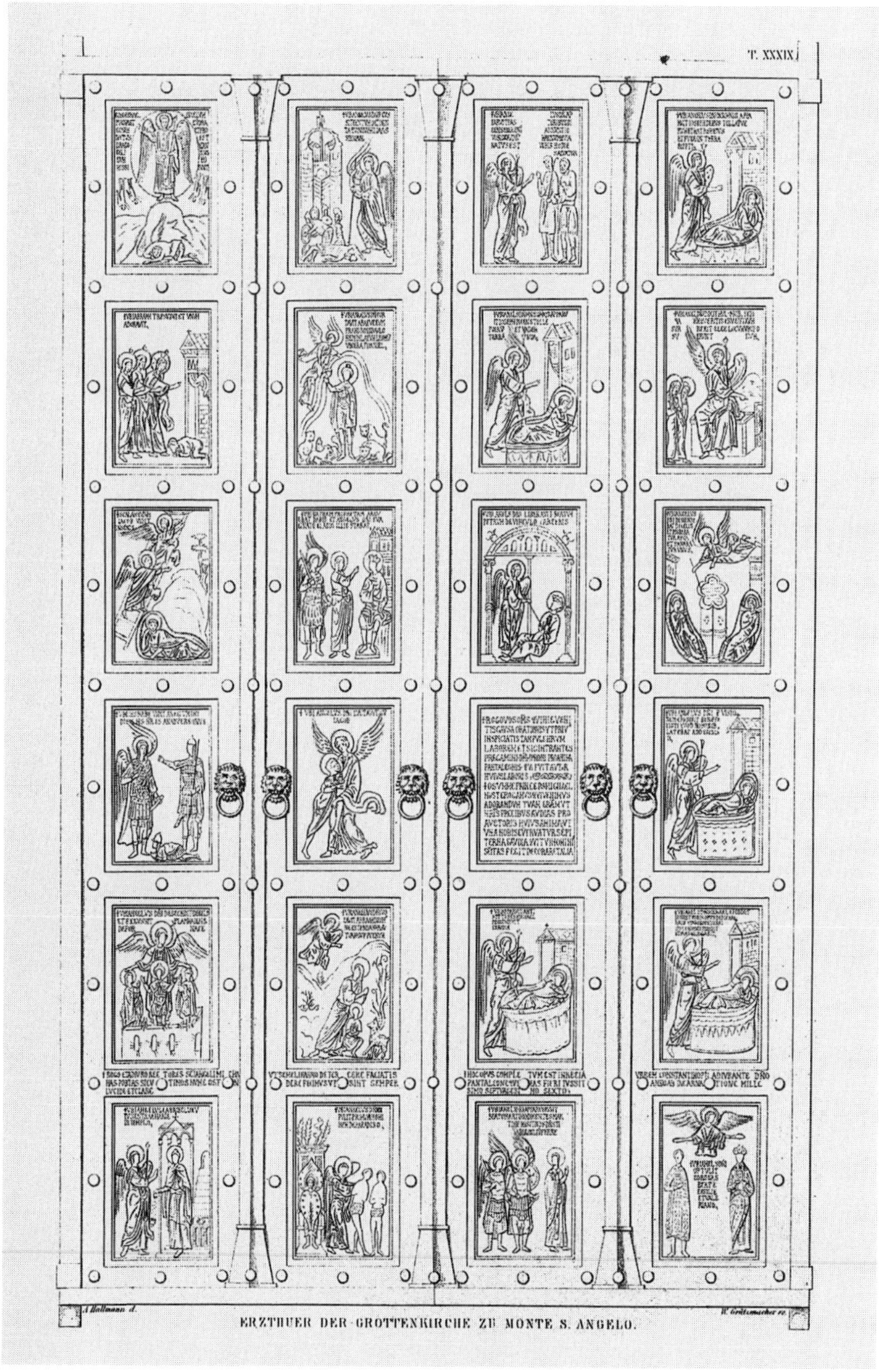

出典）　L'Angelo, la Montagna, il Pellegrino. Grenzi 1999.

図2　モンテ・ガルガーノ，大天使ミカエル洞窟聖域
注）筆者撮影.

して受容されていった。

大天使ミカエル崇敬の形成——三度の顕現

中世ヨーロッパにおける大天使ミカエル崇敬は、自然発生的で同時多発生的な要素を多分に持ちながらも、崇敬の基盤となる三度の顕現（モンテ・ガルガーノ、ローマ、モン・サン・ミシェル）に見られるように、点から点へと波及的に広がる伝播性を基本とする。

最初の顕現は、三九〇年頃の五月八日、イタリア中部プーリア州のガルガーノ山南斜面でのこととされる。ガルガヌスという羊飼いが群れを離れた一頭の雄牛を山頂の洞窟の入り口で発見し、怒りに駆られてこの雄牛を殺そうと毒矢を放つと、その矢が向きを変えて射手の方に戻ってきた。この奇蹟に驚いた町の人々がその意味を地元の司教（後にシポント司教とされる）に問うと、主に訊ねるべく三日間の断食をして身を浄めた司教の前に聖ミカエルが顕現し、地上のこの場所が気に入ったので、ここに住んでこの地を守ることにしたのだと伝えた、というものである。

第二の顕現は、「教皇グレゴリウスの時代」のローマでのものである。これをグレゴリウス一世の教皇治世とすると五九〇—六〇四年の間となり、さらに「大規模なペスト流行期」とあるので、ユスティニアヌス帝期の五四一年に始まる大流行の最末期の出来事とすると辻褄が合う。伝承では、ペスト流行を終わらせるための祈願行列のさなか、ハドリアヌス霊廟と呼ばれる城のうえにミカエルが降り立ち、血濡れた剣をぬぐい、鞘におさめる身振りをした。これによって祈禱が聞き届けられたことを悟った教皇グレゴリウスが、ミカエルを讃える教会を建立し、そのために以後この城は「聖天使城」（カステル・サンタンジェロ）（図5）と呼ばれるようになったという。

第三の顕現は、フランスのアプリカ（現アヴランシュ）の町から六マイル離れた海辺のトゥンバ（現モン・サン・ミシェル）でのもので、聖ミカエルがアヴランシュの司教の前に現れ、この地に教会を建てるよう指示したというものである。七一〇年頃（一〇月一六日）のこととされるが、モン・サン・ミシェルでのミカエル崇敬は、実際には六世紀に遡るとされる。

これら三顕現譚において留意すべきは、第三顕現のなかで、顕現したミカエルがガルガーノ山でのミカエル崇敬に自ら言及している点である。モン・サン・ミシェルでの顕現は明らかにガルガーノのコピーと位置づけられているのである。その複製の証しは第一に、規模ははるかに小さいが、岩山という地形上の相似性であり、第二にガルガーノ教会で使用されていた祭壇布（rubrus palliolus）の一部と、聖ミカエルの聖足痕を留める大理石片から成る聖遺物（pignora）の伝播である。またローマのサンタンジェロ城での顕現は、ガルガーノ山顕現と同じ五月八日の出来事とすることで、日付の継承というかたちでの系譜性を示唆している。さらに、こうした系譜関係は、九世紀後半に三顕現地を巡った修道士ベルナルドゥス(3)に代表される巡礼者の順次の参詣によって、まさに踏み固められていった。

ミカエル崇敬の流布――イタリア

三度の顕現譚を含む『黄金伝説』中のミカエル伝は、一三世紀後半に編著者ヤコブス・デ・ヴォラギネの視点で編まれたものである。編纂に用いられた素材は、聖書の複数の文書にまたがる天使譚、ガルガーノで成立したミカエル顕現譚とその影響下に成立した一連の派生的顕現譚、そしてディオニュシオス・アレオパギテス著『天上位階論』（六世紀）等の天使学テクスト群、に分けることができる。このなかで、崇敬の成立や流布に直接的影響を及ぼしたテクストは顕現譚のみであって、聖書と天使学はそれに物語素や理論的枠組みを提供したにすぎない。ゆえに以下では、

図3　ガルガーノ岬

注） L'Angelo, la Montagna, il Pellegrino. Grenzi 1999 より.

顕現譚の成立状況に着目しながら、西ヨーロッパにおけるミカエル崇敬の展開を跡づけていきたい。

大天使ミカエル崇敬そのものは東地中海＝東方キリスト教世界に始まり、すでに使徒時代にはアナトリアのコーナエ(4)が崇敬の中心地となっていた。その崇敬の西方キリスト教世界への伝播の経緯については諸説あるが、カトリック西方での崇敬流布の拠点が第一顕現地であるガルガーノにあったことは明らかである。

ここで「ガルガーノ」と呼んでいるのは、イタリア半島南東部の、アドリア海に突き出したガルガーノ岬にあるガルガーノ山塊《モンテ・ガルガーノ》を構成する山々（図3）のうち、南部のシポントやマンフレドニアの町を見下ろす大天使山《モンテ・サンタンジェロ》（町の名でもある）の山頂近くの洞窟を中心に形成された聖域《サンクトゥアリウム》を指す（図2）。この地域は古来、動物の病を治癒する水を発する泉の所在地として崇められており、ミカエル崇敬はこの積層する地霊《ゲニウス・ロキ》を包摂するかたちで誕生した。そして五〇〇年頃、第一顕現譚にいう、牛が逃げ込んだ洞穴（小洞穴 Apodonia）にシポントの富裕市民の公的奉仕《エヴェルジェティズム》によって最初の聖域（大天使ミカエル洞窟聖域 sanctuarium、第一聖域）が造成されたと考えられている。

六世紀のゴート戦争（五三五—五五四年）とそれに続くランゴバルド人の定住（五六八年以降）という戦禍と急激な住民交替の進行のなかで、シポントやベネヴェントの民の間で、軍神的な資質をもつ大天使ミカエルに対する信仰が高まり、ミカエルが顕現して異教徒を追放し、その際に聖足痕を残したとする、ガルガーノ伝承の核が形成される。この過程で、ガルガーノをめぐる顕現譚《アパリティオ》の最初の版（第一伝承 Liber I、六世紀半）が成立するとともに、当初の小洞穴聖域は、顕現譚の内容に見合う、より大きな聖域（第二聖域）へと拡張される。

ガルガーノ半島に混乱をもたらしたゴート戦争は、ミカエル崇敬の展開にとって重要な契機となった。東ローマ＝ビザンツ皇帝ユスティニアヌス一世は、コーナエを拠点とする東方のミカエル崇敬を皇帝支配に取り入れ、皇帝家門の守護聖人（貨幣へのミカエル像の採用など）、キリスト教の正統信仰《オルトドクス》の守り手（対アリウス派、単性論派）と位置づけたうえで、崇敬の普及に努めていた〔Arnold 2013, p. 76f.〕。同帝のイタリア支配の拠点となった総督府ラヴェンナ（五四〇年に占領）は、既存のイタリアにおけるミカエル崇敬に、東方的な要素、とくに君主権力のイデオロギーとの連携性を持ち込んだ。イタリア各地でのゴート軍とビザンツ軍との領土争いは、戦時下という特殊状況の下でビザンツ的ミカエル崇敬を広める結果となった（ラヴェンナ＝ビザンツ崇敬圏）[5]。

図4　モンテ・ガルガーノ，地下洞窟聖堂

注）L'Angelo, la Montagna, il Pellegrino. Grenzi 1999 より．

一方、ランゴバルド人は五六八年、ビザンツ軍が東ゴート人から奪取したばかりのイタリアに侵攻すると、フリウリ（後にパヴィーア）を拠点に北イタリアに王国を構築するとともに、半島を南下し、五七〇年頃までにはベネヴェントの町を占拠して、ここに宮廷を置くベネヴェント公領（国）を樹立した。ベネヴェント公はガルガーノの洞窟聖域を支配下に収めると、大天使を戦勝祈願の対象から家門の守護聖人に格上げして自らの統治理念に統合しつつ、ミカエル崇敬を手厚く庇護し、公領の内外に崇敬を広め、ガルガーノ巡礼のためのインフラを整備するなど、プロモーターの役割を担った（ベネヴェント崇敬圏）。

五九〇年、コンスタンティノープルで流行した疫病（「ユスティニアヌスの疫病」）が、通商ルートを通ってイタリアへ入り、ローマに及んだ。すでにゴート戦争の過程でローマでは、ビザンツ軍との接触を介して、ミカエルに戦勝を祈願するなどの崇敬行為の痕跡が認められたが、この疫病の流行に伴い、ミカエルの治癒神（病原であるデーモンの悪意を挫く）としての側面が前景化していった。ここから、ハドリアヌスの墓廟上にミカエルが顕現する、カステル・サンタンジェロをめぐる第二顕現譚の物語核が誕生したと思われるが、現存最古の証言は一三世紀のもので、同時代の証言は欠落している。ただ『黄金伝説』中の顕現譚成立には後世の発意や思惑も想定しうるものの、疫病の蔓延、ビザンツの支配、ミカエル崇敬の普及といった物語成立の環境はこの時点で十分に整っていたといえる。

七世紀になると、ベネヴェント公グリモアルド一世（位六四七―六七一年）が、北のランゴバルド王位を兼ねたことにより、ミカエル崇敬は王権主導のもとに北イタリアへと移植される。同王は、王国首府パヴィーアの宮廷礼拝堂として、同市で最初に大天使ミカエルに献堂された修道院附属教会（Basilica di San Michele Maggiore）を建造した。宮廷内という立地から、ランゴバルド王権のミカエル崇敬への傾倒と崇敬普及へ向けた意志が理解できるが、実際、後述するサクラ・ディ・サン・ミケーレ教会をはじめとして、ミカエル崇敬は広がりを見せ、ロンバルディア崇敬圏の形成が進んでいくことになる。(6)

六七三年には、ベネヴェント公ロムアルド一世により、シポント司教座及びミカエル聖域がベネヴェント司教（聖バルバトゥス）の監督下に置かれると、ベネヴェント教会は、ガルガーノのミカエルの祝日（五月八日）をローカル・カレンダーに追加した。これによって、大天使ミカエルの祝日は、五月八日（ガルガーノ）、九月二九日（ローマ）、一一月八日（コンスタンティノープル）の三日と定められた。また、ランゴバルド王クニペルト（位六八八―七〇〇年）は、ミカエルの図案と銘文（SCS MIHAHIL）を刻印した貨幣を造幣した。

ランゴバルド王権＝ベネヴェント公権の努力により、八世紀までに、ガルガーノへ向かう巡礼の数は大幅に増加した。この背景には、七世紀末から八世紀初のスラブ諸族のビザンツ侵攻や、ムスリムの東地中海進出による海上通商ルートの移転によって、エルサレム巡礼が困難となったという事情もあった。巡礼の増加を受け、ロムアルド二世(位七〇六―三二年)は、ガルガーノ洞窟聖域の改修を行い、小洞穴と大洞穴との間の岩を取り除いて、大人数を収容できる礼拝空間を聖域内に創出した(第三聖域、図4)。

以上のように、イタリアでは、ベネヴェント崇敬圏、ラヴェンナ(ビザンツ)=ローマ崇敬圏、北イタリアのロンバルディア崇敬圏と、それぞれの特徴を備えたミカエル崇敬圏が形成されるとともに、モンテ・ガルガーノの大天使崇敬発祥地としての揺るぎない地位が確立された。

図5　ローマ，カステル・サンタンジェロ

注）筆者撮影.

ミカエル崇敬の流布――アルプス以北

アルプス以北でも、大天使に対する原初的な崇敬の痕跡(護符《アミュレット》など)は認められるが、(7) 本格的な崇敬流布の端緒は、第三顕現譚が伝える、ノルマンディのモン・サン・ミシェル修道院の創設(七〇八/七一〇年)にあった(図6)。第三顕現譚のもとになったテクストは、九世紀初頭(八二〇年頃)に編まれた『トゥンバと呼ばれる山における大天使ミカエル教会の縁起』(*Revelatio ecclesiae sancti Michaelis archangeli in Monte qui dicitur Tumba*)である。この『縁起《レウエラテイオ》』は、ガルガーノ伝承(Liber 2)の物語構成(司教の夢への顕現など)を下敷きにしているだけでなく、ガルガーノから獲得した聖遺物《ピグノラ》の由来についても記述している。

『縁起』編纂の一世紀ほど前、モン・サン・ミシェル教会の創設者であ

図 6　モン・サン・ミシェル

注）筆者撮影.

るアヴランシュ司教アウトペルトゥス（オベール）は、すでに隠者の共同体が存在していたトゥンバ島に、個人的に帰依する大天使崇敬を移植したと考えられる。これは一世代前に、ガリアの地モーで大天使ミカエルの顕現を経験し、ノーサンブリアでミカエル崇敬を広めた、ヨーク司教ウィルフリッド（六三四―七〇九年、リンディスファーン修道院出身）の事績と同時代的・同構造的であり、同様の事例は散発的ではあるが複数確認できる。ここで興味深いのは、ヴェルダン近郊のシャティヨン山上にサン・ミイール教会を創設（七〇九年頃）したウルフィング家のウルフォアルドの事例で、ウルフォアルドは教会創設に先立ち、モンテ・ガルガーノを訪れ、大天使の聖遺物を持ち帰っている〔MGH SSIV, p. 80〕。大天使崇敬の移植には、山岳という立地や大天使の顕現に加え、ガルガーノ聖遺物の獲得が不可欠であり、アウトペルトゥスの場合も、『縁起』第六章にある聖遺物を事前に入手していたものと推察される。

大天使崇敬の移植は、典礼に関わる次元でも行われた。後期メロヴィング朝の諸教会は、大天使ミカエルにまつわる典礼文・典礼暦を、イタリア、とくにローマから入手していた（ボッビオ・ミサ典書など）。さらに、ガルガーノ顕現譚《アパリテイオ》は説教集《ホミリア》との合冊を通じてアルプス以北に普及した（ラバーヌス・マウルスの説教集）[8]ほか、『ヒエロニムス殉教者目録』（*Martyrologium Hieronymianum*）を通じた顕現譚・祝日の伝承も確認される。

顕現譚《アパリテイオ》・山岳地形・聖遺物《ピグノラ》・典礼文の組合せ《パッケージ》からなる「ガルガーノ・モデル」は、司教たちのガルガーノ参詣を契機にアルプス以北に広がっていった。一方で、ノルマンディーのモン・サン・ミシェルは、ガルガーノ複製のモデル（モン・サン・ミシェル＝モデル）として、英仏海峡をはさんで対岸にあるセント・マイケルズ・マウント（コーンウォー

図7　関連地図

ル地方）やアイルランドのスケリッグ・マイケルといった、共通の地形的特徴を持つ聖所の、大天使ミカエル崇敬地への衣替えの推進力となった（モン・サン・ミシェル＝ノルマンディ崇敬圏）（図7）[9]。

二　紀元千年期の展開①
——新たな崇敬圏の形成と教皇座

カロリング期（八世紀末）までに整えられていた大天使ミカエル崇敬圏の分布とその特性とを前提に、本節以降では、紀元千年期に固有のミカエル崇敬の展開を見ていきたい。

「神の平和」運動とル・ピュイ

ガリア＝フランスにおいてもミカエル崇敬は点から点への広がりを原則とし、その集積の結果として特定の崇敬圏が形成されていった。そうした歴史的展開を踏まえ、紀元千年期には、以下のような崇敬地理を描くことができる。

図8　ル・ピュイ・アン・ヴレ，サン・ミシェル・デギル
注）筆者撮影.

六世紀初以来、ブルゴーニュ王国におけるミカエル崇敬の拠点であったリヨン（とくにサン・ミシェル・デネ修道院）のほか、アルルやポワティエ、ル・マンなどにミカエル崇敬の痕跡が知られるが、最も重要な拠点は、ノルマンディーのモン・サン・ミシェル修道院と、これと同時期に創設されたヴェルダンのサン・ミイール教会である。これらの崇敬は、司教などの個人的崇敬に発端する場合や、それを王家が後押しする場合があった。一〇世紀に入ると、この崇敬地理に新たな展開が見られる。

一〇世紀半ば、ル・ピュイ・アン・ヴレ司教座聖堂参事会員トラウアヌスが、ル・ピュイ司教ゴデスカルク（サンチャゴ巡礼を経験）に、ル・ピュイ司教座聖堂近くにある火山性の岩山（エギル山）の山上に自らが建てた聖堂（サン・ミシェル・デギル聖堂）（図8）の献堂許可を求めた。献堂式は、九六一年七月一八日に行われ、聖堂は聖ミカエルに献げられた。聖堂はその後、トラウアヌスによってル・ピュイの司教座聖堂（聖母マリア）に譲渡されている。

この行為の主たる意図は何であったのだろうか。まず第一に考えられるのは、①トラウアヌス個人の埋葬聖堂の建立である。また、ゴデスカルクの経歴に注目すれば、②サンチャゴ巡礼の経験を踏まえ、ル・ピュイの巡礼地化（サンチャゴ巡礼の「留《とめ》」とする）をはかった運動とも取れよう。さらに、サン・ミシェル・デギル聖堂の際立った立地（高さ八二メートルの立錐型の岩山）とミカエルの「魂の案内役」という職能を踏まえれば、①②の狙いを補強するものとして、③ル・ピュイに「天上のエルサレム」への擬似昇天路を造成するという目的も十分に考えられよう。

一方で、当時のル・ピュイの神聖地誌[10]に目を向けると、市内の別の山上にある司教座聖堂の方は、聖母マリアに献堂されている。聖母昇天時にマリアの魂を天に導いたのがミカエルであったことなどから、古来、大天使ミカエルと聖母とのつながりは強く、ガルガーノにおいても、大天使山上にはサンタ・マリア・マッジョーレ教会が、洞窟聖域のすぐ近くに創設されている〔Wagner 2009〕。サン・ミシェル・デギル聖堂は、ガルガーノの神聖地誌を参照しつつ、対面に立地するマリア大聖堂を守護する目的で建てられたとも考えられるのである。

より広い文脈から見ると、さらなる意図が見えてくる。ル・ピュイ司教座は、一〇世紀後半から一一世紀半ばに南フランスで展開した、教会財産を世俗貴族の暴力から守る「神の平和」運動の主たる拠点の一つであり、九七五年と九九四年の二度にわたり平和確立のための地方教会会議が開催されている。これら教会会議では、最後に「平和の協定」(pactum pacis)が締結されるが、これには聖遺物を通じた聖人の「協定監視人」としての参与が不可欠であった。例えば、九九四年一一月一一日のリモージュ教会会議では、三日間の断食の後、アキテーヌの守護聖人聖マルシャル(初代リモージュ司教)の遺骨が近くのガウディウス山に奉遷され、この聖遺物にかけて協定の誓いが取り交わされている〔Hoffmann 1964〕。クリュニー改革派であるゴデスカルクは、聖ミカエル崇敬の推進者であるブルゴーニュ王やリヨン大司教とこうした教会会議の場を通じて協力関係を築きつつ、改革の推進に努めていた。以上の諸点を総合すると、九六一年のサン・ミシェル・デギル聖堂の創設・献堂には、上記の①—③の意図に加え、教会財産を侵犯する世俗諸侯との戦いにおいて、戦士聖人であるミカエルの加勢を得るとともに、エギル山を「平和の協定」を締結すべき神聖空間として位置づけようという狙いがあったと考えることができるのである(11)。

ル・ピュイの事例は、ミカエルが担う多元的な機能が、ミカエルの崇敬拠点に複数の、相互に関連する意味の層を重ねていき、そして、リヨンなどの既存の崇敬拠点を介在させつつ、「神の平和」運動という社会の動向のなかで、誓約という儀礼《パフォーマンス》と結びつきながら、新たな崇敬地理を形成していったケースといえよう。

図9　サン・ミシェル・ド・クシャ（ピレネー）
注）筆者撮影.

ピレネー山圏の崇敬拠点と教皇座

九五〇年一二月、ローマ教皇アガペトゥス二世は、フランス南西部、ピレネー山圏を構成するカニグー山中にある修道院サン・ミシェル・ド・クシャ（キュクサ）（図9）に対し、既得の所領、十分の一税徴収権、修道院長選挙権を認め、同時に同院を教皇の庇護下に置き、在地の司教権（エルヌ司教座およびナルボンヌ首都大司教座）からの免属をもたらす庇護文書を発給している〔ZR228, PU123〕。書式は同時期にアガペトゥスがトリーアの聖マクシミヌス修道院等に発給している庇護文書書式と共通のものであるが、本文の大部分を占める、境界や地名を克明かつふんだんに盛り込んだ既得所領の確認部（ab tuitione apostolica permanendo 使徒座の庇護による恒久化）は、初出のものである。宛名には、「コンフラン渓谷のクシャなる地にある、聖ゲルマヌスならびにミカエル修道院」（monasterium sancti Germani et Michaelis situm in valle Confluente in locum, qui vocatur Coxano）院長ゴンデフレドゥスとあり、この証書発給が、同修道院長が教皇座に派遣した司祭修道士スンヤールが持参した請願文書に発していることが記されている。この教皇証書が発給された経緯を、クシャ修道院が立地する圏域の事情に即して考えてみたい。

フランス南西部、ルシヨン県の県都ペルピニャンにほど近い、ピレネー山圏を構成するカニグー山中にある岩山に、八七九年、カタルーニャのラ・セウ・ドゥルジェイ修道院に由来する修道士の一団が、在地のセルダーニュ＝コンフラン（カタルーニャ語ではサルダーニャ＝クンフレン）伯ミロの協力を得て修道院を創設した。創設当初は聖ゲルマヌス（オセール司教サン・ジェルマン）に奉献されていたが、九三八年までに聖ミカエルに献堂された第二教会が建設され、二重の守護聖人を抱えた。当時、カタルーニャ地方では、カール大帝が設置したスペイン辺境伯領のなかから複数の後継権力が台頭しつつあった。セルダーニュ伯家は、バルセロナからピレネー北麓に及ぶ広域支配の確立を目指すなかで、私有修道院（リポイ、クシャ）を所領経営の基盤とし、ビックなどの司教座を宗教的な権力基盤とする在地支配を編制しようとしていた。九五〇年の教皇証書は、教皇座の権威を文書のかたちで得ながら、在地の権力競合下にあって、広義の家門領である修道院所領の安堵をはかりつつ、家門支配下にないエルヌ司教座、ナルボンヌ大司教座の裁治権からの離脱（免属）を目指したものと理解できる。この権力再編下での家門権力の確立という文脈が、第一の柱となる。

この教皇庇護証書は、一八年後の九六八年に教皇ヨハネス一三世、修道院長ヴァリヌスとの間で更新されているが〔PU194〕、発給をめぐる状況はこの間に大きく変化している。同教皇のもとで、ポーランドやドイツ地域の様々な修道院に対する庇護文書が集中的に発給されており、文面においてもローマ教会の監督権が明記され、違反者に対する重破門《アナテマ》による脅嚇が追加されている。同庇護文書はほんらい、発給者・受給者双方を利する性質のものであったが、この更新証書では、主導権は明らかに、庇護文書を活用して教皇権威の拡大をもくろむ教皇座の側に移っている。

教皇座とのこうした関係を取り結ぶセルダーニュ伯家では、当主のオリバ（大オリバ、綽名カブレータ、九九〇年歿）が、所領拡張・修道院創設・教皇座の庇護という政策を継承し、晩年の九八八年には隠居してモンテ・カシーノの修道士となった。父の跡を四人の息子が共同伯というかたちで継承したが、そのうち父と同名のオリバ（中オリバ、九七一―一〇四七年）は、俗世を捨て、一〇〇二年に修道誓願を立てて、少年時代を過ごしたリポイ修道院の修道士となった。一〇〇八年にはリポイ修道院院長となっただけでなく、クシャの院長を兼任し〔PU455〕、一〇一七年以降はビック司教をも兼ねた。スペイン辺境伯領の跡地をバルセロナ伯家と二分しつつあったセルダーニュ伯家は、修道院を創設して所領を寄進し、その所領に教皇の承認を文書で受けるかたちでの所領固めの政策をさらに推し進める。そのなかでリポイやクシャなどの修道院だけでなく、ビック司教座、エルヌ司教座に伯家の者を就けたが、二修道院の院長と司教を兼ねるオリバは、まさにこの政策の要であった。オリバは、ピレネー山中にカニグー修道院を創設し、一〇〇九年起工の下堂を聖母マリアに、上堂を聖マルタンに献堂した。さらに、一〇一一年一一月には兼任するクシャ修道院（ミカエル）とリポイ修道院（マリア）の所領の確認を、教皇セルギウス四世から同時に受けている〔PU454, 455〕。

さて、ミカエルに奉献されたクシャ修道院は、ピレネー山圏のミカエル信仰の拠点となり、聖母マリアに献堂されたリポイと結んで、セルダーニュ家領内の神聖地誌の基軸を形成した[12]。そのクシャに、九七八年九月一日、ヴェネツィア総督ピエトロ・オルセオロ一世（位九七六―九八七／九九一年）が、三名のヴェネツィア人（カマルドリ会の創設者聖ロムアルドゥスを含む）とともに入門し、隠者となって、死後はクシャに埋葬された。大オリバの事例も示唆するように、君侯が晩年に修道士や隠者となって死に備えるという慣行が、紀元千年期には数多く見られるようになる。魂の案内役で計量役でもある大天使ミカエルに献げられた山上のクシャ修道院は、身を浄めて死と復活に備える君侯の隠棲先としての機能を果たしていたものと考えられる。

これらの経過を教皇座の側から見てみよう。紀元千年期の教皇座は、ヨーロッパ各地の地域権力の再編に介入することで統制権の浸透をはかっていった。司教座の大司教座への昇格に対しては、大司教の権標であるパリウムの付与権をかざしてローマ訪問を促し、司教座間の管区争いには仲裁者として関わった。またクリュニーをはじめとする修道院改革運動に対しては、在地の司教権力の統制から外して教皇直属とする免属特権の付与によって支援するとともに、裁治権のヒエラルキーとは別の、教皇権の介入ルートを各地に確保した。一方で、貴族=領主権力は在地の権力再編のなかで、自らの領地を領内の修道院に寄進することで安泰をはかった。このように修道院を所領保管庫《デポジット》として活用するには、所領経営に長けた新しいタイプの修道院と、その修道院を在地の司教権力から切り離す免属特権《エクセンプティオ》とが必要となる。前者を、所領の集積を進めるクリュニーの改革運動が、後者を教皇座と教皇証書が与えたのである。

修道院改革は改革の依頼＝派遣によって修道士の移動性を著しく高め、改革の広がりは、生活規範の改善にとどまらず、祈禱や典礼の改革、崇敬の伝播や刷新を促した。また、教皇座の証書発給活動は、ローマへの依存度を高めただけでなく、ローマへの移動性をも高めたのである。

三　紀元千年期の展開②――旅する改革者グリエルモ・ダ・ヴォルピアーノ

グリエルモの略歴

在地権力の再編、修道院改革運動、教皇座との相互依存性と、これらがもたらす人や思想の移動について確認したが、この三者関係を遺憾なく活用しつつ、ミカエル崇敬の展開に深く関わったのが、グリエルモ・ダ・ヴォルピアーノ（九六二―一〇三一年）である。グリエルモは、アレマン系貴族のロベルトゥスを父、ミカエル崇敬のプロモーターであるランゴバルド王族系のペリンツァを母に、北イタリアのノヴァーラ州にあるオルタ・サン・ジュリオに生まれた。七歳の時、ヴェルチェリ司教区にあり、聖母及び大天使ミカエルを守護聖人とするルチェーディオ修道院（クリュニーの娘院）に奉献児童《オブラートウス》として預けられた〔Italia Pontificia, VI, 2, S. 28ff.〕。ヴェルチェリと、ロンバルディア・ミカエル崇敬圏の拠点パヴィーアで文法を学んだ後、ルチェーディオに戻って同院の校長、聖具室係、院内の外務・内務の担当となった（二〇歳前）[13]。その後、同院での生活に困難を覚えたグリエルモは九八七年頃、ヴェルチェリ司教の許可を得て、創設間もないピルキリアーノ山上の聖ミカエル修道院（サクラ・ディ・サン・ミケーレ修道院）（図10）に入門した。ラドゥルフス・グラバルが伝える『グリエルモ伝』（*Vita domni Willelmi*）の記述からは、このように、グリエルモがその血筋と自己形成の過程で、ミカエル崇敬と浅からぬ縁を持っていたことが確認できる。

図10　サクラ・ディ・サン・ミケーレ
注）筆者撮影.

九八七年、クリュニー修道院長マヨールスがローマに向かう巡察旅行の途上、ルチェーディオ修道院に立ち寄ったことを契機に、グリエルモはクリュニー修道院への入門を果たし、まもなく助祭の叙品を受けた。その後、マヨールスの指示で、クリュニーに寄進された聖サトゥルヌス修道院の改革を任され、ここで改革者としての第一歩を踏み出した。決定的な転機は、九八九年にラングル司教区で最も重要なディジョンのサン・ベニーニュ修道院に改革目的で招聘され、翌年に同院の修道院長となったことである（一〇三一年の死去まで）。これ以後、修道院改革者として名声を確立したグリエルモは、サン・ベニーニュのあるブルゴーニュ地方、出身地のノヴァーラ地方、ノルマンディーを中心に、修道院改革に奔走することになる。

ブルゴーニュ・北イタリア・ノルマンディー

グリエルモは最大で六つの修道院の院長を兼ねたが、院長としての職務を恒常的に担ったのは、サン・ベニーニュとフルットゥアリアの二院のみであった。

サン・ベニーニュでは、修道院長となった九九〇年以降、定期的に、在地の世俗権力や司教権力から、既存教会の再生や改革、あるいは改革派修道院の創設を目的として、計一二箇所の小修道院やそのための用地を委託・寄進されている。その所在は、オータン、ラングル、トゥール、ブザンソン、そしてバイユーの司教区に散在していたが、これらはすべて母院であるサン・ベニーニュの監督下に置かれた。これらの寄進は主にラングル司教と伯オットー・ギヨームの仲介で文書を取り交わしつつ行われ、一〇一二年にはローマにて教皇ベネディクトゥス八世から全所領についての庇護証書を得ている。前段で見た通り、これら小修道院は、寄進者たちの所領保管庫《デポジット》となることが期待されていた。サン・ベニーニュ修道院は当初、クリュニー本院から修道士を招くなど本院の強い影響力のもとに改革を進めていたが、小修道院の寄進を数多く受ける過程で、次第に独自の改革派を形成することになる。グリエルモはここを自らの改革の人材養成拠点と見なしており、ここで育成した人材を小修道院や拠点修道院の院長などの要職に配置していった。

一方、在地の領主であった兄弟からの依頼というかたちで、一〇〇〇年頃に創設に合意したフルットゥアリア修道院の場合は、管轄のヴェルチェリ司教アルドゥインによる創設承認を受け、東フランク＝ドイツ王ハインリヒ二世による創設承認文書（一〇〇五年頃）、国王庇護文書（一〇〇六年）、教皇ヨハネス一八世による特権承認文書（一〇〇六年）を得て、その後も教皇や王の代替わりの機会に包括的な所領確認文書を受けている。フルットゥアリア修道院の最終的な設立は、一〇一五年一月、関係する三二四名の証人の署名を集めた修道院長証書の発給の時点と考えられる。

ノルマンディー公領との関係も、じつは同じ頃に始まっていた。すなわち、九九六年頃、ノルマンディー公リシャール一世（位九四三―九九六年）は、サン・ベニーニュ修道院にサン・トベール教会を寄進した。同公死後に跡を継いだ息子のリシャール二世（位九九六―一〇二六年）は一〇〇一年、グリエルモに対し、英仏海峡に面したフェカンのサン・トリニテ修道院の改革を委託するとともに、院長就任を求めた。一〇〇六年に（教皇でなく）同公がルアン司教からの免属特権を付与して以降は、フェカンはノルマンディーにおける「サン・ベニーニュ」、すなわち改革の拠点となり、同院の管轄下に、ルーアンのサン・トゥアン修道院（一〇〇六年）、ベルネ修道院（一〇一三年頃）、ジュミエージュ修道院（一〇一五年）と、公領内の改革が順次進められていった。そして改革のターゲットはついに、ノルマンディーにおけるミカエル崇敬の本山、モン・サン・ミシェル修道院に及ぶ。リシャール一世のもとで改革が始まっていた同修道院の運営が、一〇二三年、各地で実績を上げ、公の信任厚いグリエルモに委ねられることになったのである。

サン・ベニーニュ、フルットゥアリア、フェカンの修道院の改革と運営は、同時並行で進められた。各修道院の運営上の交渉相手のリストは異なっていたが、三修道院の院長を兼ねたグリエルモを通して共通の方針のもとに運営が行われた状況が見て取れる。グリエルモはまた、所領のやり取りの相手となった中小の領主とは別に、西フランク＝初期フランス王（カペー家）、東フランク＝初期ドイツ王（リウドルフィング家）、ノルマンディー公、高《オート》ブルゴーニュ公など、君侯クラスの統治者から自らの活動の庇護を証書の手交というかたちで巧みに引き出していた。ローマの教皇座もまた、前段で見た意図と形式のもとに、このリストに加わることになる。

大天使ミカエル崇敬とロトンダ＝擬聖墳墓（小エルサレム）

グリエルモとミカエル崇敬の関係の深さは、出生（ランゴバルド王族の血筋を引く）、幼年期（奉献児童として過ごした家門修道院ルチェーディオ）、学生時代（パヴィーア）、隠者としての訓練期（サクラ・ディ・サン・ミケーレ）と、その人生前半の各段階に明瞭に見て取れる。では、右で確認したグリエルモの改革者としての活動のなかで、ミカエル崇敬はどのような展開を見せたのであろうか。

第一に注目すべきが、詳細は史料的に不明ではあるが、グリエルモが九九五年にサン・ベニーニュの修道院長として実施したローマ＝ベネヴェント行である。ローマ行の主たる目的は、教皇ヨハネス一五世からサン・ベニーニュ修道院長職の承認を受けることであった〔PU325〕。ただ、その後に引き続き行われたモンテ・ガルガーノ行の目的は、史料的には不詳であるが(14)、おそらくミカエルの聖遺物《ピグノラ》の獲得であったと推察されるのである。問題は、その聖遺物がどの施設のためのものであったか、である。

グリエルモが改革や創設に関わった修道院で、新規にミカエルを守護聖人に加えた修道院はない。この点を踏まえたうえで、一つの仮説を提示したい。

改革者としてのグリエルモが他の改革者と一線を画しているのは、改革対象となる修道院の聖堂の設計や施工に「建築師」として関わった点にある。この建築師グリエルモの設計面での識別標は、サン・ベニーニュ修道院の地下やフルットゥアリア修道院の地下に設けられたロトンダ（円形の集中式柱廊）（図11）であった。サン・ベニーニュのロトンダが、聖堂の守護聖人である聖ベニーニュの遺骨の安置や、パトロン家門の家門墓としての機能を果たすべく設計された点は確かであろう。しかしそれでは、あえてその形状をロトンダにした説明としては不十分である。

図11　ディジョン，サン・ベニーニュ（ロトンダ）

注）筆者撮影.

通常この時期のロトンダは、エルサレムの聖墳墓教会内のイエスの墓を納めたアナスタシス円形堂の複製（擬聖墳墓）としての意味を持っていた〔千葉 二〇〇九〕。聖堂内にロトンダを設けることは、終末時の確実なる復活を願って「地上のエルサレム」を目指せぬ人々を、「擬似エルサレム」として受け入れるための建築的な措置であった。聖ベニーニュの修道院旧聖堂の改修工事は九九四年頃に始まったが、作業中の崩落などを経て、まもなく聖堂の新規建造が計画された。礎石の設置が一〇〇二年二月一四日なので、この建設計画は、一〇〇〇年に企画され、一〇〇三年に着工したフルットゥアリアの聖堂建造と同時進行で実施されていたことになる。これら建築家、建設時期、ロトンダを含む聖堂の構造という共通性を踏まえるなら、フルットゥアリアの聖堂がまさにサン・ベニーニュ聖堂の「複製」であったという推測が成り立つ。

本章冒頭のヒルデスハイムの事例にある通り、紀元千年期に創設されたミカエルを守護聖人とする聖堂・礼拝堂は数多い。しかしそのなかでも、三顕現譚を持つガルガーノ、ローマ、モン・サン・ミシェルは別格で、本山と呼ぶべき崇敬拠点であった。そして、その別格たる理由は、顕現譚を持ち、聖遺物を所有することに加え、山岳というガルガーノとの地形上の共通点を持つことであった。紀元千年前夜の九九五年において、グリエルモの周囲でこれらの条件を満たしうるのは、スーザ渓谷のピルキリアーノ山上に屹立するサクラ・ディ・サン・ミケーレ修道院のみである。同院にガルガーノの聖遺物をもたらすことで、ミカエル崇敬の本山となる条件は整うことになる。グリエルモによる聖遺物獲得の目的は、ここにあったのではないだろうか。

ここで視野を広げて、グリエルモが関わった修道院の分布を確認してみたい（図7）。これらの修道院は、モン・サン・ミシェルからモンテ・ガルガーノまでほぼ一直線に伸びる帯状空間にすべて収まり、その地域はノルマンディーからブルゴーニュへ、そこでアルプスを越えて、ロンバルディアに至り、ローマ、ベネヴェントに延びている。九世紀までにベネヴェント、ラヴェンナ＝ローマ、ロンバルディア（パヴィーア）、ノルマンディーに広がっていた大天使ミカエルの崇敬圏を、グリエルモは、とくにロンバルディアからブルゴーニュを経てノルマンディーまで、改革の営みを通して強固に結びつけたといえる。実際、この崇敬圏の連なりは、実在の街道ヴィア・フランチジェーナ[15]によって結ばれていた。サクラ・ディ・サン・ミケーレ修道院は、フランチジェーナ街道の駅パヴィーアから出てサンチャゴに向かう支線がフレンチ・アルプスに入るスーザ渓谷を見下ろす場所に建てられているのである。

ノルマンディーにおけるグリエルモの拠点修道院フェカンのサン・トリニテには、すぐ西方にモン・サン・ミシェルがある。ブルゴーニュの拠点修道院サン・ベニーニュには近隣にミカエル崇敬の本山はないが、北にはヴェルダンのサン・ミイール修道院、南には「神の平和」運動の拠点ル・ピュイのサン・ミシェル修道院が本山格の崇敬拠点として存在していた。しかし北イタリアには、平地に創設されたパヴィーアのサン・ミケーレ修道院しかなく、地形上の要件を満たすサクラ・ディ・サン・ミケーレ修道院には、本山格としての役割（ガルガーノの厳密な複製）が期待されていた。聖遺物を備えた山岳のミカエルは、フルットゥアリアの擬聖墳墓《ロトンダ》を守護し、復活を期して集まる霊をロトンダ＝エルサレムへと導く「魂の案内役」の役目を負っていたのではないだろうか。これが筆者の仮説である。

四　紀元千年期の展開③——聖王がつなぐ隠者のネットワークと山岳世界

リウドルフィング家（オットー朝）と大天使ミカエル崇敬

グリエルモの活動と時期的に重複しながら、ミカエル崇敬の展開に多大な影響を与えていたのが、東フランク＝初期ドイツ王権を担うオットー朝のリウドルフィング家であった。

ユスティニアヌス帝宮廷の系譜を引く、ミカエル崇敬の統治理念化をはかる君主家門の政治伝統は、まずカロリング家に継承された。古くはピピン＝カロリング家がヴェルダンのサン・ミイール修道院を創設しており(16)、またカール大帝はランゴバルド王の鉄王冠を被ることで、同王家に伝来するミカエル崇敬を継承した〔Callahan 2003〕(17)。そして「戦う大天使ミカエル」は、カロリング家の守護聖人の列に加えられる。さらに八二〇／二二年には、聖ボニファティウスの創建になるフルダ修道院に、修道院長アイギルスによって円形堂《ロトンダ》構造をもつ聖ミカエル教会が附設されたが、円形堂《ロトンダ》が擬聖墳墓であることは、同礼拝堂が死没者礼拝堂《トーテンカペッレ》として機能した史実に符合する。ガルガーノ顕現譚のテクストも持ちこまれ、ミカエル崇敬者として知られるラバーヌス・マウルスが説教集のなかでこれを引用している。

カロリング家の男系血統断絶後、東フランク王位を継いだリウドルフィング家とミカエル崇敬との関係も、いくつかの転機を経るなかで形づくられていった。最初の転機は、九二六年のヴォルムス王国会議の場で、ハインリヒ一世が、ブルゴーニュ王ルードルフ二世から「聖マウリティウスの槍」（聖槍）を継承したことである〔Wagner 2012〕。以後、聖槍を携行した戦場で同王家が勝ち続けたことから、ローマ軍団長マウリティウスの殉教聖遺物であったこの聖槍は、家門の戦勝を確約する宝物へと昇格した。加えて、キリストの磔刑にまつわる「聖槍」（脇腹を貫いた槍）とする伝承が付加される一方、終末時の戦いで天の軍勢を率い、サタンなる龍を槍で突き下ろす大天使ミカエルの「聖槍」との習合も起こってきた。リウドルフィング家の名声を高めた九五五年のレヒフェルトの戦いでも、オットー一世軍は旗印に大天使をあしらい、「ミカエル！」の鬨の声をあげて勝利したとヴィドゥキントの年代記は伝えている。リウドルフィング家は、家門宝物としての聖槍、旗印に加え、宮廷・王国行事で歌われる国王讃歌《ラウデース》にも大天使ミカエルへの言及を加えた。さらに決定的なことに、オットー一世は九六二年の皇帝戴冠後に、皇妃にしてイタリア王の血を引くアデレードとともに、パヴィーア（！）で発給した更新証書〔DOI-241〕において、末尾の脅嚇定式のなかに「聖母マリアと大天使ミカエル」の文言を書き加えている。

では、オットー朝の統治領域、とくにドイツにおけるミカエル崇敬の神聖地誌はどうなっていただろうか。カロリング期のミカエル崇敬の拠点フルダ修道院（中部ドイツ）については、王家交替時に、古参修道院の一つとして最優先で所領・特権の確認が証書で行われており（ハインリヒ一世の一通目、オットー一世の二通目など）、フルダ修道院の重要性はオットー朝に引き継がれていることがわかる。一方、リウドルフィング家のお膝元ザクセンでは、九五〇年頃にヘルマン・ビッルンクが創建したリューネブルクの聖ミカエル修道院（ビッルンク家の家門修道院）が、オットー朝による手厚い庇護と寄進（九五六年、九五九年、九六五年）を受けて重要性を高めていった。また、コンスタンツやライヒェナウ島では大天使ミカエルの名を冠する礼拝堂が創設されたが、このような礼拝堂まで含めると、ミカエルに献堂された施設は着実に数を増していた。その仕上げが、ハインリヒ二世治世下でのバンベルク・聖ミカエル修道院の建造である。

王と隠者がつなぐ山岳世界

九九六年五月二一日にローマで皇帝に戴冠して以降、政治スローガンに「ローマ帝国の復興」を掲げたオットー三世は、ヒルデスハイム司教ベルンヴァルトやジェルベール・ドリャク（後の教皇シルウェステル二世）ら家庭教師＝顧問の嚮導下に帝国の舵取りを行っていく。別稿にて論じたように〔千葉 二〇一〇〕、紀元千年に向けて同王は、とくにカマルドリのロムアルドゥスの影響下に次第に隠者的な資質を強めていき、九九九年以降、ヴォルムス司教フランコらとともにイタリア各地の山岳聖域への贖罪行（三月モンテ・ガルガーノ、六月サン・クレメンテ洞窟、七月スビアーコのサン・ベネデット洞窟修道院）を敢行した。居住困難な地形を選んで結ばれる隠者の生活世界の多くは、実はミカエル崇敬が広がる山岳地帯や洞窟と重畳していた。紀元千年期において隠者は、特殊な地形を渡り歩く移動者であったといえる。カラブリアから岩山や洞窟を経ながらローマ南郊のグロッタフェッラータにギリシア典礼の隠修士院を創設したロッサーノのネイロス（ニルス）や、ローマのアヴェンティーノ丘にある聖ボニファーチョ＝アレッシオ隠修士院に所属し、プラハ司教を務め、プロイセン伝道で殉教した聖アダルベルトは、オットー三世の親交圏に属する隠者であった。このうち聖ミカエル崇敬という点で重要なのは、カマルドリ会の創始者となったロムアルドゥスである。ヴェネツィア＝ラヴェンナ圏を活動拠点とするロムアルドゥスは、同圏域とピレネー・ミカエル崇敬圏の中心クシャ修道院を結びつけ、オットー三世に説いて、九九九年三月、モンテ・ガルガーノを訪問させている。オットー三世はこれら隠者の活動に隠修士院という制度的基盤を与え、証書によって土地や権利、すなわち生活基盤を提供したのである。

『ロムアルドゥス伝』は、オットー三世のガルガーノ訪問の理由をローマにおける政敵処刑に対する贖罪のためとしているが、リウドルフィング家の家門伝統から見ると、別の背景が浮かび上がる。九六七年二月一三日付の皇帝証書（カロリング諸王の更新証書）〔DOI-338〕にて、オットー一世はベネヴェント＝シポント司教座に対し、イムニテート及び現有所領を承認している。同証書中では、ベネヴェント＝シポント司教の所領の一つとして、「ガルガーノ山

図12　バンベルク，ミヒャエルスベルク
注）筆者撮影.

の大天使ミカエル教会とその町」が独立して記載されている。九九六年に皇帝に戴冠し、九九九年年初に教皇との共催で包括的な帝国集会をローマで主宰したばかりのオットー三世にとって、ガルガーノ＝ベネヴェント訪問は、偉大なる祖父オットー一世——さらにはカロリング家の諸王——の事績をなぞることにほかならなかった。現にオットー三世は、三月一一日付の証書で、ランゴバルド＝ベネヴェント公国時代の七六〇年に創建された聖ソフィア修道院（ロトンダ）の全所領とイムニテートを証書にて承認している〔DOIII-310〕。

　ミカエル崇敬圏の継承という点では、パヴィーアを拠点とする北イタリア＝ブルゴーニュ圏の継承も重要となる。これについては、国王自身ではなく、九九四年まで少年王の摂政を務めていた祖母皇妃アデレードの単身での活動が目に留まる。アデレードはオットー三世親政開始後も、出身地であるパヴィーアを拠点に、帝国とブルゴーニュ王国との外交において精力的な活動を展開していた。パヴィーアを中心とするミカエル崇敬の保護に努めながら、リウドルフィング家の守護聖人である聖マウリティウスの殉教地サン・モーリスにも滞在している。また、ブルゴーニュ地方に発するクリュニー系改革運動については、とくにクリュニー院長オディロ（位九九四—一〇四九年、『アデレード伝』を執筆）と密接な協力関係を構築した。オディロは一〇〇〇年頃、グリエルモ・ダ・ヴォルピアーノとともにローマ北郊のファルファ修道院の改革にあたったが、このファルファこそ、オットー三世がローマ圏の隠修士院として資本を集中的に投下した施設であった。

　リウドルフィング家でミカエル崇敬の普及に最も力を傾注したのは、同家最後の王ハインリヒ二世（位一〇〇二—一〇二四年）である。長らく大公として統治したバイエルンを王国統治の要と位置づけ、なかでもバンベルクを王宮と司教座（一〇〇七年創設）の所在地とした。一〇一五年、バンベルク司教エーベルハルト（位一〇〇七―一〇四〇年）は、町の北端、聖母マリアに献堂された大聖堂を見下ろす位置に、大天使ミカエルを守護聖人とする修道院を創設し、ミカエル崇敬の古参フルダ修道院から修道士を招いた。同修道院に対し、一〇一七年の五月八日（！）、ハインリヒ二世は、司教が寄進した全所領と院長選挙権を認める国王証書を発給している〔DHII-366〕。まもなく同院には「ミヒャエルスベルク」の名称が与えられ、ドイツにおけるミカエル崇敬圏の新たな拠点、「ドイツのガルガーノ」へと発展していくことになる（図12）。

おわりに

以上見てきたように、ミカエル崇敬圏は、南イタリアのベネヴェント崇敬圏、中部のラヴェンナ＝ローマ崇敬圏、北イタリアのロンバルディア崇敬圏を出発点に、ノルマンディー＝モン・サン・ミシェル崇敬圏、ル・ピュイを中心とする西南ガリア崇敬圏、ピレネー崇敬圏、ついにはゲルマニア崇敬圏と、空間的な拡大を遂げてきた。崇敬の拡大には、移植可能なガルガーノ・モデルの確立とその言語的・物質的裏付けである顕現譚・聖遺物の存在、そして君主家門などの確かな推進役《プロモーター》の存在が不可欠であった。また、神性に限りなく近い存在でありながら、人間である聖人との同列化を果たしえたミカエルの自在性や、戦勝加護から魂の案内役まで、膨大なテクスト群が裏付けるミカエルの職能の幅広さもまた重要であった。この柔軟性や多元性が、各地の地霊との習合や、聖人との競合、複数の職能の積層を可能にしたからである。ミカエルは、多様な役割を状況に応じて演じ分けながら、地域の要請に応えていったのである。

しかしそれ以上に重要な点は、山岳・岩窟という特殊な地形との親和性である。都市が市内の聖堂の守護聖人によって神聖地誌を編制するなかで、ミカエル崇敬の導入は、市内や市壁外の高台を「ミカエルの山」に見立てたり、また、隠者や隠修士が居住する峻険な山岳地帯の修道院との融合を可能とし、死を前に身を浄めたいと願う君侯や司教の要請にも応えた。

さらに、紀元千年期、改革派修道士や隠者の移動が活性化すると、彼らの移動と人脈がミカエル崇敬の伝播に大きく貢献することになる。そして、彼らの活動に制度的基盤と文書による保証を与える皇帝や教皇は、既存の崇敬拠点を改革し、編み直すことで、土地に根づいた信仰の地層《ゲニウス・ロキ》から意味を引き出し、そこに新たな意味を重ねながら日々の統治を行っていったのである。

最後に、冒頭に掲げた問い、すなわちヒルデスハイム司教ベルンヴァルトの事例に戻ろう。修道院の創設には、司教個人の所領・宝物の保管庫をつくるという意味に加え、大天使ミカエルへの献堂が示すように、終末意識が高まるなかで、復活がより確かな埋葬地を確保したいとの願望はあったに違いない。ただ、国王宮廷礼拝堂出身のエリートで、とくにオットー三世のイタリア統治を支えた学者司教ベルンヴァルトの行為の背景には、やはり仕えた君主の意向が働いていたのではないだろうか。オットー三世のガルガーノ訪問後まだ間もない一〇〇一年年二月二〇日に、オットー三世の命で多くの聖遺物をドイツへ持ち帰ったという『ベルンヴァルト伝』の記述〔RI1402d〕や、まさにその年に聖ミカエル修道院を創設している点などを考え合わせると、オットー三世がヒルデスハイムに新たなミカエル崇敬の拠点を造るべく、ガルガーノで入手した聖遺物をベルンヴァルトに託した可能性が高まってくる。

加えて、オットー三世の後任で、ゲルマニアのミカエル崇敬圏に新たな展開をもたらしたハインリヒ二世は、じつはベルンヴァルト司教時代のヒルデスハイム司教座聖堂参事会の参事会員（国王が参事会員を兼ねる国王参事会制《ケーニヒスカノニカート》）であった。そのハインリヒが一〇一七年にバンベルクの聖ミカエル修道院に与えた国王証書〔DHII-366〕は、一〇一三年にヒルデスハイムの聖ミカエル修道院に与えた国王証書〔DHII-260〕の発給をなぞるものであった。突然の病で夭折したオットー三世の遺志が、ベルンヴァルトを介して、ハインリヒ二世のバンベルク計画に継承された。このように考えるなら、一〇二二年にハインリヒ二世がガルガーノ入りを果たしたとする伝承も、いっそう真実味を増してくるのである。

(1) 西暦一〇〇〇年をはさむ前後約五〇年間を指す。詳しくは、〔千葉 二〇一〇〕を参照。
(2) モンテ・ガルガーノの聖堂に設置された司教座（部分のみ残存）の右側面に嵌められていたと考えられている石版には、龍退治の場面が彫られている（一一—一二世紀の作）。
(3) Itinerarium Bernardi monachi, in: Migne PL 121, coll. 569–574. ベルナルドゥスは、三顕現地巡礼の後、アレクサンドリア経由でエルサレムに至っている。
(4) Chonae.「コーナエでの聖ミカエルの奇蹟」は、東方教会のキリスト教美術の定番の主題となっている。
(5) ゴート軍にローマを包囲された際、教皇ウィギリウスはミカエルを讃えるミサ典文を書いた〔Arnold 2013, p. 68〕。
(6) グリモアルド一世による、ビザンツ人海賊の侵攻からのガルガーノ地域防衛の実績は、ガルガーノ顕現譚の第二版に取り入れられている（Liber 2, Chap. 3）。
(7) ガリアでは、ミカエルの治癒能力は、聖マルタンに代表される司教聖人に吸収された。
(8) De festis praecipuis item de virtutibus（八一六年）に、全文の引用がある。
(9) カロリング期には、聖ボニファティウスが主導するフランク宮廷と教皇座との協働を通じて、ミカエル崇敬から呪術的要素が排除され、その典礼は、国と教皇座によって統制された典礼文に基づき、司教のみが担った〔Arnold 2013, Chap. 6〕。
(10) 神聖地誌とは、教会や修道院などの宗教施設の空間的配置と、その配置が象徴する意味を指す〔千葉 二〇〇九、一二七頁〕。
(11) 創設を九六一年、献堂を九八四年と見る研究者は、九八四年に実現が近づいていた教会会議に備えての措置と見なしている。
(12) 一方、競合するバルセロナ伯ラモン・ブレイ（九七二—一〇一七年）も、九九七年、ビックとバルセロナのほぼ中間に位置する岩山（Cingles de Bertí）の土地をある貴族に譲渡し、そこにサン・ミケル・デル・ファイ修道院（Sant Miquel del

Fai）を創設させている。

（13） 母親の死後、父ロベルトゥスはグリエルモの勧めでルチェーディオ修道院に入ったとされる。同院は、ヴェルチェリ司教の私有修道院であった〔DO III–323, 383〕。

（14） ボーリューのベルナルドゥス（一〇世紀末）は、フルリ修道院長アボの弟子。フルリから出発し、エルサレムを目指すが、モンテ・ガルガーノまでで断念する〔Dachowski 2008, p. 218〕。

（15） カンタベリからローマに至るルートで、ガリアを通過した後、フレンチ・アルプスをローザンヌからアオスタへと抜け、パヴィーア、フィデンツァ、ルッカを通る。

（16） 同修道院の管轄権はパリのサン・ドニ修道院が持つが、これは七五五年のピピン三世による寄進がもとになっている〔LMA, 7, col. 1184f.〕。

（17） ミカエル崇敬の拠点パヴィーアはイタリア王国の首都となり、カロリング家やベレンガール家が支配するイタリア王に継承された。

L'Angelo, la Montagna, il Pellegrino. Monte Sant'Angelo e il santuario di San Michele del Gargano. Archeologia, Arte, Culto, Devozione dalle origini ai nostri giorni. Grenzi, 1999.

Arnold, John Charles, *The Footprints of Michael the Archangel. The Formation and Diffusion of a Saintly Cult, c.300–c.800*. Palgrave Macmillan, 2013.

Autour de l'archange saint Michel. Actes du colloque tenu à Saint Michel d'Aiguilhe en août 2009. Ed. par de Framond, M. et Lauranson-Rosaz, Ch. Cahiers de la Haute-Loire, 2012.

Bulst, Neithard, *Untersuchungen zu den Klosterreformen Wilhelms von Dijon* (*962–1031*). Ludwig Rörscheid, 1973.

Callahan, Daniel F., The Cult of St. Michael the Archangel and the "Terrors of the Year 1000", in: Landes, Richard et. al. (ed.), *The Apocalyptic Year 1000. Religious Expectation and Social Change, 950–1050*. Oxford UP, 2003, pp. 181–204.

Callahan, Daniel F., The Peace of God and the Cult of the Saints in Aquitaine in the Tenth and Eleventh Centuries, in: Head, Thomas and Landes, Richard (ed.), *The Peace of God. Social Violence and Religious Response in France around the Year 1000*. Cornell UP, 1992, pp. 165–183.

Dachowski, Elizabeth, *First among Abbots. The Career of Abob of Fleury*. The Catholic University of America Press, 2008.

Dehoux, Esther, *Saints guerriers. Georges, Guillaume, Maurice et Michel dans la France médiévale* (*XI*^e^*–XIII*^e^ *siècle*). Presses universitaires de Rennes, 2014.

Hoffmann, Hartmut, *Gottesfriede und Treuga Dei*. Anton Hiersemann, 1964.

Saint-Michel d'Aiguilhe. Éditions de la Société Académique du Puy et de la Haute-Loire, 1962.

Sergi Giuseppe, *L'Arcangelo sulle Alpi. Origini, cultura e caratteri dell'abbazia medievale di S. Michele della Chiusa*. Edipuglia, 2011.

Wagner, Anne, Le culte de saint Michel dans l'Empire, in: de Framond, M. et Lauranson-Rosaz, Ch. (ed.), *Autour de l'archange saint Michel*. Cahiers de la Haute-Loire, 2012, pp. 121–129.

千葉敏之「都市を見立てる――擬聖墳墓にみるヨーロッパの都市観」（高橋慎一朗・千葉敏之編『中世の都市――史料の魅力、日本とヨーロッパ』東京大学出版会、二〇〇九年、一一三―一五二頁）。

千葉敏之「秘義・啓示・革新――ジェルベール・ドリャクとオットー三世の紀元千年」（深沢克己・桜井万里子編『友愛と秘密のヨーロッパ社会文化史』東京大学出版会、二〇一〇年、七一―一〇八頁）。

略語

DO I, DO II, DO III, DH II：オットー朝国王・皇帝の証書。略語はMGHの略語法に従っている。

Italia pontificia＝*Italia pontificia, sive, Repertorium privilegiorum et litterarum a Romanis pontificibus ante annum MCLXXXXVIII Italiae ecclesiis, monasteriis, civitatibus singulisque personis concessorum*.

LMA＝Lexikon des Mittelalters. CD-ROM-Ausgabe. J. B. Metzler, 2000.

MGH＝Monumenta Germaniae Historica

ZR＝　Regesta Imperii. II–5: Papstregesten 911–1024. Bearbeitet von H. Zimmermann. Böhlau, 1969.

ZU＝　Papsturkunden 896–1046. Bearbeitet von H. Zimmermann. Böhlau, 1984/1985.

結——移動の資料体学へ

ヒトは移動する動物である。生涯において、まったく移動しない人間は存在しない。歴史学的に問題となるのは、人の移動の距離や頻度、経路であり、何よりも移動の目的と社会に与えた影響にほかならない。かつての中世社会像は農村社会をベースとしていたために、中世は移動性の低い社会との印象が強かった。大量輸送を実現した近現代社会を前提とすれば、統計的にはそのような印象は妥当なものと映るであろう。しかし、日本でもヨーロッパでも、大開墾の時代、開発の時代は中世にあり、不動性の象徴である農民自体が、時には数百キロメートルを超える距離を移動していたのである。ゆえに移動の問題を社会との関係で考える場合、その質こそが問われなければならない。

日西での相違を越えて、中世社会における移動を分類すると、まず、居住地を変更する①移住（移民）がある。この移動は一方向的であるが、一回きりとは限らず、より良い土地を求めて移動を繰り返す場合もある（東方植民運動など）。続いて、生命の危険にさらされて、異国に逃れる②亡命があり、中世では王位継承などの文脈で数多く起こった。この移動も一方向的だが、政治情勢の変化によっては帰国することもありえた。続いて居住地の変更を伴わない、短期間の回帰的な移動が③巡礼・旅であり、巡礼は宗教的な目的で行われ、旅は様々な必要に駆られて実施されるものである。さらには、家計上の必要から行われる④出稼ぎは、居住地への帰宅を前提とするため比較的近距離の移動となる（農村から近郊の都市へなど）。一方、社会的地位の高い人々の移動には、まったく別の「質」が加わった。ヨーロッパの高位聖職者は、⑤キャリア形成のために司教座や修道院といった施設を国や地域を越えて移動し、なかには教皇となってローマに入る者もいた。さらには、領内の司教座や直轄領を循環する⑥移動宮廷（巡幸王権）は、中世ヨーロッパの統治実践の根幹をなした。王の移動は、移動中の先々で社会の秩序を整え、大きなインパクトを残していった。

このように中世社会を「移動」を軸に捉え直し、その移動経路を地図上にマッピングしてみると、頻度や経路、目的や質、移動者の帰属に違いこそあれ、複数の移動者の軌道が、時に交わりながら、重なり合う中世社会の実態が見えてくる。序で見たように、近年、移動や移民に着目する研究も増えているが、本書は様々なタイプの移動と史料との関係を問うことを主眼とする点で独自性を有する。移動者の移動が文書を生む契機は何か、史料自体が移動することの背景やそれが果たす機能は何か、移動を記録する史料にはどのようなものがあるのか。従来の定住型史料論を乗り越え、その間隙を埋めるためにも、移動と史料――文書や文字に限定しないという意味では、より包括的に「資料体」と呼ぶべきであろう――との関係を様々な角度から探究すること、換言すれば、移動者の資料体学、移動する資料体学の構築こそが、本書の目指すところであった。

したがって以下では、本書の各章について、その概要を示すのではなく、移動者と資料体の関係という観点から何が明らかにされたのかを考えてみたい。

一　移動者の資料体、移動する資料体

第I部（第1―3章）は、移動者とともに移動する史料の機能が問われる諸章からなる。第1章「〈船の旗〉の威光」（黒嶋敏）では、海上の移動者たる船舶（航海者）が掲げる「旗」が分析対象となっている。船舶は物資・人（積荷）の移動を目的として、港湾を出港し、海洋や河川などの水路を航行して、目的地の港湾に寄港し、多くは元の港

に帰る。その移動は海流と風に依存するため、航路や時期には制限がある。船の旗が船籍を示す近代とは異なり、海賊船や外国船が行き交う一六世紀の船旗は「どこから来たか」を示し、「航路や寄港先に応じて旗を付け替え、〈見かけの属性〉を自在に変更していくことで……航海上のリスク〔交戦・拿捕・入港拒否等〕を回避していた」(二三一頁)。

史料としての「旗」の際立った特性は、陸であれ海であれ、音声に勝る長い伝達距離を有することである。旗の高い視認性は、手旗信号などの通信手段や戦場での帰属の表明(旗幟)に採用されていることからも明らかであり、敵・味方の判定の遅滞はしばしば致命的な結果を招いた。また、家紋等の記号性の高い画像や文字を伴う船旗は、言葉の違いを超えた意志の疎通を可能にする。一方で、旗によって入港や通行を認められた航海者は、旗とともに手交された文書を持参していた。通行の許可、通行料や入港税(津料)の支払いなどについての詳しい権利を記した花押付文書に対し、旗はその文書の縮約版としての機能を果たしたとも考えられる。旗の素材の段階性(白絹か麻布製か)は文書に用いられる料紙のそれに対応し、日付や署名を含む墨書もこの点に符合する。

海上交通を扱った第1章に対し、第2章「旅行者と通行証」(及川亘)では陸上の移動が主題となっている。移動者は主に積荷を運ぶ商人であるが、書状を携え運ぶ使者たちも含まれる。幕府権力が確立していても、権力が多元的に展開する中世日本、とくに戦国時代において、移動は、複雑な権力構造の間を縫って行われるリスクの高い営みであった。この移動に秩序を与えていたのが、「関所」のシステムである。関所は名目的には公権力たる幕府の管轄下にあるが、実際には設置主体たる現地の権力者が、さらに下位の有力者に個々の関所の運営を委託しつつ統括していた。関所はまた、本関をハブとする関所間ネットワークとして組まれ、共同でコントロールされており、通行料(関料)の徴収という経済的機能のほかに、競合商人の締め出しや違反積荷の押収、犯罪者の取り締まりなどの軍事警察的な役割を負ったため、原則として武装されていた。支配と商利が重畳する関所は、現地権力と商人とが緊迫した駆け引きを行うコミュニケイティヴな空間であったと言える。

移動者たる商人が積荷を目的地に運ぶ際、朝廷や幕府が発給する公的な通行証（過所）に加え、ルート上の関所を統括する現地権力が発給する過所が合わせて必要となった。それだけでは済まない。過所受給者には関所の統括者から関所の現場担当に対する執行命令状（奉行人奉書）が与えられ、現地で過所とともに提示することで、確実に通行できるよう計らわれた。商人の通行をめぐり、現地の命令系統に従って関連文書群が次々と作成され、その連絡のために何人もの使者が行き交った。

資料体の機能面では、通常の料紙に書かれた書状形式の過所は持ち帰られ（使用は原則一回きり）、厚紙を素材とする札状の過所（関所印）は関所で回収され、木札を用いたものは一定期間の繰返しの使用を前提としていた点が挙げられよう。また過所の下欄に通関記録を追記していく使用例は、「移動する資料体」ならではの特徴と言える。このほか機能面では、伝馬・宿場の利用権と通行証を兼ねた伝馬手形、営業許可証に通行証を兼ねた鑑札などが知られる。また、使者が進物を送り届ける際などには、旅先の現地有力者の書状が予め手配され、その書状の携行によって路次の便宜を受けることができた点は、書状の多元的な機能（通行許可、人馬や食事の提供、船の手配）を証言する例である。さらに、現地有力者が手配する道先案内人の存在や口頭でのコミュニケーションもまた、関所の通過や旅の安全においてきわめて重要な役割を果たした。

第3章「王の移動」（加藤玄）は、第2章で扱われた陸の移動のヨーロッパ版と言えるが、移動者は商人ではなく、王とその宮廷である。中世ヨーロッパの王権は領内を定期的に巡幸する移動宮廷を基本としていたが、この章はアンジュー家のイングランド王エドワード一世の、イングランド国内でなく、西南フランスに抱える大陸所領（アキテーヌ公領）の巡幸（一二八六―一二八九年の約三年間）を扱っている。王は二〇〇名以上の随行員とともにドーヴァ海峡を渡り、ノルマンディに上陸した後、パリを経由してアキテーヌ公として直轄領に入り、司教座都市を中心に領内をくまなく回った。こうした通常の統治業務に加え、この時は従兄弟シャルル二世の解放をめぐるアラゴン王との交渉という臨時の外交案件が組み込まれていた。海峡をまたいで統治を行うアンジュー朝の王は、大陸でのフランス王権との戦役、ブリテン島でのスコットランドやウェールズとの戦役を抱え、巡幸はしばしばそうした領土維持のための戦役と結びついた。

前章の商人の移動と異なり、移動する王は行く先々で、証書の発給、裁判の司宰、紛争の解決などの統治業務をこなさなければならなかった。早くから高度な文書行政を実施していたアンジュー朝国家では、尚書部と財務府が文書の作成・管理の中心であったが、本章で扱われるエドワード一世の治世には、国王とともに移動する「国王家中」に統治活動の中心が移った結果、その中の納戸部が「小」尚書部、「小」財務府として機能するようになっていた。エドワード一世の巡幸は、騎士などの軍事力を含めた縮小版の統治機構を引き連れてのものであり、ウェストミンスターにある本来の統治機構から遊軍的に半ば自立して移動する「国家」そのものであった。本章が主に分析する納戸部が作成した会計記録簿は、通常は財務府に置かれて記録・保管されるべきものが、国家の移動に伴って動いているのであって、その機能や取扱い方、記録される費目（日用品、各種手当、俸給など）に大きな差はない。ただ二〇〇名規模の宮廷の移動に伴う費用、すなわち渡河費用、運搬費用、通行料や護衛料、貨幣の運搬費用など、宮廷の物理的移動に係る経費が頻繁に記録されているのは、大きな相違点といえる。会計簿は、経費が掛かるたびに書き足されていくので、そのための羊皮紙を買い足しつつ、また実用性を求めて綴じ方を巻子形式から参照に便利な冊子体に変更したり、必要に応じて費目を細分化するなどの工夫を加えながら、王とともに移動していった。

二　移動者と移動のセマンティーク

第Ⅱ部（第4―6章）は、移動やその経路がもつ意味《セマンティーク》を問う諸章からなる。第4章「移動する歌人」（高橋慎一朗）

では、移動者は表題どおり旅する歌人であり、分析の対象となるのは、京の都から東国に至るルート、とくにその途次にある歌枕「宇津の山」（駿河国、東海道）である。歌物語『伊勢物語』（九世紀頃の成立）における主人公在原業平の「東くだり」での場面描写が、同作品が流布するなかで、「宇津の山」を語り、歌う際のトポス（特定の連想や情念を喚起する定型表現）と化していった。歌枕「宇津の山」のイメージは、夢や蔦、修行者との出会いの場、連歌師が庵を結び、歌を書きつける場といったトポスを核としながら、その後の作品や歌人に歌われ、『新古今和歌集』などの影響力の大きな和歌集への収録や絵画化を通して、広がりと厚みを増していった。

このように歌枕が虚構性や架空性を伴う場としてイメージを増幅させていく一方で、現実の宇津の山は交通の要衝として多くの旅人が訪れる観光名所として賑わいを見せていた。「宇津の山」を歌う歌を味わい、自ら歌を作るなかで高まった想いを抱え、多くの歌人や旅人が宇津を訪れた。彼らは歌枕の物語を現地で追体験し、その場で歴代の歌に自らの歌を重ねる所作を通じて、イメージと実体験が交錯する時空を堪能した。その交錯の痕跡が、柱や卒塔婆に書きつけられた歌である。「都から移動してきた歌人同士が出会う東国の場」は、歌い重ねられ、紀行文に記録されることを通じて生命力を保ち続ける、稀有な機能を果たす場であったといえよう。

続いて、第5章「いくつもの巡礼道」（岩本馨）では、移動者は巡礼者であるが、分析対象は巡礼ルートが持つ意味（イデア）にある。近畿地方の三三の寺院をめぐる西国三十三所観音巡礼は、伊勢神宮に始まり美濃谷汲に至るまで、一四ヵ国にまたがり、一一〇〇キロメートルに及ぶ壮大な巡礼である。日西の比較という観点で興味深いのは、日本の巡礼路が水平的・円環的な構造を有するのに対し、西洋の巡礼が垂直的・直線的な構造を持つという岩本の指摘である。著名なサンチャゴ巡礼も複数の巡礼路を編制し、途中数多くの「留」（聖堂とその守護聖人）を経由するが、円環ではなく、目的地到達を最優先した直線的なルートが組まれている。円環性という点では、むしろ第3章の「王の移動」で扱われた国王宮廷の巡幸の方が近い。

移動の資料体学として注目すべきは、定められた順序で三三の寺院を巡る際、巡礼者が名前や住所、願い事を書きつけた木札を訪問先の寺院の柱に釘で打ちつけて残していく行為（札所と呼ばれる所以）である。近世以降では、巡礼者は納経帳を携帯し、訪問の記録を重ねながら持ち帰ったことが知られている。また本章では、西国三十三所の本尊を一画面中にまとめて描いた「三十三所観音曼荼羅」の画面の解読から、巡礼経路には、高位の人物による政治性の高いもの（覚忠）や、あえて峻険な山々が選択される山岳修行型など、拠って立つ理念に基づく複数の巡礼路がありえたことが明らかにされている。その際、巡礼路に理念を付与するのは、地形や土地の支配関係とともに、経路上の寺院、とりわけその信仰対象（本尊）である。本章後半で分析される聖徳太子像と太子信仰との関係は、まさにその最たる例である。さらに巡礼路の確定や巡礼の実態の解明に資するこの観音曼荼羅自体は、観音正寺の本堂に掲示され、観る者を、実際の移動を伴わない仮想巡礼（擬似巡礼）へと誘導する機能を果たしていた。これについては、西洋中世でも、マシュー・パリス著『大年代記』写本に収録された双六的な構成を持つ「エルサレム巡礼路図」（図1）が、セント・オールバンズ修道院の修道士が「魂の巡礼」を行うための誘導図であったことが指摘されている。このほかにも、三三という数字象徴が巡礼路の意味の構築の鍵となっている点も、日西比較の観点から見て示唆に富む。

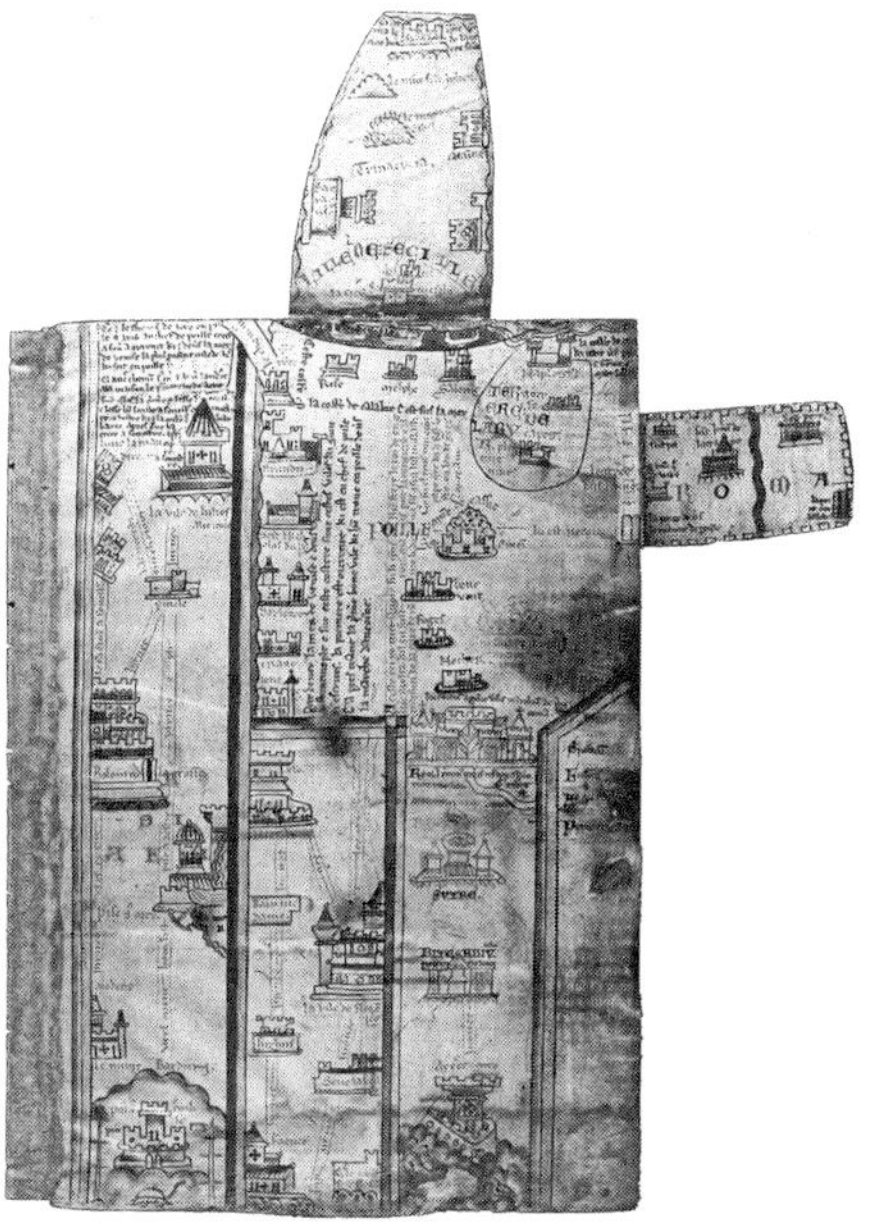

図1　ポントレーモリからローマまでの行程。マシュー・パリス『大年代記』
(BL Ms. Royal 14 C VII, fol.4r.)

第6章「ひとの移動と意味の変容」（金沢百

枝）は、移動の意味と同時に、意味の移動という論点を持つ。手がかりとなる資料体は、シチリア王グリエルモ一世支配下のオトラント大聖堂の床ほぼ全面に広がるモザイク（一一六三年頃の作）である。移動者については、やや複雑な様相を呈する。まずノルマン朝を開いたオートヴィル家自体が、フランス・ノルマンディー公領のノルマン系貴族家門で、一一世紀以降、傭兵としてイタリア半島各地に領土と諸侯位を得ていった最大の移動者であった。全欧的視野から見れば、一〇六六年のイングランド征服（ノルマン征服）も、一一世紀以降のノルマン人勢力圏の拡大の一局面と見ることができる。このオートヴィル家が「移動者王朝」とも言うべき王国を築いたのが、シチリア島・南イタリアである。この一帯は、アルバニアからオトラント海峡を越え、長靴型のイタリア半島の踵《かかと》（オトラント周辺）から爪先（カラブリア）を経てメッシーナ海峡を渡り、シチリア島を抜けてアフリカに至る、陸と海峡で結ばれるルート上にあった。まさに地中海の十字路に位置するシチリア王国は、その地理的位置の宿命として、ギリシア人やアラブ人、ユダヤ人などの諸民族が往来する、移動者の行き交う空間であった。

オトラントの床モザイクが制作されたグリエルモ一世治世には、さらにアングロ・ノルマン系の人々が招聘され、宮廷の要職を占めた。モザイクの発注主であるオトラント司教イオナータ（ジョナサン）はアングロ・ノルマン系、制作を指揮したパンタレオーネは、地元のビザンツ＝ギリシア系の人であった。床モザイクには、「アダムとエヴァ」や「ノアの箱舟」といった聖書場面を主としつつ、アレクサンダー大王やアーサー王などの偉人、竜や一頭四体の獅子等の驚異譚的な怪物など、じつに多様な画像素が混在している。偉人譚や動物寓意は、オートヴィル家の故地であるノルマンディー文化圏の嗜好を移植したものであり、家門の系図の意匠に用いられる樹木表現（大樹）と合わせ、ノルマン王を賞揚する意図を示唆している。さらに本章では、従来の研究では脇役視されてきた「裸人」の動向に着目し、これを人間の魂とする解釈に立つ。民族や文化が混交する社会での表象には、多様な読み方が可能なプログラムが求められる。裸人を「魂」と捉えることで、大樹の周りに蝟集した多起源の物語群が、魂の葛藤と上昇という、天に向かうより大きな物語によって括られ、キリスト教という枠を越えた通宗教的・通文化的な壮大な霊魂譚・宇宙誌が築き上げられた。アングロ＝ノルマン人の司教ジョナサンが発注し、ビザンツ文化を継承するギリシア人パンタレオーネが制作した床モザイクは、アングロ・ノルマン人だけでなく、ユダヤ人や土地の人間にも理解可能な、多重解釈を可とするプリズム的プログラムなのである。

三　移動する地形、移動者と地形

第Ⅲ部（第7―8章）は、移動と地形の関係を問う二章からなる。第7章「水都の輪郭」（横手義洋）では、移動者は人ではなく、都市の輪郭である。人工の市壁や自然の地形がつくる高低差によって明確な輪郭を持った〈陸の都市〉に比して、ヴェネツィアのような水上都市は、湿地や遠浅の干潟の存在、陸の微妙な高低、あるいはラグーナの水流と群島の形成、大陸の河川がもたらす堆積土、そして人力による干拓など、複数の要因が絡み合うなかで、曖昧で変化に富む輪郭を特徴とする。横手は、水上都市の輪郭を規定するこうした関係性を「陸と水の境界コンディション」と呼ぶ。

都市ヴェネツィアの輪郭と土地利用法を視覚的に伝える最古の都市図が、一四世紀に制作された「パオリーノの都市図」である。本都市図は、繊細な筆使いと彩色、建築アイコンとで「陸と水の境界コンディション」と都市の現状を記録し、後世に伝承するための資料体であって、この資料自体に移動性は認められない。ただ横手が指摘するように、都市賛美の傾向を持つ同時代の他の都市図とは異なり、同図が運河や水路、湿地といった水上都市の生命線となる情報を記した実用的記録であった点は興味深い。また本都市図は、実は一二世紀制作の都市図から派生した複製図の一つであり、複製されるごとに情報が修正・加筆されていく型の資料体であった。文字史料や発掘調査から明らかになる情報をもとに、このパオリーノ都市図の細部を読んでいくと、水上都市の輪郭の変化とその背景が浮かび上がる。

海上交易による富を背景に本島中心部（大運河沿い）の都市化、人口稠密化、富裕層化が進むと、畜殺場や悪臭・騒音を発する製造現場と製造従事者とが、次第に本島の周縁部《フロンティア》へと追いやられた。彼ら製造従事者は仮住まい的な住居を縁辺に並築しながら、必要に応じて干拓によって陸地を広げる活動の主体となった。本島南端部でのジュデッカ島東方沖への埋め立ては、そこに住む皮なめし職人が作業場確保のために進めたものであり、また北西端のカンナレージョ運河の両岸に住む染物工たちは、大青で染めた糸を洗う洗浄場と織物を干す広い乾燥場を確保すべく、運河北岸の埋め立てを行った。またヴェネツィアの主要産業である造船業では木材の備蓄場が、製塩業では塩田が、フロンティアに展開していった。このように、都市ヴェネツィアの発展には、陸の延伸が可能な湿地帯というフロンティアが不可欠であった。

そのフロンティアに位置し、同じく干拓を担ったフランチェスコ会などの修道院附属教会の活動は、まさに同時期に大陸で進行していた植民運動において、「陸のフロンティア」たる森林に分け入り、耕地や村落を創設していったシトー会などの開墾修道会の活動と軌を一にしていた。水都の輪郭が画定された一六世紀にヴェネツィアは大きな転換期を迎えるが、中世のヴェネツィアは、人の移動を推進力とした〈輪郭の移動〉によって、まるで水を呼吸する生命体のごとく、都市の活力を保っていたといえよう。

最終の第8章「岩窟と大天使」（千葉敏之）では、移動者は第一に、大天使ミカエルである。ただし、実際の移動者の範疇は複数存在する。まず第一に、ミカエル崇敬を移動＝伝播させた、推進役としての君侯の宮廷（ランゴバルド王宮廷）がある。彼らは自らが移動者（移住者）でありながら、聖地への移動を誘発し、巡礼の経路を編制した。またガルガーノのミカエル崇敬発祥地としての地位が確立された後は、第二に、聖ミカエル崇敬の本山への参拝とそれによる効験を求めてガルガーノに来る巡礼がある一方、第三に、聖遺物を持ち帰り、「ガルガーノ」の移植を企図する各地の推進役の存在があった。二次的「ガルガーノ」の出現によって各地にミカエル崇敬圏が形成されていくと、ミカエルの加護を求める巡礼の移動はさらに一段と複雑に展開していった。

そもそも紀元千年期のヨーロッパでは、王は領内の要所を循環的に移動する巡幸王権（第3章「王の移動」）が基本であり、とくにアルプス以北のドイツとイタリアを領するオットー朝宮廷は、アルプスを越えてローマに達する長駆の巡幸を統治実践として行っていた。さらにこの時代には、ブルゴーニュを発信源とするクリュニー改革運動のなかで、改革者（グリエルモ）が各地の教会から招致され改革を伝播していくという人の流れがあり、また孤独という環境の中で神との対話に専念すべく孤住可能な特殊地形（山岳、洞窟など）を求めての隠者の移動（ネイロス）が見られた。紀元千年期のヨーロッパは、これらの軌道や目的、頻度を異にする複数の移動が重畳する時空であり、ミカエル崇敬の伝播は、その軌道の交わりのなかで広がっていったのである。

その際、移動する資料体として注目すべきは、大天使が岩場に残した「聖足痕」という現物資料であって、これが顕現譚のテクストや巡礼の見聞とパッケージ化されて運ばれることで、第二、第三の「ガルガーノ」が生み出されていった。その経緯を記述したのが伝記や縁起などの叙述史料であり、また波及した「ガルガーノ」に制度的保証を付与したのが、国王や教皇発給の証書類であった。山岳・岩窟という特殊地形を集約点とする、大天使に導かれた多元的な移動は、移動者に関わる多元的な資料体によって支えられ、記録されていったのである。

＊

以上、本書全章を、移動の資料体学という観点から再読してみた。これで全ての論点が汲み尽くされたわけでも、すべての移動系資料体の類型が登場したわけでもないが、一つの道筋を示すことはできたと思う。本書の執筆陣は、日本とヨーロッパに分かれるだけでなく、専門も歴史学、建築史学、美術史学の学際的編制となっている。それは、移動に迫るには比較史的視野と学際的アプローチが欠かせないためだが、本書を通して、異分野の研究者同士が互いにインスピレーションを交感しあえる共同研究への展望も示せたのではないだろうか。本書が類似の、より大規模な研究企画の端緒となれば幸いである。

前著『中世の都市——史料の魅力、日本とヨーロッパ』（東京大学出版会、二〇〇九年）同様、本書の完成にも、東京大学出版会・山本徹氏の参画・助言・編集手腕が欠かせなかった。執筆者一同、氏に対し、いまふたたびの感謝の思いを伝えたい。

二〇一七年三月五日

千葉敏之

執筆者紹介（掲載順．＊は編者）

高橋慎一朗*（たかはし　しんいちろう）：日本中世史
1964年生．東京大学史料編纂所教授
［主要著作］『中世都市の力――京・鎌倉と寺社』高志書院，2010年．『日本中世の権力と寺院』吉川弘文館，2016年

黒嶋　敏（くろしま　さとる）：日本中世史
1972年生．東京大学史料編纂所准教授
［主要著作］『中世の権力と列島』高志書院，2012年．『天下統一　秀吉から家康へ』講談社，2015年

及川　亘（おいかわ　わたる）：日本中・近世史
1970年生．東京大学史料編纂所准教授
［主要著作］「戦国期の薬師寺と唐招提寺」勝俣鎮夫編『寺院・検断・徳政――戦国時代の寺院史料を読む』山川出版社，2004年．「中世の戦争と商人」高橋典幸編『生活と文化の歴史学5　戦争と平和』竹林舎，2014年

加藤　玄（かとう　まこと）：西洋中世史
1972年生．日本女子大学文学部史学科准教授
［主要著作］《Note sur la seconde moitié de la carrière de Jean de Grailly: de Saint-Jean d'Acre au Comtat（1289–1297),》*Annales du Midi* 128（2016)．「ジャン・ド・グライの遍歴――一三世紀後半サヴォワ出身の中小貴族の活動」朝治啓三・渡辺節夫・加藤玄編『〈帝国〉で読み解く中世ヨーロッパ――英独仏関係史から考える』ミネルヴァ書房，2017年

岩本　馨（いわもと　かおる）：日本都市史・空間史
1978年生．京都工芸繊維大学大学院工芸科学研究科准教授
［主要著作］『近世都市空間の関係構造』吉川弘文館，2008年．「近世の都市巡礼――京と江戸における札所巡り」田路貴浩・齋藤潮・山口敬太編『日本風景史――ヴィジョンをめぐる技法』昭和堂，2015年

金沢百枝（かなざわ　ももえ）：西洋美術史
1968年生．東海大学文学部ヨーロッパ文明学科教授
［主要著作］『ロマネスクの宇宙――ジローナの《天地創造の刺繍布》を読む』東京大学出版会，2008年．『ロマネスク美術革命』新潮社，2015年

横手義洋（よこて　よしひろ）：西洋建築史
1970年生．東京電機大学未来科学部建築学科准教授
［主要著作］『イタリア建築の中世主義――交錯する過去と未来』中央公論美術出版，2009年．『日本建築思想史』太田出版，2015年

千葉敏之*（ちば　としゆき）：西洋中世史，歴史基礎学
1967年生．東京外国語大学大学院総合国際学研究院教授
［主要著作］「画像史料とは何か」吉田ゆり子・八尾師誠・千葉敏之編『画像史料論――世界史の読み方』東京外国語大学出版会，2014年．「寓意の思考――魚の象徴学からみた中世ヨーロッパ」近藤和彦編『ヨーロッパ史講義』山川出版社，2015年

索　引

あ　行

か　行

さ　行

た　行

な 行

は 行

ま 行

や　行

ら　行

わ　行

アルファベット

移動者の中世——史料の機能，日本とヨーロッパ

2017年5月29日　初　版

［検印廃止］

編　者　高橋慎一朗《たかはししんいちろう》・千葉敏之《ちばとしゆき》

発行所　一般財団法人　東京大学出版会

代表者　吉見俊哉

153-0041 東京都目黒区駒場 4-5-29
http://www.utp.or.jp/
電話　03-6407-1069　Fax　03-6407-1991
振替　00160-6-59964

印刷所　株式会社理想社
製本所　誠製本株式会社

ISBN 978-4-13-020306-7　Printed in Japan

高橋慎一朗・千葉敏之 編　中世の都市　四六　三二〇〇円

深沢克己・桜井万里子 編　友愛と秘密のヨーロッパ社会文化史　A5　七〇〇〇円

金沢百枝 著　ロマネスクの宇宙　A5　一二〇〇〇円

高山博 著　中世シチリア王国の研究　A5　八〇〇〇円

吉田伸之・伊藤毅 編　伝統都市〈全四巻〉　A5　各四八〇〇円

鈴木博之・石山修武・伊藤毅・山岸常人 編　シリーズ都市・建築・歴史〈全一〇巻〉　A5　各三八〇〇〜四六〇〇円

鈴木博之・東京大学建築学科 編　近代建築論講義　A5　二八〇〇円

ここに表示された価格は本体価格です．御購入の際には消費税が加算されますので御了承下さい．